Residenz und Hofgarten
Würzburg

Amtlicher Führer

Bearbeitet von
Erich Bachmann,
Burkard von Roda
und
Werner Helmberger

Bayerische
Schlösserverwaltung

INHALT

*Titelbild:
Der Mittelrisalit im Ehrenhof hinter dem Frankoniabrunnen von Ferdinand v. Miller, 1894*

BEDEUTUNG 5

BAUGESCHICHTE 9
24 Jahre Bauzeit 15
Höhepunkte der Innenausstattung 20
Vollendung, Zerstörung und Wiederaufbau 24

HOFGARTEN 31
Der Küchengarten unterhalb der Orangerie 38

RESIDENZPLATZ UND AUSSENFRONT 43

SÄLE IM MITTELBAU 49
Vestibül 49
Gartensaal 50
Treppenhaus 52
Weißer Saal 64
Kaisersaal 66

SÜDLICHE KAISERZIMMER 76
Vorzimmer 78
Audienzzimmer 81
Schlafzimmer/Venezianisches Zimmer 82
Spiegelkabinett 85
Galerie 93
Dienerschaftszimmer 95

NÖRDLICHE KAISERZIMMER 99
Vorzimmer 100
Audienzzimmer 103
Rotes Kabinett 105
Gründamastenes Zimmer 106
Schlafzimmer 108

Erstes Gastzimmer 111
Zweites Gastzimmer 115
Grünlackiertes Zimmer 116
Dienerschaftszimmer 117

STAATSGALERIE 120
Erstes Galeriezimmer 120
Zweites Galeriezimmer 121
Drittes Galeriezimmer 123
Viertes Galeriezimmer 125
Nordoval-Galeriesaal 126
Fünftes Galeriezimmer 130
Sechstes Galeriezimmer 131

INGELHEIMZIMMER 137
Saal der Ingelheimzimmer 140
Rotes Vorzimmer 143
Grünes Schreibzimmer 144
Gelbes Eckkabinett 145
Blaues Vorzimmer 147
Gelbes Audienzzimmer 148
Grünes Eckkabinett 150
Huttenkabinett 151

FÜRSTENSAAL 153

HOFKIRCHE 157

MARTIN VON WAGNER MUSEUM 162

ANHANG 182
Personenverzeichnis 182
Literatur 186
Pläne 201

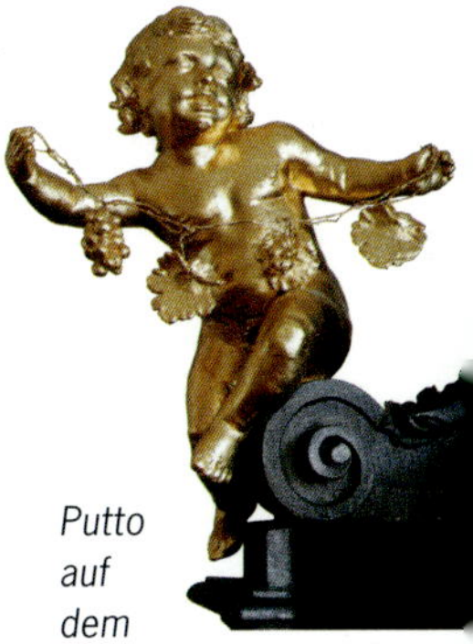

Putto auf dem Ofen im Weißen Saal (Raum 4)

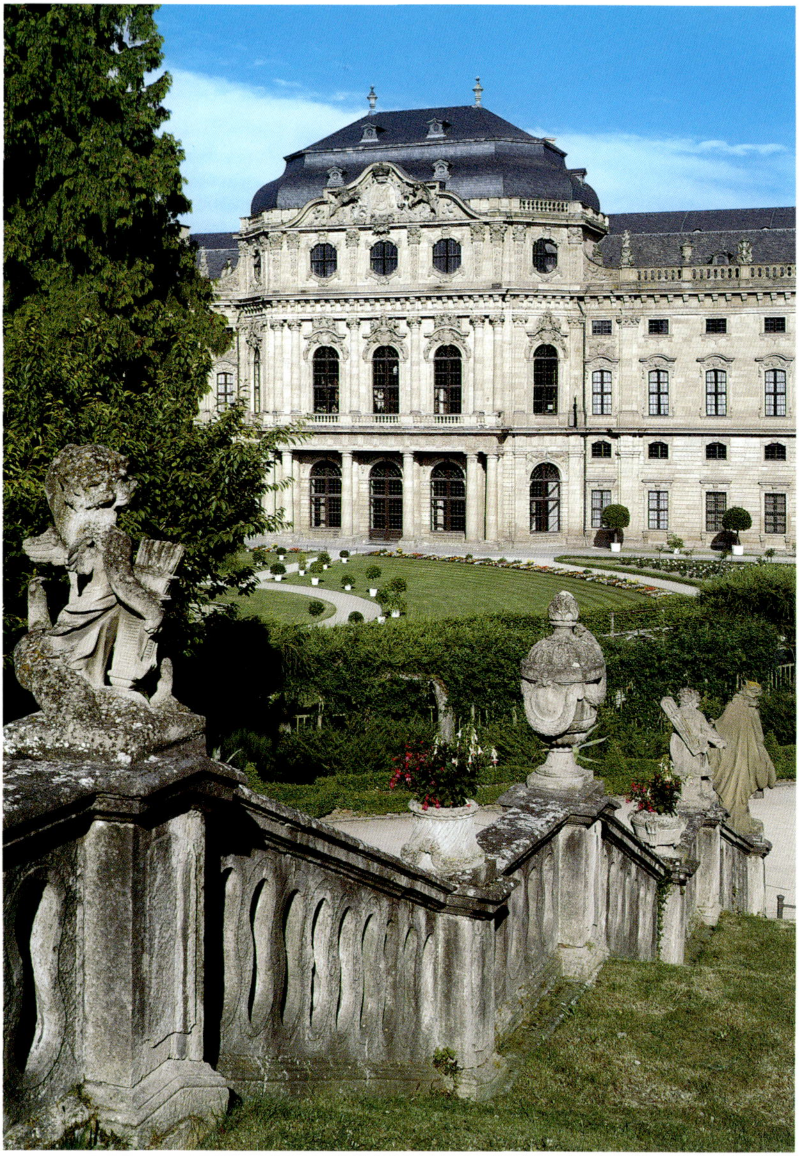

Bedeutung

Anders als die Münchner Residenz, die durch ein halbes Jahrtausend wuchs und daher Stilräume ganz verschiedener Epochen barg, ist die Würzburger mit kurzen Unterbrechungen in knapp einer Generation und von Grund auf neu errichtet worden. Nicht die senkrechten historischen Überlieferungen sind daher entscheidend, sondern die stilistische Geschlossenheit, die horizontalen Zusammenhänge und die Weite des künstlerischen Umblicks. Das architekturgeschichtliche Einzugsgebiet der Würzburger Residenz reicht in der Tat von Wien bis Paris und von Genua und Venedig bis Amsterdam. Der Bau fasst synkritisch die Ergebnisse der großen abendländischen Architekturströmungen jener Zeit, der französischen Schlossarchitektur, des Wiener Kaiserbarock und des oberitalienischen Palast- und Sakralbaues zu einem Gesamtkunstwerk von erstaunlicher Universalität zusammen. Kein anderes Schloss, weder in Deutschland noch in den romanischen Ländern, übertrifft die Würzburger Residenz an abendländischer Weite und synthetischer Kraft. Sichtbar wird diese Zusammenschau in der schöpferischen Mitwirkung beispielgebender Künstler der großen Kunstlandschaften Europas. Der Würzburger Hofarchitekt Balthasar Neumann, bei dem die Gesamtredaktion dieses Riesenbaues lag, hatte sich jedenfalls nicht nur mit den führenden Architekten Deutschlands und Frankreichs auseinander zu setzen: mit dem kaiserlichen Hofarchitekten in Wien, Lucas von Hildebrandt, und dem kurfürstlichen in Mainz, Maximilian von Welsch, mit dem hochfahrenden Robert de Cotte, »architecte du Roy et inspecteur general«, und Germain Boffrand in Paris, sondern auch mit

»... das als das schönste (Schloss) in ganz Deutschland gelten darf. Die Treppe ist wundervoll.«

Markgräfin Wilhelmine von Bayreuth

Blick aus dem Ostgarten zum Kaisersaalpavillon der Residenz

zahlreichen Dekorationskünstlern wie etwa dem Italiener Antonio Bossi, dem »ornamentalen Genie« der Würzburger Residenz, oder den virtuosen Bildhauern und Schnitzern Johann Wolfgang van der Auvera aus Mecheln und Georg Adam Guthmann aus München und nicht zuletzt mit dem größten Freskenmaler des 18. Jahrhunderts, mit Giovanni Battista Tiepolo. Diese Künstler haben Balthasar Neumanns unvergleichliche Raumfolge: Vestibül, Treppenhaus, Weißer Saal, Kaisersaal, eine der großartigsten, die je im Schlossbau ersonnen wurde, in kongenialer Weise ausgestattet und überdies noch in einer schöpferischen Gemeinschaftsleistung das »Würzburger Rokoko« hervorgebracht, die hitzigste von allen Varianten dieses Stils in Deutschland. Die Würzburger Residenz stellt ein kulminierendes und den europäischen Barock in mancher Hinsicht abschließendes architekturgeschichtliches Ereignis von allgemeiner Bedeutung dar, das in dieser Form nur in Deutschland und hier wiederum nur in Franken möglich war.

Im Übrigen ist die Würzburger Residenz keineswegs nur das Werk von Künstlern allein gewesen, sondern ebenso sehr einiger großer Bauherren, die diesen Riesenbau, abgesehen von den finanziellen und politischen Voraussetzungen, durch ihre weitgespannten Beziehungen über jede Enge hinaus auf internationales Niveau hoben. Gemeint ist das Haus der Grafen von Schönborn. Diese weitverzweigte und hoch begabte Familie residierte im Verlaufe weniger Generationen wiederholt, mitunter auch gleichzeitig in mehreren geistlichen Fürstentümern; so in Würzburg, Bamberg und überdies in Mainz, Worms, Speyer und Trier. Das Ergebnis war, dass dieses beträchtliche Territorium in der Mitte Deutschlands kurz vor dem Untergang des Heiligen Römischen Reiches noch einmal einen politischen und kulturellen Schwerpunkt bildete, ohne den die Geschichte der Barockarchitektur Deutschlands nicht denkbar ist. Franken tritt unter der Führung dieses Hauses an die Spitze des deutschen, ja für einen Augenblick des europäischen Schlossbaues. Fast

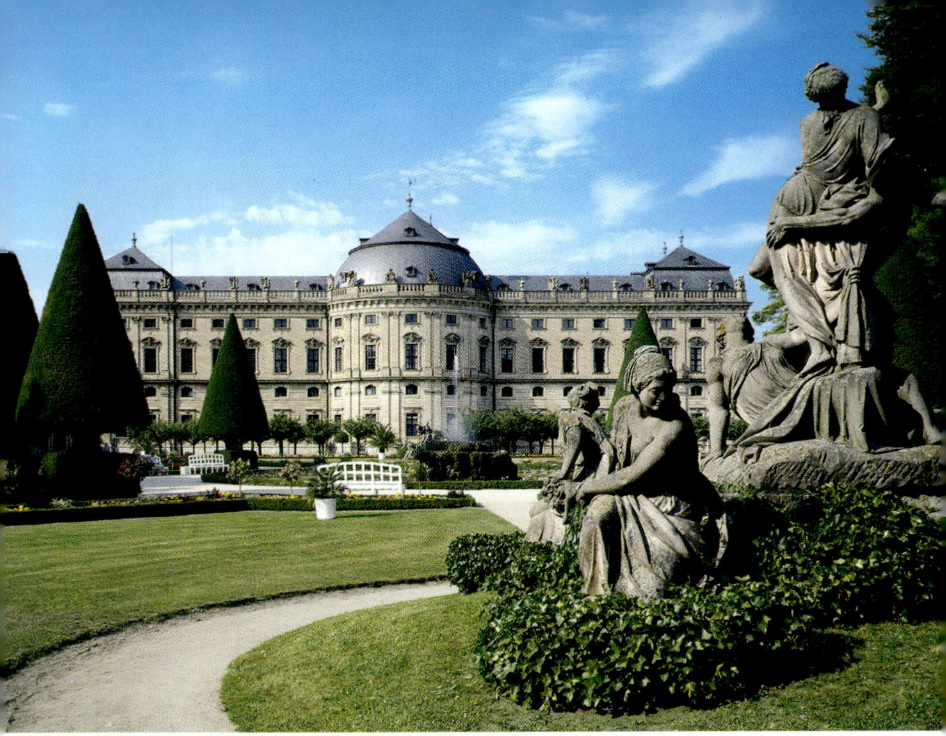

Blick durch den Garten zur Südfassade der Residenz

alle geistlichen Fürsten aus dieser Dynastie waren passionierte Bauherren, die nicht nur durch die mitunter bis zur Hybris gehende Großartigkeit ihres Anspruches die Planungen bestimmten, sondern auch schöpferisch mit eigenen »Inventionen« und durch ihre erstaunliche Sachkenntnis. So vor allem auch Fürstbischof Johann Philipp Franz von Schönborn, der Initiator der Würzburger Residenz, von dem nicht weniger als vier Brüder und drei Vettern geistliche Würdenträger waren, darunter sein Nachfolger in Würzburg, Friedrich Carl von Schönborn, Reichsvizekanzler in Wien, während sein Onkel, Lothar Franz von Schönborn, Kurfürst von Mainz und Erzkanzler des Reiches war. Die Würzburger Residenz, auf die sich das Mäzenatentum dieser außerordentlichen Familie konzentrierte, ist das großartige Ergebnis dieser Schönbornschen Passion.

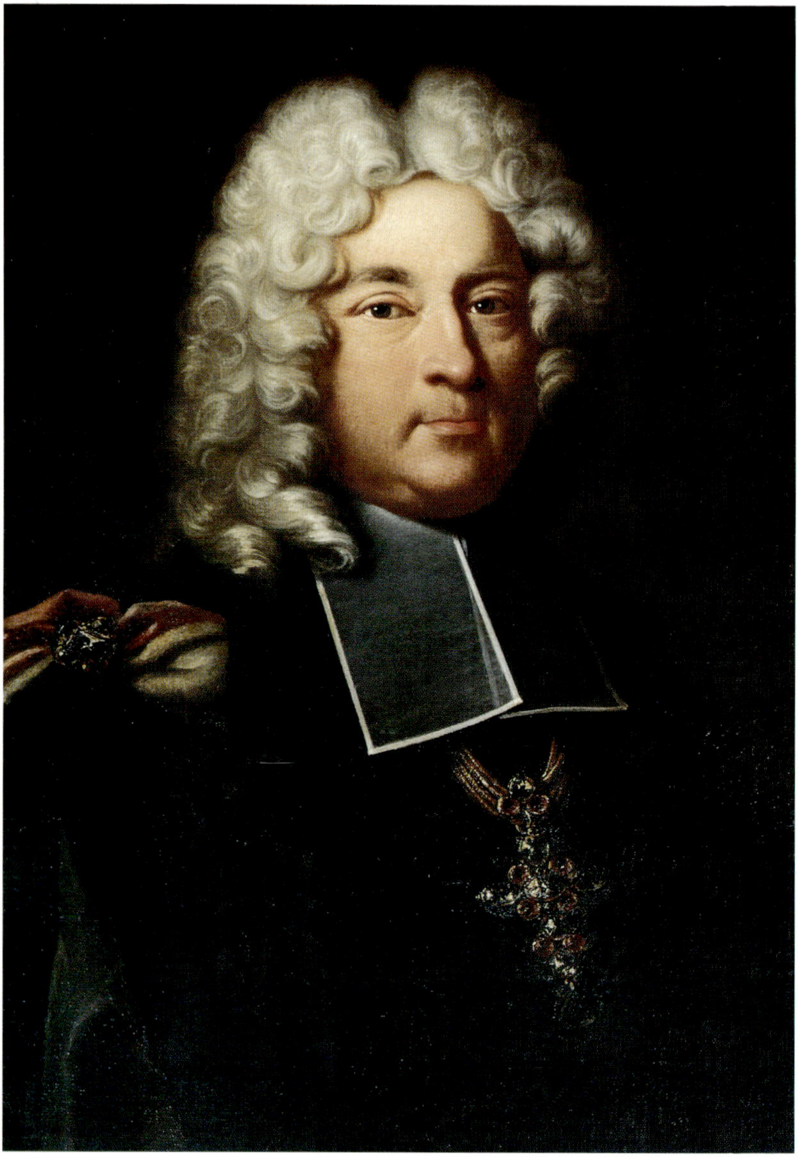

Baugeschichte

Fürstbischof Johann Philipp Franz von Schönborn (1719–1724), erster Bauherr der Residenz (Ausschnitt aus dem Porträt im Fürstensaal, Raum 42)

Bis zum Anfang des 18. Jahrhunderts residierten die Würzburger Fürstbischöfe auf der Festung Marienberg. Erst Johann Philipp Franz von Schönborn (1719–1724) verlegte die Hofhaltung in die Stadt. Indessen genügte das kleine Schlösschen, das 1701–1704 anstelle der heutigen Residenz errichtet worden war, in keiner Weise dem Anspruch nach fürstlicher Repräsentation des groß gearteten und im Geiste des Absolutismus erzogenen Fürstbischofs, zumal diesem noch im Jahre seines Regierungsantritts aus einem Unterschlagungsprozess die für damalige Verhältnisse riesige Summe von fl. 600 000 zugefallen war. Von da an waren seinem Baufieber keine Grenzen mehr gesetzt. Er forderte von seinem Hofarchitekten Balthasar Neumann unverzüglich Entwürfe für einen ausgedehnten neuen Residenzbau an, die dieser wenig später, jedenfalls noch im gleichen Jahr, lieferte. Auch die Verwandten des Kirchenfürsten, sein Onkel Lothar Franz von Schönborn, Kurfürst in Mainz, und sein Bruder Friedrich Carl in Wien ließen sich die Gelegenheit »Luftschlösser« zu entwerfen, nicht entgehen und griffen sogleich temperamentvoll und eigenwillig in den Planungsprozess ein. Den Mainzer Kurfürsten berieten sein Hofarchitekt Maximilian von Welsch, ferner Johann Dientzenhofer, der Schöpfer des Schlosses Pommersfelden, und eine Anzahl Kavalierarchitekten; der Wiener Reichsvizekanzler hingegen brachte den damals bedeutendsten Architekten in der Reichshauptstadt Wien, Lucas von Hildebrandt, in die Planung. Zugrunde lag der Vorentwurf Balthasar Neumanns. Auf Vorschlag des Maximilian von Welsch verdoppelte man zunächst die seitlichen Binnenhöfe und akzentuierte die Seitenfronten

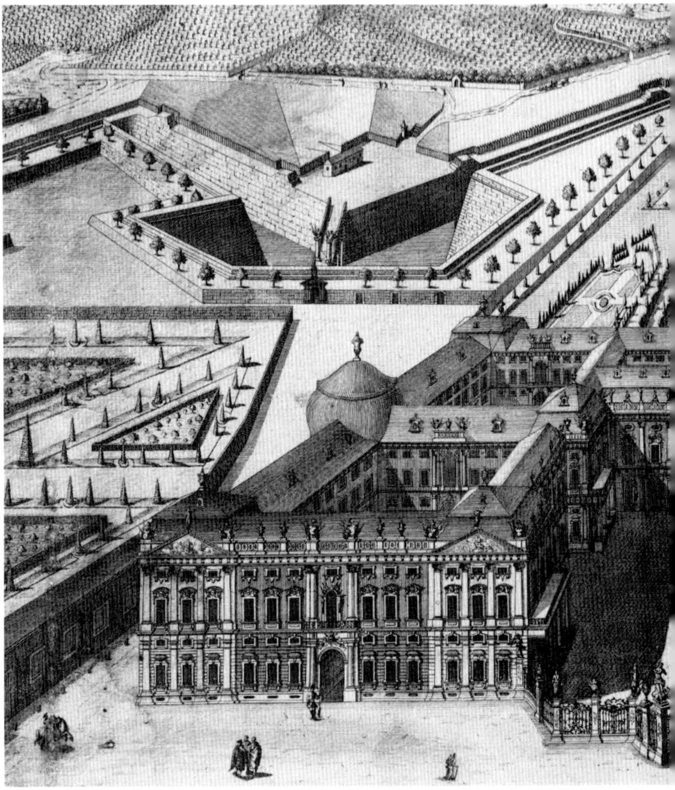

nicht durch rechteckige, sondern durch konvex vortretende, querovale Mittelpavillons. Die Vorschläge des Lucas von Hildebrandt und der beiden französischen Architekten Robert de Cotte und Germain Boffrand wirkten sich hingegen mehr auf die Fassaden aus, vor allem im Ehrenhof spitzt sich die Auseinandersetzung zwischen dem französischen Schlossbau und dem Wiener Kaiserbarock fast dramatisch zu, doch setzte sich Hildebrandt schließlich mit eigenen Vorschlägen durch. Am reinsten zeigte sich die außerordentliche dekorative Sicherheit dieses gro-

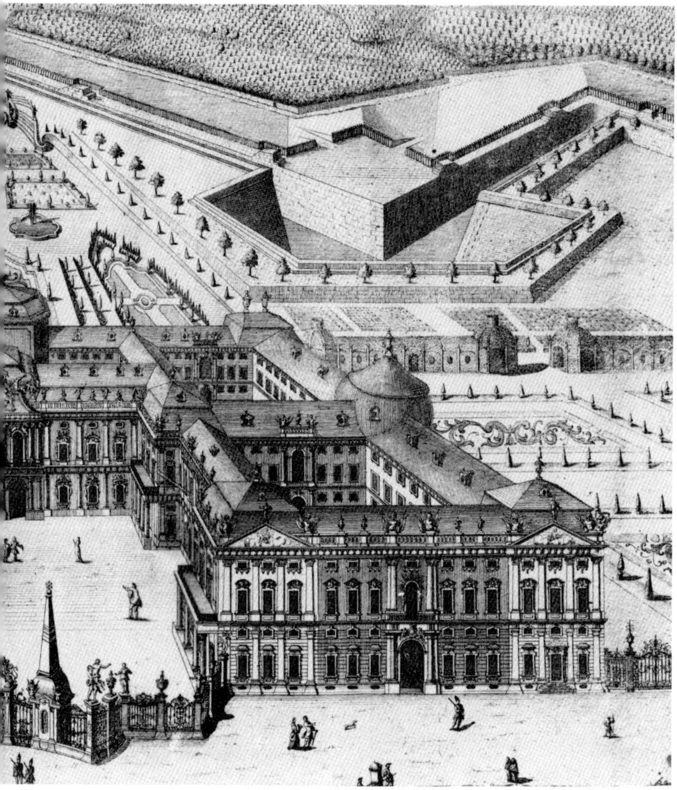

Die Residenz Würzburg von Westen, Radierung von J. B. Gutwein nach Vorzeichnung von M. A. Müller, 1757 (Ausschnitt)

ßen Wiener Architekten am Mittelpavillon der Gartenfront (Kaiserpavillon); Balthasar Neumann hat diesem am meisten »Hildebrandtischen« Teil der Residenz Würzburg im Rückgriff auf Johann Dientzenhofer nichtsdestoweniger eine wesentlich andere Funktion im Ganzen der Gartenfront zugewiesen als der kaiserliche Hofarchitekt dem nah verwandten Mittelbau am Belvedere in Wien. Auf den Grundriss der Würzburger Residenz hatte Lucas von Hildebrandt ohnehin so gut wie gar keinen Einfluss, dafür allerdings war das (1821 beseitigte) großartige Ehrenhofgitter ganz sein geistiges Eigentum. Ob auf Hildebrandt auch das einigermaßen befremdliche, mehr für einen Stadtpalast als für ein Residenzschloss charakteristische Fassadensystem mit zwei Zwischengeschossen zurückgeht, ist mehr als fraglich. Es fehlt jedenfalls in seinem Œuvre sonst ganz. Auch den französischen Architekten, die im Übrigen energisch dagegen Einspruch erhoben hatten, war es wesensfremd, da die kleinteilige Vielfenstrigkeit ein mehr bürgerliches als höfisches Element in die Front bringt. In der Tat ist das System im Amsterdamer Rathaus des Jacob van Campen vorgebildet, das seinerseits wieder, ähnlich wie die Münchner Residenz, oberitalienische, vor allem Genueser Fassadensysteme variiert. In Würzburg allerdings wirkt diesem Eindruck entschieden entgegen, dass Erdgeschoss und Mezzanin durch die Bossierung klar als gemeinsames Sockelgeschoss charakterisiert sind, sodass das piano nobile nur umso stärker distanziert und höher hinausgehoben ist. Möglicherweise kam das Mezzanin daher durch den Würzburger Bauherrn und seinen Architekten in die Planung, da die Beschränktheit des Baugeländes eine weitere Ausdehnung des Grundrisses ohnehin verbot.

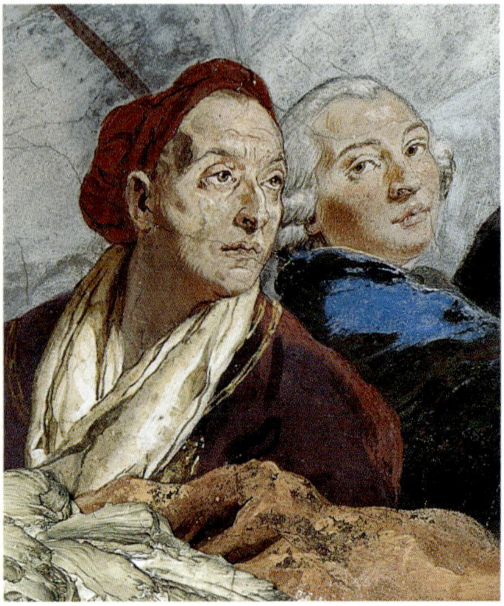

Giovanni Battista Tiepolo und sein Sohn Domenico, Detail aus dem Treppenhausfresko

Am heftigsten prallten die beiden fast kongenialen Rivalen Balthasar Neumann und Lucas von Hildebrandt bei der Planung der Würzburger Hofkirche aufeinander, doch hat sich, ausgenommen die Dekoration, der Entwurf Balthasar Neumanns mit seiner überaus geistvollen polyphonen Raumstruktur ganz durchgesetzt. Im Übrigen war das Planungswesen im Barock, ganz abgesehen von der dauernden Mitsprache der Bauherren und Kavalierarchitekten, allgemein eher kollektivistisch. Die meisten großen Schlossbauten stellen Gemeinschaftsleistungen dar. Auch bei der Würzburger Residenz war keiner der zahlreichen Architekten allein und ausschließlich entscheidend, auch nicht Balthasar Neumann. Doch war er, wie schon sein erster Vorentwurf bezeugt, nicht nur passiv ausgleichend, sondern von Anfang an selbstständig und schöpferisch an der Planung beteiligt. Zwar hat er wesentliche Konzessionen machen müssen, zuerst Maximilian von Welsch, dann den Franzosen und vor allem Lucas von Hildebrandt, jedoch hat er die Initiative zuletzt immer wieder zurückgewonnen und den zentralen Gedanken seiner ersten Konzeption, des frühesten Entwurfs, den wir überhaupt von der Residenz Würzburg haben, über alle Einsprüche und Planungsphasen zumindest im Prinzip mit Erfolg verteidigt und schließlich, allerdings mit wesentlichen Änderungen, dann auch verwirklicht. Wenn die Würzburger Residenz keine Klitterung disparater Konzepte und mehr als bloß ein Ableger des Wiener oder des französischen Schlossbaues wurde, sondern eine eigenständige Schöpfung, aus der schließlich das Würzburger Rokoko hervorging, dann ist dies die gemeinsame Leistung des Würzburger Hofarchitekten Balthasar Neumann und des eigensinnigen, aber groß gearteten und aufs Ganze gehenden Bauherrn Johann Philipp Franz von Schönborn und seines Bruders Friedrich Carl gewesen. Der Fürstbischof hatte mit sicherem Blick die Begabung Balthasar Neumanns erkannt. Schwerlich hätte er sonst

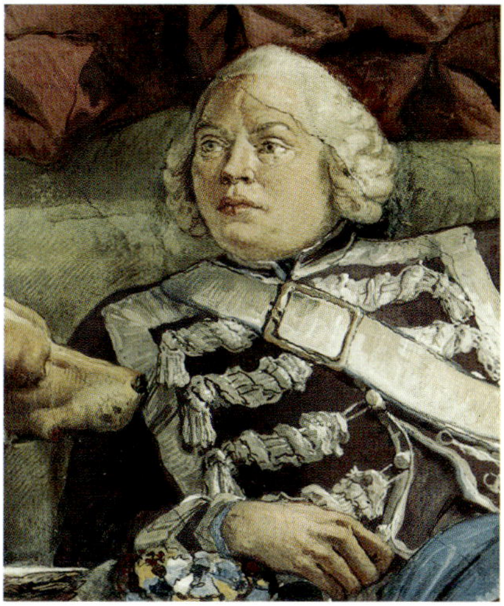

Balthasar Neumann, Detail aus dem Treppenhausfresko

die Redaktion über einen der größten Bauaufträge seiner Zeit im Reich einem fast unbekannten Architekten anvertraut. Balthasar Neumann war damals zwar schon 32 Jahre alt, aber er hatte eben erst seine Lehrjahre hinter sich gebracht, da er erst auf einem beträchtlichen Umweg zu seinem Beruf gekommen war. Dass er sich damals bereits bewährt hatte, darf man nichtsdestoweniger annehmen. Auch sein Vorentwurf belegt dies. Das Entscheidende daran ist die Kombination konträr verschiedener Schlosstypen: Indem er zwei geschlossene Vierflügelanlagen mit Binnenhof durch einen Quertrakt verband, erhielt er eine spezifisch barocke, extravertiert U-förmige Anlage mit offenem Ehrenhof, die sich von einer regulären Dreiflügelanlage dadurch unterschied, dass die Seitentrakte Binnenhöfe bargen. Der Reiz dieser ebenso einfachen wie geistvollen Konzeption liegt in ihrer Vielbildigkeit: Das Schloss bietet sich von jeder Seite anders dar, gewissermaßen als Komplex ganz verschiedener Schlosstypen. Auch verlagern sich die Akzente unausgesetzt. Auf der Stadtseite liegt das Schwergewicht zwar auf der Öffnung des Ehrenhofes, doch klammert dieser keineswegs das Ganze des Platzes ein. In der Schrägsicht hingegen verschiebt sich der Akzent mehr auf die beiden seitlichen Baublöcke, deren Fronten, gedehnt von den Eckrisaliten, in die Breite gehen, während die Seitenfassaden und die Gartenfront umgekehrt in der Mittelachse durch konvex nach vorne tretende Pavillons zugleich gesperrt und betont werden. Unter diesem Aspekt bedeuteten die Ovalkörper des Maximilian von Welsch, die im Übrigen damals in Frankreich schon längst überholt waren und auch im Wiener Palastbau eher ein rezessives Element darstellten, nur noch eine äußerlich rhythmische Bereicherung, in Wirklichkeit aber eher eine Trübung der zugrunde liegenden Idee, die Balthasar Neumann mit großer Konsequenz und Logik in seinem Vorprojekt entwickelt hatte. Im Übrigen besaß bereits dieser erste Entwurf Balthasar Neumanns eine Breitendehnung von 167 m und fast dieselbe Achsenzahl wie dann der ausgeführte Bau.

24 JAHRE BAUZEIT

Sieht man von der ersten Planungsphase ab, dann sind drei Bauetappen zu unterscheiden. Die erste beginnt mit der Grundsteinlegung durch den Bauherrn Johann Philipp Franz von Schönborn persönlich am 22. Mai 1720, noch bevor die Planungen ganz ausgereift und abgeschlossen waren. Der ungeduldig drängende Bauherr, der wenig später starb, ohne die Vollendung der Bauarbeiten je zu erleben, bezog in unmittelbarer Nähe der Residenz, im Rosenbachhof, Quartier, um den Neubau unter ständiger Kontrolle zu haben. Man begann mit dem Nordblock, ließ aber die von Maximilian von Welsch geplante »Kirche im Oval« zunächst liegen, da man sich darüber noch immer im Unklaren war. Dafür forcierte man den Nordwestpavillon auf der Stadtseite, der schon 1723 in der Hauptsache fertig war. Das Fassadensystem des Riesenbaus wäre damit endgültig festgelegt gewesen, wenn sich nicht eine gewisse Unsicherheit in der Planung eingestellt hätte. Die Impulse, die von Maximilian von Welsch ausgegangen waren, hatten sich verbraucht, nicht zuletzt deshalb, weil sie von der Entwicklung des französischen Schlossbaues überholt waren. In dieser Situation schickte der Bauherr seinen Hofarchitekten nach Paris, das damals die hohe Schule des abendländischen Schlossbaues war. Auch sollte sich Balthasar Neumann über den letzten Stand der Entwicklung in Fragen der Innenausstattung unterrichten, die eben damals in eine ganz neue Phase eintrat.
Robert de Cotte (1656–1735), bei dem Balthasar Neumann zuerst war, fiel auf, dass an den Würzburger Plänen »viel auf italienisch Manier« wäre, womit er vor allem die Änderungsvorschläge des Maximilian von Welsch meinte, der seinerseits noch von der ersten Phase des Wiener

Kaiserbarock unter Fischer von Erlach inspiriert worden war. In seinen Planungsparaphrasen, die der arrogante de Cotte im Übrigen »ohne intereße offerierte«, strich er denn auch sogleich die seitlichen Ovale und damit die »Kirche im Oval«, ferner das Zwischengeschoss im Fassadensystem, und schließlich wollte er sogar die großartige »Invention« des Bauherrn, die zwei symmetrischen Treppenhäuser, beseitigt wissen. Dafür fügte er eine grandiose Galerie in ganzer Länge der südlichen Seitenfront hinzu.

Es zeugt für den ausgeprägten, damals schon fast akademischen Schulcharakter des französischen Schlossbaues, dass sich die Vorschläge des wesentlich anders gearteten und vor allem kulanteren Germain Boffrand, der sich im Übrigen 1724 in Würzburg persönlich über den Neubau unterrichtete und von den Planungen, vor allem aber vom Treppenhaus, beeindruckt zeigte, nicht grundsätzlich davon unterschieden. Dass manche der französischen Vorschläge, vor allem jene, die die Änderungen des Maximilian von Welsch wieder beseitigen halfen, Balthasar Neumann willkommen waren, ist mehr als wahrscheinlich. Von der »Kirche im Oval« ist jedenfalls seit damals nicht mehr die Rede. Durchgesetzt haben sich allerdings die Franzosen, wenn man von der Enfilade im Kaiserappartement der Gartenfront absieht, nur im Ehrenhof mit der Streichung der Mezzaningeschosse und der Risalitgiebel einerseits und der Hinzufügung der Balkons andererseits, ohne dass darum diese Fassaden französisch kalt und pathetisch geworden wären. Schon die heitere, wienerisch legere Sicherheit Hildebrandts und sein dekorativ festliches Giebelmotiv wirkten dagegen. Im Übrigen hat Balthasar Neumann die vier Risalite im Ehrenhof mit Erfolg gegen de Cotte verteidigt und damit noch einmal seine ursprüngliche Konzeption der Seitenblöcke als quasi herangeschobene Vierflügelanlage erneuert.

Überflüssig zu sagen, dass der Bau während des Pariser Aufenthaltes von Balthasar Neumann pausenlos fortgeführt worden war. Indessen, als man nach der Rückkehr mit neuem Impetus an die Planung gehen wollte, starb der mitunter bis zum Rücksichtslosen tatkräftige Bauherr ganz überraschend, sodass manche an Vergiftung glaubten. Der Tod des Fürstbischofs, der, wie sein Onkel gelegentlich mitteilt, »verhasset in seinem Lande war«, löste Jubel aus. Die Opposition der Schönbornpartei sammelte sich zum Gegenangriff und wählte als Nachfolger den gelehrten und bescheidenen Christoph Franz von Hutten (1724–1729). Nur der im Bau befindliche Nordblock, kaum ein Fünftel des Riesenkomplexes, wurde noch unter Dach gebracht und im Übrigen der Residenzbau überhaupt eingestellt. Jedoch war das Haus Schönborn, das den Bau der Würzburger Residenz schon aus Prestigegründen als Sache der ganzen Familie betrachtete, weit davon entfernt zu resignieren. Der Mainzer Kurfürst Lothar Franz von Schönborn hielt seine Hand über Balthasar Neumann, der weiterhin die Bauleitung hatte, bis dann nach dem frühen Tode des Fürstbischofs Christoph Franz von Hutten schon wenige Jahre später mit dem Reichsvizekanzler Friedrich Carl von Schönborn (1729–1746) der Bruder des ersten Bauherrn auf den Bischofssitz in Würzburg folgte und damit wieder ein Weltmann von umfassender Bildung und großem politischen Einfluss. Die dritte Bauetappe, die schließlich die Vollendung der Residenz im Rohbau brachte, begann damals. Sogleich wurden die Arbeiten mit großer Energie wieder aufgenommen, nur dass sich Balthasar Neumann, der wiederum die Bauleitung hatte, nicht mehr mit den Mainzer oder Pariser Architekten auseinander zu setzen hatte, sondern mit dem damals führenden Architekten des Wiener Kaiserbarock, Lucas von Hildebrandt, dessen Werke der neue Bauherr für die »heutige beste Baukunst« hielt.

Da der Reichsvizekanzler erst 1734 endgültig nach Würzburg übersiedelte, reiste Balthasar Neumann 1730 mit neuen Vorschlägen nach Wien. Dafür war Lucas von Hil-

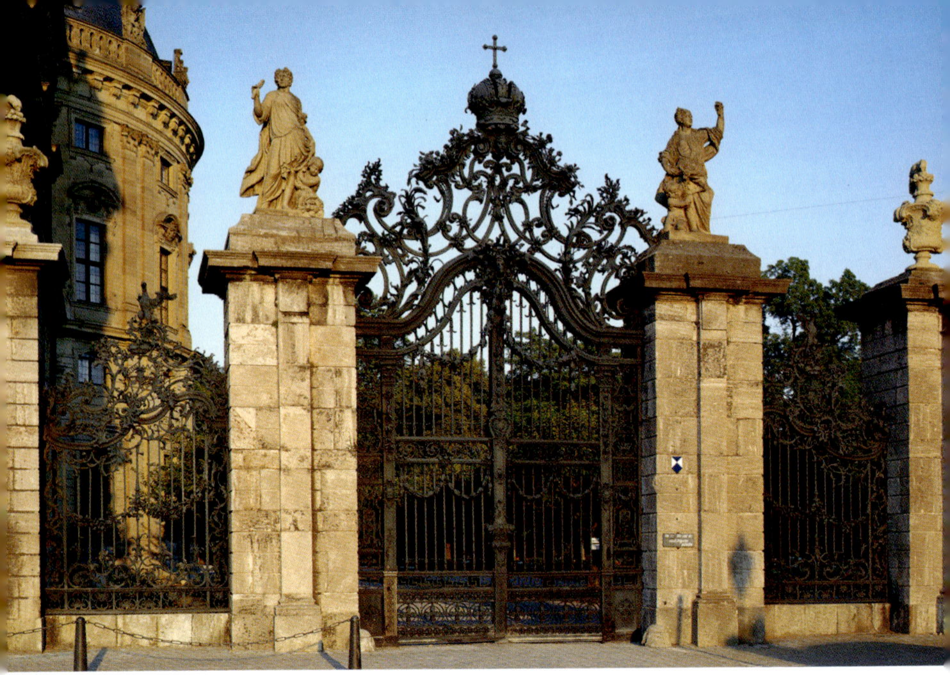

Hofgartentor am Gesandtenbau, Schmiedearbeiten von Georg und Anton Oegg, 1745–1774

debrandt, ein schwieriger und überaus reizbarer Charakter, mit dem Balthasar Neumann nichtsdestoweniger trachtete, »dass er wohl auskommen werdte«, dann umgekehrt 1731 in Würzburg. Keiner der Beteiligten allerdings, weder der Bauherr noch seine Architekten, dachten ernstlich daran, die überkommenen Mainzer oder Pariser Vorschläge zu verwirklichen. Ein Plan Balthasar Neumanns von 1730 ersetzt denn auch die exemplarisch barocken Ovale des Maximilian von Welsch durch rechteckige Risalite. Die Hofkirche plante Balthasar Neumann schon damals, anders als Maximilian von Welsch, nicht mehr im Nordoval und auch nicht im Zwischentrakt des Nordblocks wie Germain Boffrand, sondern im Südwesteck des Südblocks, an jener Stelle somit, wo sie dann tatsächlich errichtet wurde und zwar nicht nur gegen die Wünsche seines Bauherrn, sondern auch gegen die Vorschläge seines Rivalen Lucas von Hildebrandt, der lediglich die Dekoration dazu beisteuerte. Auch der Gartensaal hatte damals schon seine heutige Form mit einem Stützenkranz. Im Übrigen konzentrieren sich die Planungen nunmehr auf die Fassaden des Ehrenhofs und die Gartenfront. Zunächst setzte man dem vollendeten Nordblock ab 1730 als Gegenstück den Südblock entgegen. 1732 arbeitete man an der Front gegen den Ehrenhof und am Stadtflügel. Die Arbeiten gingen allenthalben rasch und flüssig voran. 1733 entstand mehr als jemals vorher in einem Jahr. Zwar kamen dann 1734 die Arbeiten wegen des polnischen Erbfolgekrieges vorübergehend ins Stocken, doch ging man schon im nächsten Jahre wieder das Corps de logis an. 1736 wurde die südliche Hälfte des Ehrenhofs und die Gartenfront hochgeführt, 1737 war die »gantze Stigen ...« angelegt und 1738 das Corps de logis im Hauptgeschoss fertig und das Dach über dem Weißen Saal aufgeschlagen, 1739 folgte das Stiegenhaus und der Kaisersaal. Sobald 1740 die Gartenfront stand, begann man unverzüglich mit der Ausstattung der Kaiserzimmer südlich des Kaisersaales. 1741 war der ganze Rohbau ohne Nordoval unter Dach. 1742 folgen die großen Gewölbe im Kaisersaal und im Weißen Saal, 1743 im Treppenhaus. Im Dezember 1744, 24 Jahre nach der Grundsteinlegung, war der Rohbau vollendet. Ein großes Dankfest wurde gefeiert und 16 heilige Messen gelesen. Ein Jahr später, 1745, starben Maximilian von Welsch und Lucas von Hildebrandt, 1746 starb auch der Bauherr. Das Schicksal der Residenz schien zunächst besiegelt, da der gewinnsüchtige und geldgierige Nachfolger, Fürstbischof Anselm Franz Graf von Ingelheim, nur an »Goldmacherei« in jeder Hinsicht interessiert war. Balthasar Neumann fiel in Ungnade und wurde abgesetzt, das Bauwesen verfiel. Indessen endete dieses unglückselige Intermezzo schon drei Jahre später 1749 mit dem von niemandem betrauerten Tode dieses habgierigen Kirchenfürsten. Der folgende Fürstbischof Carl Philipp von Greiffenklau stammte zwar nicht mehr aus dem Hause

Schönborn, doch war er mit diesem durch Herkunft und Begabung verwandt. Er setzte die Tradition fürstlichen Mäzenatentums der Familien Schönborn fort. Noch im Monat des Regierungsantritts wurde Balthasar Neumann als Oberbaudirektor wieder eingesetzt, wenngleich es fortan mehr um die Garten- und Platzgestaltung und vor allem um die Weiterführung der Innendekoration ging.

HÖHEPUNKTE DER INNENAUSSTATTUNG

Die Geschichte der Innenausstattungen der Würzburger Residenz hat zwei Höhepunkte, der erste fällt in die Regierungszeit des Friedrich Carl von Schönborn (1729–1746, zweite Bischofswohnung, Kaiserzimmer, Hofkirche); den zweiten inspirierte Carl Philipp von Greiffenklau (1749–1754, Ausmalung des Kaisersaals und Treppenhauses durch Tiepolo). Jedoch hinterließen auch der Klassizismus (Ingelheimzimmer) und das Empire (Toskanazimmer) Stilräume in der Residenz, bis dann im Zweiten Weltkrieg ohnehin das meiste bis auf Fragmente der beweglichen und wandfesten Ausstattung, die geborgen worden waren, vernichtet wurde. Die ersten Stilräume waren allerdings schon unter Fürstbischof Christoph Franz von Hutten (1724–1729) im Nordblock als alte Bischofswohnung eingerichtet, wenn auch nicht mehr von diesem Kirchenfürsten bezogen worden. Nur Spuren dieser im Klassizismus (Ingelheimzimmer) »antikisch« umgestalteten Raumflucht kamen auf uns. Für die Dekorationen dieser ersten Bischofswohnung, die verhältnismäßig einfach, aber ganz im Geiste der französischen Kunst in der Hauptsache in Régenceformen ausgestattet worden war, hatte Germain Boffrand Entwürfe geliefert. Mitgewirkt hatten die Bildhauer Claude Curé und Jacob van der Auvera, die Stuckatoren Johann Peter und Karl Anton Castelli, der Maler Anton Clemens Lünenschloß und der Teppichwirker Andreas Pirot.

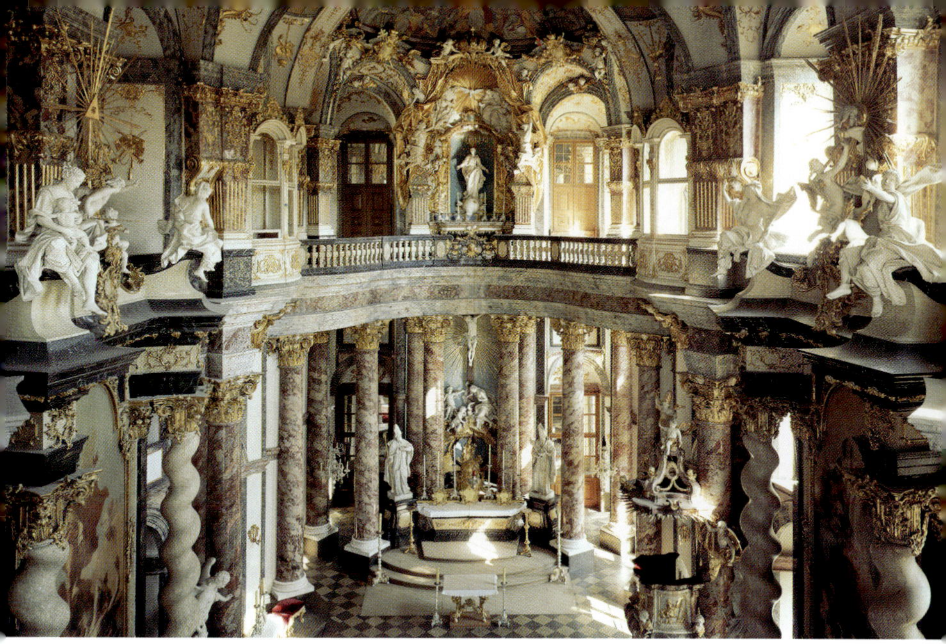

Hofkirche, Blick von der Westempore zum Emporenaltar, darunter der Hauptaltar

Internationalen Rang erhielten die Würzburger Innendekorationen allerdings erst durch Friedrich Carl von Schönborn, unter dem die zweite Bischofswohnung, diesmal im Südblock, die Hofkirche und ein Teil der Gast- und Kaiserzimmer auf der Gartenseite ausgestattet wurden. Nicht mehr Paris, sondern die Reichshauptstadt Wien war nunmehr beispielgebend, allerdings nur für die erste Phase bis zum Tode des Hofmalers und Dessinateurs Rudolph Byss, da die Wiener Dekorationsformen damals in vieler Hinsicht bereits veraltet waren. Die Entwicklung in Würzburg schritt jedenfalls rasch über diese Etappe hinaus. Dass die Wendung zum Rokoko von Österreich ausging, das anders als Würzburg keine selbstständige Spielart dieses Stils je hervorbrachte, ist absolut unwahrscheinlich. Wieweit die Münchner Hofkunst der Wittelsbacher und das »bayerische Rokoko«, ähnlich wie in Ansbach, stimulierend wirkten, wird erst noch zu prüfen sein. Die Schnitzerfamilie Guthmann aus München hat jedenfalls einen bemerkenswert großen Anteil an den Würzburger Ausstattungen, wie denn Balthasar Neumann überhaupt eine große Anzahl erlesener Dekorationskünstler ganz verschiedener Herkunft um sich versammelte; Italiener, Deutsche und Franzosen und Niederländer, die alsbald zu einer schöpferischen Arbeitsgemeinschaft zusammenwuchsen. So seit 1734/35 den Stuckator Antonio Bossi, wahrscheinlich die bedeutendste ornamentale Begabung, den Bildhauer Johann Wolfgang van der Auvera, den Schnitzer und Kunstschreiner Ferdinand Hund, den virtuosen Hofschlosser Johann Georg Oegg, der ebenso wie der Hofhafner Dominikus Eder aus Wien kam, und die Maler Anton Joseph Högler, Johann Thalhofer und Georg Anton Urlaub. Diese internationale Künstlerschar brachte in ständiger Wechselwirkung eine Stilvariante des Rokoko von bemerkenswerter Eigenart und Selbstständigkeit hervor: das »Würzburger Rokoko«, eine der reichsten und temperamentvollsten unter den verschiedenen Spielarten dieses Stils in Deutschland. Wir verdanken dieser kurzen, aber kostbaren Blüte fränkischer Kunst Innendekorationen, die zu den vollkommensten Schöpfungen der Raumkunst nicht nur in Deutschland gehören. Fremde Stilformen und Impulse verbinden sich mit älteren einheimischen Überlieferungen.

Auch die Ikonologie der Würzburger Residenz setzt ältere Traditionen des deutschen Palastbaues fort, die während der Gegenreformation vor allem in den kurfürstlichen Residenzen München und Aschaffenburg begründet worden waren, nicht ohne ältere mittelalterliche Vorstellungen zu erneuern. Ich meine die für den Schlossbau in den katholischen Teilen Deutschlands in mancher Hinsicht charakteristischen Repräsentations- und Gastappartements, die als Kaiserzimmer und Kaisersäle für den Besuch des Kaisers eingerichtet und dauernd bereitgehalten wurden. Für die Residenz Würzburg waren die Kaiserzimmer, ähnlich wie in Aschaffenburg, von besonderer Aktualität, da der Kaiser bei seinen Krönungsfahrten nach Frankfurt regelmäßig dort Quartier zu nehmen pflegte. Der Würzburger Kaisersaal – die Bezeichnung ist seit alters her verbürgt und zum ersten Mal 1754 bezeugt – ist einer der letzten in einer langen Reihe von Sälen und Zimmern dieser Bezeichnung und dem künstlerischen Range nach wahrscheinlich überhaupt der bedeutendste. Das ikonographische Programm beschwört nicht, wie sonst im europäischen Palastbau üblich, die antike Mythologie (Taten des Herkules etc.) und auch nicht so sehr die Allegorienwelt des Absolutismus, sondern vor allem die mittelalterliche Geschichte des Fürstbistums Würzburg. Es hängt dies damit zusammen, dass die politische Existenz des Fürstbistums Würzburg nicht ohne die Reichsgeschichte verstanden werden kann, und nicht zuletzt wohl auch damit, dass sich in dem totalen Neubau der Residenz so gut wie nichts von der Geschichte des Fürstbistums objektiviert. So hatte der Würzburger Jesuitenpater Seyfried (schwerlich aus eigener Initiative allein) schon 1735, um die mangelnde historische Kapazität des Neubaues zu kompensieren, ein überaus umfangreiches ikonographisches Programm entworfen unter dem Titel »Ohnvorgreifliche Gedanken auf was Arth die Mahlery in der neuen hochfürstlichen Residentz ... vorzustellen seyn werde« mit einseitiger Betonung des staatlichen, politischen und historischen Elements. Der neue Fürstbischof übernahm wesentliche Gedanken daraus und erkannte wohl auch, dass gelehrte und tiefsinnige Programme allein nicht genügen, wenn sie nicht in angemessener Weise künstlerisch realisiert sind; das Deckengemälde im Gartensaal, das Johann Zick aus Lachen 1750 vollendete, scheint jedenfalls nicht ganz befriedigt zu haben, da der Künstler noch im gleichen Jahre nach Bruchsal abging, um im dortigen Treppenhaus Balthasar Neumanns das Deckenfresko zu malen. Offensichtlich wollte Fürstbischof Greiffenklau mehr. Nach dem unglückseligen

Erdteil Afrika, Ausschnitt aus dem Deckenfresko des Treppenhauses von G. B. Tiepolo, 1753

Zwischenspiel mit dem »Filou« Joseph Visconti aus Mailand gelang es dann, den genialen Freskomaler Giovanni Battista Tiepolo zu fürstlichen Bedingungen zu verpflichten. Der Maler traf im Dezember 1750 mit seinen beiden Söhnen, dem 23-jährigen Domenico und dem 14-jährigen Lorenzo, ein und malte bis zum Juli 1752 zunächst im Kaisersaal drei Fresken: »Hochzeit Barbarossas mit Beatrix von Burgund« (1156 in Würzburg), »Die Verleihung der fränkischen Herzogswürde durch Barbarossa 1168« und im Deckenspiegel »Apollo führt Kaiser Barbarossa im Sonnenwagen die Braut zu«. Anschließend daran schuf er 1752–1753 für das riesige Muldengewölbe im Treppenhaus das größte Deckengemälde, das jemals gemalt wurde, »Die Verherrlichung des Fürstbischofs als Mäzen der Künste unter dem Schutze des Sonnengottes Apollo« mit den Allegorien der vier Erdteile und den Porträts der bedeutendsten Künstler am Residenzbau. Räume von solcher Weite und Dynamik hat Tiepolo, der damals bereits seinen durchlichteten hohen Stil gefunden hatte und im Zenit seines Schaffens stand, weder vorher noch nachher wieder ausmalen dürfen. Zwei kongeniale Hauptwerke der europäischen Architektur und Malerei treten zu einem Gesamtkunstwerk zusammen, das seinesgleichen nicht hat. Am 8.11.1753 verließ Tiepolo nach fast dreijähriger Anwesenheit Würzburg. Kurz vorher war Balthasar Neumann gestorben. Er hatte die Ausmalung seines Hauptwerkes noch erlebt. Ein Jahr später folgte sein Bauherr Fürstbischof Carl Philipp von Greiffenklau. Die Stunde des Würzburger Rokoko war vorüber.

VOLLENDUNG, ZERSTÖRUNG UND WIEDERAUFBAU

Unter dem Fürstbischof von Würzburg und Bamberg Adam Friedrich von Seinsheim (1755–1779) zog die noble, aber karge Kunst des Louis-seize in die Residenz

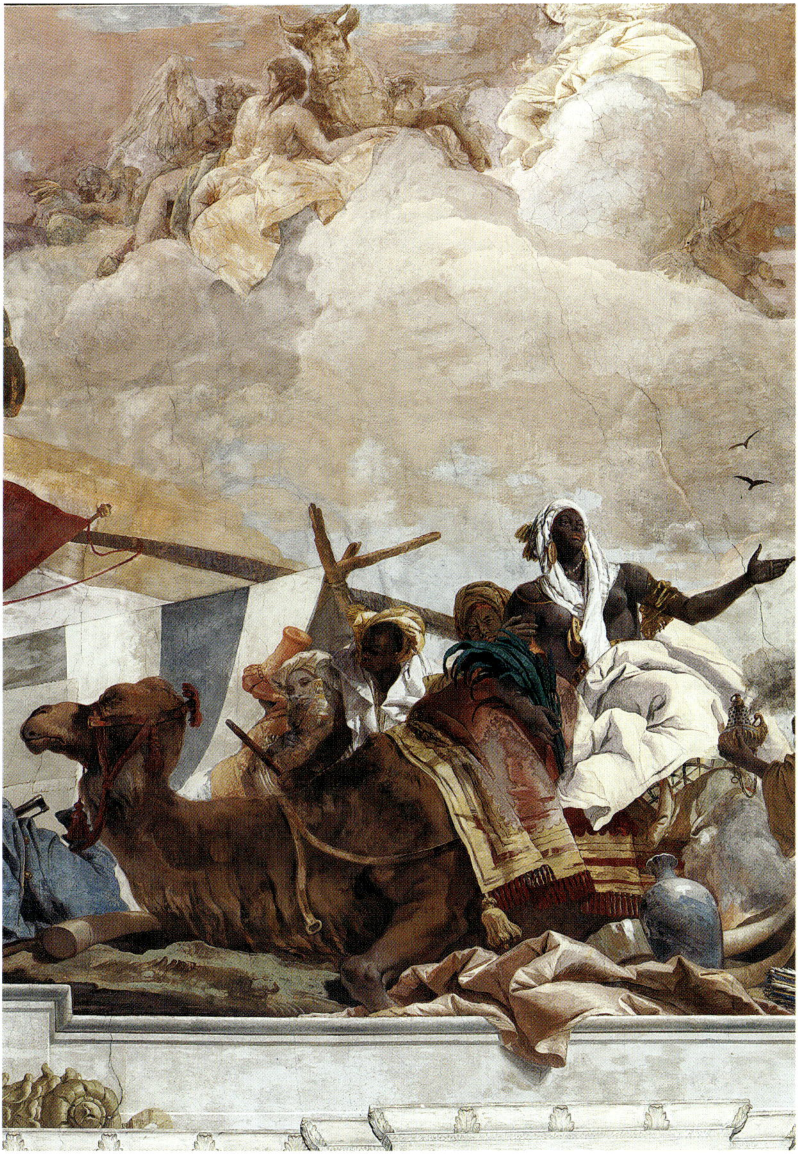

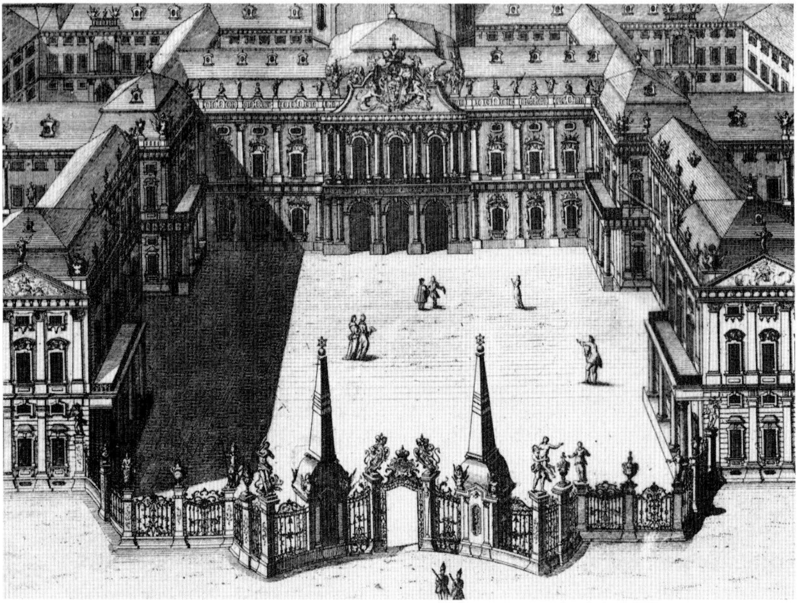

Das 1821 abgebrochene Ehrenhofgitter auf einer Radierung von 1757 (Detail aus der Abb. S. 10/11)

ein. Das Treppenhaus wurde damals von Lodovico Bossi 1765/66 in klassizistischen Formen stuckiert, Franz Anton Ermeltraut fügte überdies im Vestibül klassizistische Grisaille-Malereien hinzu. Während die letzten Paradezimmer auf der Gartenseite und der Fürstensaal noch in Arbeit waren, stattete man die Ingelheimzimmer bereits zum zweiten Mal aus, nur diesmal frühklassizistisch. Der Hofgarten wurde vollendet und schließlich die städtebauliche Situation auf dem Residenzplatz 1765–1774 nach Plänen von Bauamtmann Geigel aus dem Geiste dieser an schöpferischen Impulsen armen Epoche reguliert. Balthasar Neumann hatte den Residenzplatz als grandiose Kalottenbühne aufgefasst, auf der der vielbildige Prospekt dieses Riesenbaues gewissermaßen in mehreren Aufzügen nach- und nebeneinander in Erscheinung trat. Bauamtmann Geigel festigt den

Platz durch zwei flankierende Bauten. Er setzte dem Rosenbachhof als Gegenstück auf der gegenüberliegenden Südseite die Kopie des Gesandtenbaues entgegen und verlängerte beide durch Arkaden, die Hochsäulen nach vorne schieben.

Die Säkularisation bedeutete das Ende des Fürstbistums Würzburg. 1802 fiel das Hochstift zum ersten Mal an Bayern. Erst nach dem achtjährigen Interregnum des Großherzogs Ferdinand III. von Toskana, unter dem die zweite Bischofswohnung nach Entwürfen des Franzosen Alexandre Salins de Montfort in Empireformen neu eingerichtet wurde, fiel Würzburg dann 1814 endgültig an Bayern. Das Verständnis für die eigene Gesetzmäßigkeit dieser riesigen Baumasse war damals (seit dem Klassizismus und Fürstbischof Erthal) schon so weit abhanden gekommen, dass man 1821 das mit einer unvergleichlichen Bewegung aus dem Ehrenhof frei in den Platzraum hinausschwingende Gitter Georg Oeggs abbrach, das jedenfalls weit mehr als nur eine Arabeske war, sondern in mancher Hinsicht den Schlüssel zur Interpretation dieses dynamisch vielbildigen Komplexes darstellte. Die äußere Erscheinung der Würzburger Residenz ist seither tief greifend verändert, die Front »klafft«.

Im 19. Jahrhundert residierten Kronprinz Ludwig und verschiedene Könige von Bayern, wenn auch nur vorübergehend, in der Residenz Würzburg. 1821 kam Prinzregent Luitpold in den Toskanazimmern auf die Welt. Schließlich leitete man in den Zwanzigerjahren des letzten Jahrhunderts die Restaurierung der Innenausstattungen nach streng denkmalpflegerischen Gesichtspunkten ein. Der ursprüngliche historische Zustand wurde, soweit möglich, wiederhergestellt. Am 16. März 1945 brach dann die Katastrophe über Würzburg und die Residenz herein. Mit der ganzen Stadt brannte zugleich die Residenz nach einem schweren Bombenangriff bis auf die Außenmauern aus. Nur das Corps de logis mit der großartigen Raumfolge Balthasar Neumanns und den Fresken Tiepolos überstand das Inferno. Wir verdanken dies an erster Stelle der unvergleichlichen Wölbungstechnik Balthasar Neumanns, der gegen den Rat des Lucas von Hildebrandt das Wagnis unternommen hatte, die gewaltigen Spannweiten im Vestibül, Treppenhaus und im Kaisersaal mit freitragenden Steindecken zu wölben. Die Wölbungen haben jedenfalls nicht nur bis heute gehalten, sondern 1896 und 1945 auch noch dem glühenden Brandschutt widerstanden. Zwar wurden von der Bayerischen Schlösserverwaltung unverzüglich Sicherungs- und Instandsetzungsarbeiten eingeleitet, dass jedoch die Fresken Tiepolos nicht durch die Nässe zerstört wurden, ist vor allem dem amerikanischen Kunstschutzoffizier John D. Skilton zu danken, der rechtzeitig Dachschiefer und Holz für die Notdächer beitrieb. 1950 waren diese Bauteile im Corps de logis in der Hauptsache wiederhergestellt. Das letzte Richtfest wurde 1959 gefeiert, doch erwiesen sich aus statischen Gründen 1964–1966 neue schwierige Sicherungsarbeiten als notwendig. Das Corps de logis erhielt ein Stahlkorsett. Auch mussten die Doppelsäulen zwischen Vestibül und Treppenhaus durch massive Pfeiler ersetzt werden.

Inzwischen hatten sich, da wesentliche Teile der Residenz einer neuen Bestimmung zugeführt werden mussten, eine Anzahl staatlicher Institute (Universität, Martin von Wagner Museum, Staatsarchiv, Staatsweingut etc.) in dem Riesenbau angesiedelt.

Die Restaurierungsarbeiten gingen nichtsdestoweniger planmäßig und unausgesetzt weiter. Eine herausragende denkmalpflegerische Leistung stellt die Instandsetzung der Hofkirche dar, die im Mai 1963 der Öffentlichkeit zurückgegeben wurde. Die Rekonstruktion des Toskanasaals im Bereich der Universität erfolgte bis 1965. Auch die überaus schwierige und langwierige Restaurierung und teilweise Erneuerung der Stilräume wurde in Angriff

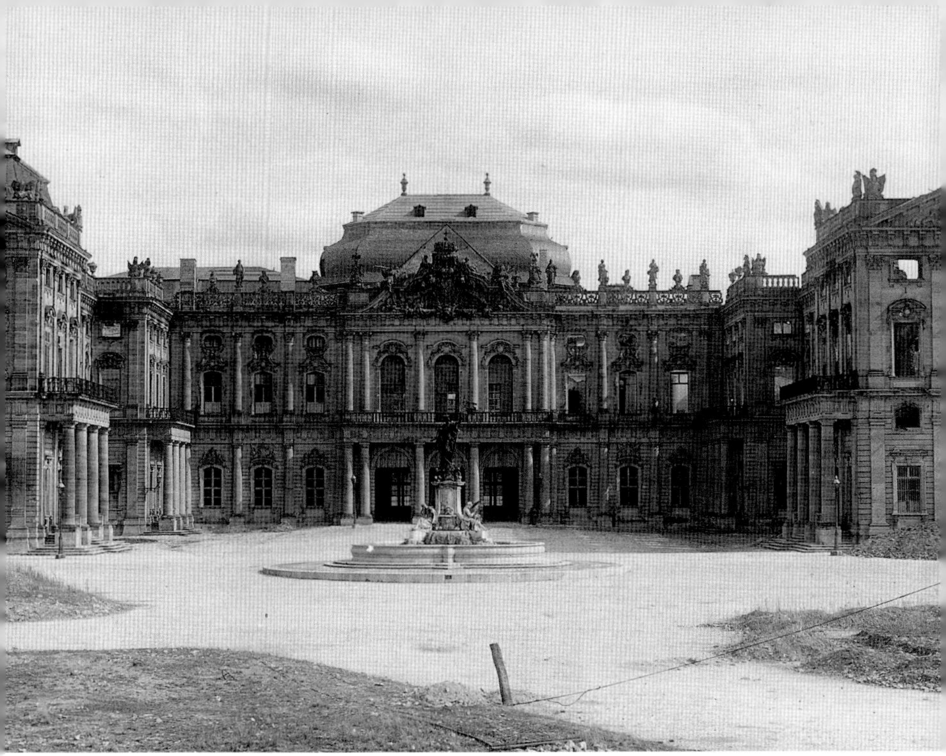

Die kriegszerstörte Residenz mit den ersten neuen Dächern, Zustand 1947

genommen. Dies war möglich, weil die bewegliche Einrichtung vorsorglich geborgen worden war und wesentliche Teile der wandfesten Ausstattung die Zerstörung überdauert hatten. Im Mai 1970 waren die südlichen Kaiserzimmer, im Dezember 1974 die nördlichen wiederhergestellt. Die Ingelheimzimmer und der Fürstensaal wurden im September 1978 wiedereröffnet. Im Jahre 1981 wurde die Würzburger Residenz einschließlich Residenzplatz und Hofgarten von der UNESCO als »Weltkulturgut« in die Liste des »Kultur- und Naturerbes der Welt« aufgenommen und damit unter besonderen Schutz gestellt. Die Rekonstruktion des Spiegelkabinetts in den südlichen Kaiserzimmern konnte im Oktober 1987 abgeschlossen werden.

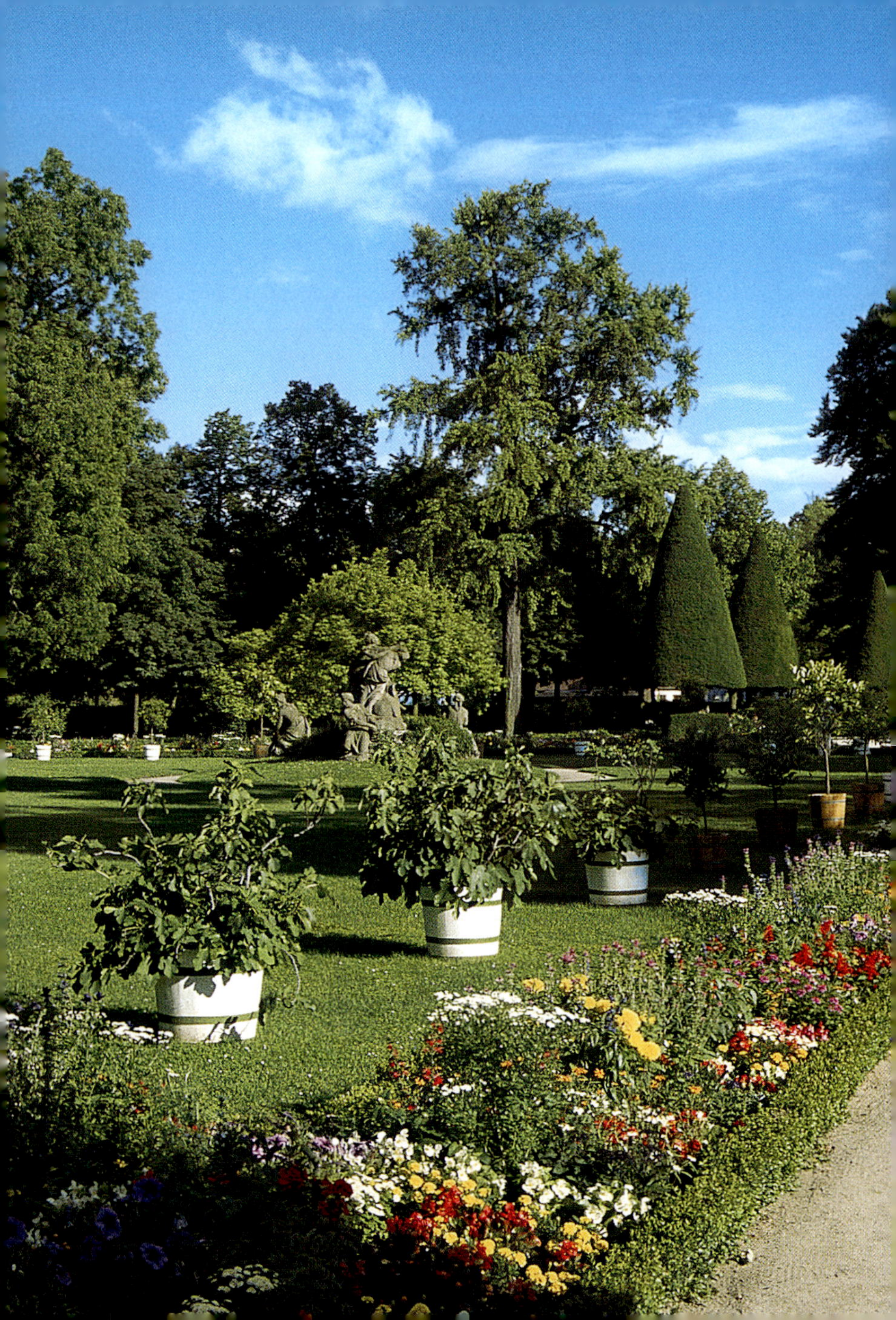

Hofgarten

Die Geschichte des Hofgartens ist zwar so alt wie die Residenz, über Vorentwürfe hinaus und in das Stadium der Verwirklichung traten die Planungen jedoch erst unter Fürstbischof Adam Friedrich von Seinsheim (1755–1779), nachdem das Schloss außen und innen in der Hauptsache vollendet war. Alle Planungen hatten von den Gegebenheiten der Schlossarchitektur und des verfügbaren Geländes auszugehen. Die wichtigste ist, dass die Residenz kein Sommerschloss war, sondern ein Stadtpalast, der noch innerhalb der Befestigungen lag, wenn auch an der Peripherie der Stadt. Da man nie ernsthaft erwog, eine Bresche in den städtischen Bering zu brechen, war der verfügbare Raum für die obligaten Gartenanlagen von vornherein begrenzt. Nur ost- und südwärts der Residenz war einiger Raum verfügbar. Und wie die Residenz einen ganzen Komplex verschiedener Schlosstypen umfasst, so ist auch der Hofgarten keine symmetrisch einheitliche Anlage, sondern besteht aus mehreren, kompositionell fast selbstständigen Quartieren, die sich vor der Süd- und Ostfassade der Residenz nach verschiedenen Richtungen hin ausgliedern und erst von der Architektur zu einer losen künstlerischen Einheit zusammengefasst werden. Der gesamte Umgriff des Gartenareals jedoch beträgt wenig mehr als das Dreifache der Grundfläche der Residenz. Eine französische Anlage mit Kanälen und Alleen bis zum Horizont schied daher von vornherein aus. Residenz und Garten mussten die vorgegebenen Bastionen nicht nur respektieren, sondern mit diesen überdies eine kompositionelle Einheit bilden. In der Tat steht die Residenz an der Basis des re-

Blick über die rahmenden Blumenrabatten in den Südgarten

gelmäßigen, jedoch gestelzten Grundrissdreiecks der Bastion in der Weise, dass sich ihre architektonische Hauptachse mit der Höhe des Dreiecks deckt und auf die Spitze der Bastion zielt. Nicht die Schlossarchitektur, die Bastion war das Primäre! Die verlängerte Hauptachse der Residenz wird von der Bastei gekappt und diese, nicht die Residenz, wirkt mit ihren architektonischen Energien in den Freiraum. Mit der französischen Gartenkunst hat dies alles umso weniger zu tun, als sich das Gelände zwischen Residenz und Bastion, zumindest seit den späteren Planungen, nicht flach und eben ausbreitet, sondern in drei Terrassen bis zur Höhe des Walls ansteigt, von dem eine reich gegliederte Kaskade herabstürzen sollte. Nicht die verlängerte architektonische Achse der Residenz, sondern das großartige Amphitheater der Bastei war entscheidend für den östlichen Gartenraum. Offensichtlich steht dieser mehr introvertierte Bezirk des Hofgartens eher in italienischen als französischen Überlieferungen und nicht zuletzt auch der älteren deutschen Gartenkunst bis auf Furttenbach.
Einigermaßen anders verhält es sich mit der Gartenanlage, die vor der südlichen Seitenfassade der Residenz liegt. Dieser Bezirk ist nicht mehr einer vorgegebenen Bastion zugeordnet, sondern ausschließlich der Residenz. Das Parterre wird von der südlichen Seitenfassade des Schlosses ausgegliedert und auf der gegenüberliegenden Seite von der Orangerie begrenzt. Es handelt sich um ein Rechteck, das in der Art der österreichischen Gärten durch Wege in den Hauptachsen und Diagonalen untergeteilt und in der Mitte von einem Rundbassin zentriert wird. Auffallend ist allerdings, dass die Hauptachse in Verlängerung des ovalen Fassadenrisalits am schwächsten ausgebildet ist. Der Weg ist nicht nur schmäler als alle anderen, sondern überdies durch zwei Gruppen verstellt. Am stärksten betont ist jedenfalls der Quergang, der das Rechteck in ungleiche Hälften teilt,

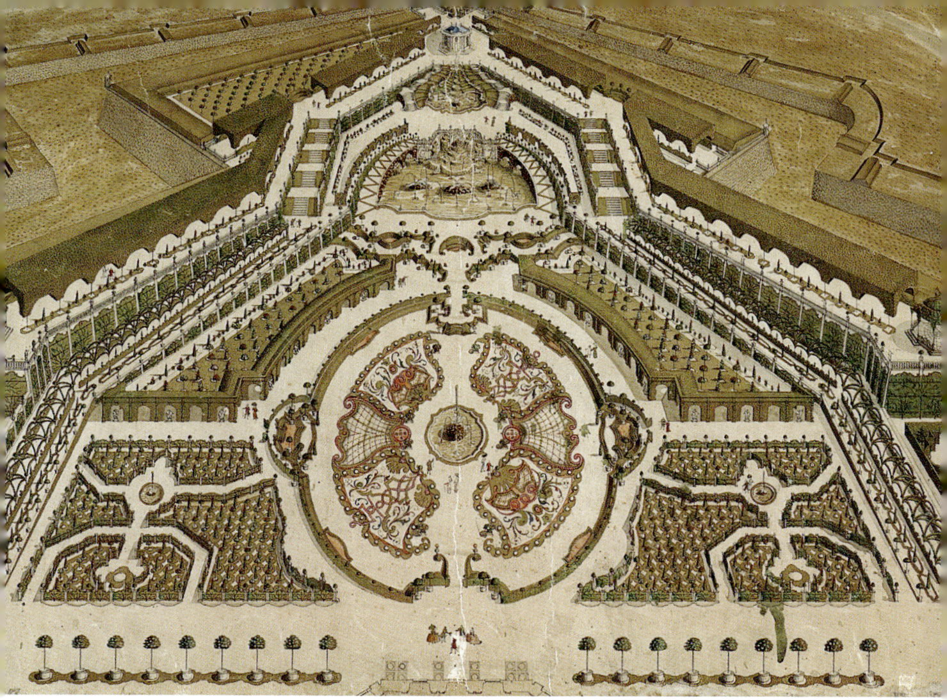

Entwurf des Hofgärtners Johann Prokop Mayer für den Ostgarten

wodurch die Diagonalen geknickt und entwertet werden. Der Quergang verläuft parallel zur Südfassade und stößt auf die Nordsüdallee, die eigentliche Hauptachse der gesamten Gartenanlage, um die sich diese beiden Quartiere nach verschiedenen Richtungen wie ein Scharnier ausgliedern, das erste nach Osten, das zweite nach Westen. Nicht die Tiefenachse wie in der französischen Gartenkunst, sondern die Querachse, wie in vielen deutschen Gärten, entscheidet. Zwischen diese beiden Bezirke schiebt sich vor der Südostkante der Residenz eine Anlage gewissermaßen als Gelenk, das beide Quartiere verbindet und daher mit gutem Grund zumeist als Irr- oder Heckengarten ausgebildet wurde. Das in deutschen Gärten fast obligate Gartentheater schloss sich an.
Diese Konzeption, die in vieler Hinsicht von der Architektur und dem Gelände erzwungen war, wurde seit den

Zwanzigerjahren durch alle vier Etappen der Entwicklung bis zur endgültigen Gestaltung in den Siebzigerjahren beibehalten und nur in den Details mehr oder weniger geistvoll variiert.
Die ältesten Pläne von 1722/23 behandeln den Ostgarten entweder als ebene Fläche mit sechs Bassins oder bereits als Terrassengarten mit Kaskade, alle aber mit einer Orangerie als Abschluss in der verlängerten Hauptachse. Der Südgarten war damals streng symmetrisch geplant und gliederte sich mit vier Broderiefeldern um ein Mittelbassin aus. Im südöstlichen Zwischenbezirk war ein Lindensaal und bereits ein Naturtheater vorgesehen. Die Entwürfe des Maximilian von Welsch zeigen zwar reich gegliederte, aber einigermaßen schematisch nebeneinander angeordnete Broderiekompartimente. Die verlängerte Hauptachse vor dem Kaiserpavillon ist allerdings nicht durch Wege erschlossen, sondern mit gutem Grund durch Kompartimente verstellt.
Eine gartengeschichtlich interessante Neuerung, die über die Vorstellungen sowohl der italienischen als auch der französischen Gartenkunst weit hinausgeht, bringt ein Plan Balthasar Neumanns von 1730, der zum ersten Mal den Scheitel des Walls in die Gartenplanung einbezieht. Auf der Höhe des Walls, den ein System von Terrassen, Rampen und Treppen zugänglich macht, ist an der Grenze zwischen Garten und freiem Gelände eine Promenade geplant, die beide Bastionen vor dem Ost- und Südgarten umläuft und wie ein Balkon Ausblicke in den Garten einerseits und ins Freie andererseits erschließt. Eine zentrale Vorstellung des englischen Landschaftsgartens, der »Gürtelweg« (belt), erscheint hier erstaunlich früh, wenn auch keineswegs zum ersten Mal überhaupt (vergleiche die Eremitage bei Bayreuth) auf dem Kontinent, in einer sonst ganz und gar geometrischen Anlage.
In einer Plangruppe um 1738 ersetzt Balthasar Neumann die schematische Binnengliederung des Südgartens in

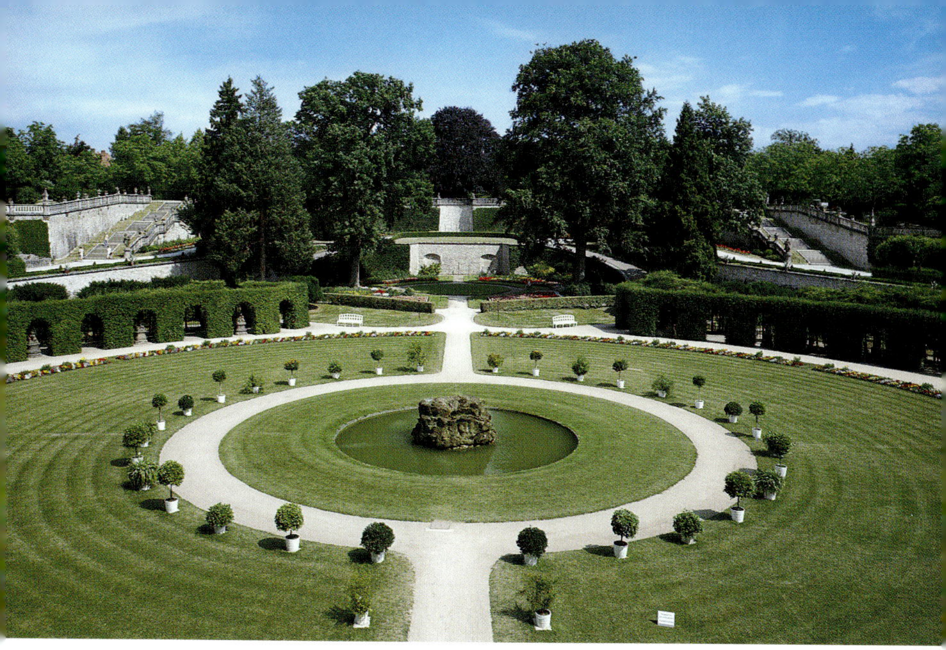

der Art der österreichischen Anlagen durch ein überaus differenziert gegliedertes Parterre mit reichen Broderien und bringt das bis dahin mehr additive Nebeneinander der beiden Gartenquartiere durch gelenkartige Seitenkompartimente in ganzheitlichen Bezug zum Ostgarten. Schließlich legte dann nach Plänen und Entwürfen des Architekten und Hauptmanns Johann Michael Fischer, einem Schüler Balthasar Neumanns, Hofgärtner Johann Demeter 1756–1758 den Südgarten an. Überdies wirkten 1759 der kurbayerische Hofarchitekt François Cuvilliés d. Ä. am Modell der Treppe mit und 1767 auch der Sohn Balthasar Neumanns. Jedoch hat der Siebenjährige Krieg diese Arbeiten so sehr behindert, dass beim Tode des Hofgärtners Demeter 1769 der Südgarten noch immer unvollendet und der Ostgarten noch nicht einmal begonnen war. Rasche Fortschritte wurden erst erzielt, als Adam Friedrich von Seinsheim 1770 den aus Böhmen stammenden Johann Prokop Mayer nach Würzburg be-

Blick in den Ostgarten mit den flankierenden Treppen, Rampen und Terrassenmauern

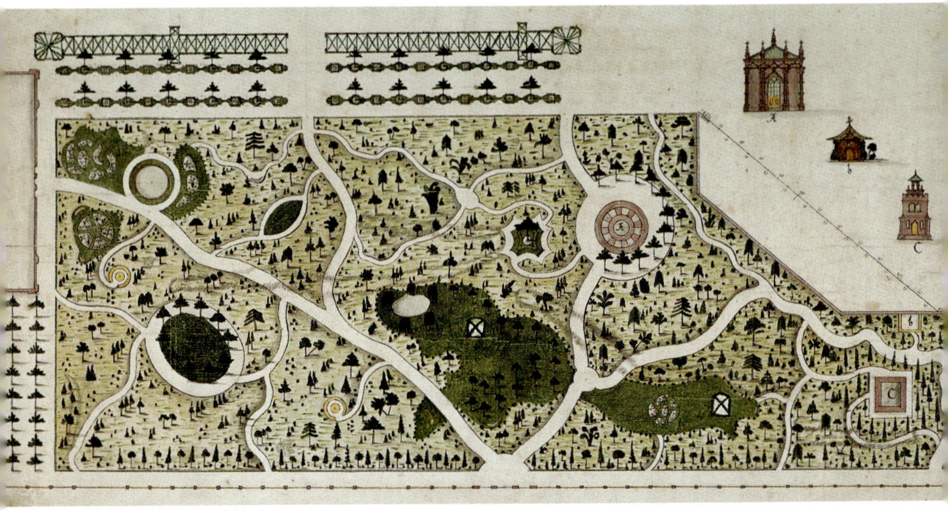

Entwurf Geigels für die landschaftliche Gartenpartie im Südwesten des Hofgartens

rief und zum Hofgärtner ernannte. Mayer hatte in Frankreich gelernt und zuletzt in England gearbeitet; für die Residenz Würzburg, »einen der schönsten (Paläste) von Europa«, entwarf er mit bemerkenswerter Einfühlung in die Situation gleichwohl keinen englischen Landschaftsgarten, sondern eine ganz und gar regelmäßig geometrische Anlage, die, ohne die bisherige Konzeption zu verlassen, alles übertraf, was bis dahin geplant oder verwirklicht worden war. Ähnlich wie bei den Raumfolgen Balthasar Neumanns treten verschiedene, einander anschneidende oder miteinander verschränkte Gartenräume zu einer komplexen Einheit zusammen. Vor dem Kaiserpavillon war ein vertieftes, kreisrundes Parterre mit Springbrunnen angelegt, das in die zweite Terrasse hineinragte und mit radial angeordneten und glockenförmig geschwungenen Sektoren und Broderiebeeten ausgelegt war. Auf der zweiten Terrasse, zu der Rampen und periphere Laubengänge führen, liegt ein intimes Kabinettgärtchen (Prinzengärtchen) mit Bassin und Kaskade. Flankierende Freitreppen führen von hier schließlich auf den Wall. Alle Register einer jahrhundertealten Gartentradition sind gezogen; an räumlichen Kontrasten und Überschneidungen war diese kleine, aber erlesene Anlage damals ohne Beispiel in Deutschland.

Was den Südgarten betrifft, so bildete dieser im Gegensatz zum terrassenförmigen Ostgarten einen rechteckigen Gartensaal. Im Westen war er um einen Heckengarten erweitert und überdies hatte man eine weitere Achse hinzugefügt, die auf die Spitze der zweiten Bastion zielt. Die bemerkenswerten klassizistischen Gartenskulpturen, zumeist Savoyardenknaben, Chinesen, Mohrenkinder, Vasen und Kartuschen, sind Arbeiten Johann Peter Wagners und seiner Werkstatt, auch die beiden Raptusgruppen »Raub der Europa« und »Raub der Proserpina« auf der Mittelachse des Südgartens (seit Anfang des 20. Jahrhunderts alle durch Kopien ersetzt). Die Südseite dieses Bezirks schließt eine 1756–1758 als Treibhaus errichtete Orangerie ab. Eine Generation älter ist das schmiedeeiserne Tor am Zugang von der Hofpromenade, das Georg Oegg 1748–1751 in Rokokoformen begann. Aus dieser Zeit stammen die Flügelgitter mit dem Wappen des Fürstbischofs Anselm Franz von Ingelheim. 1764/65 fügte man dann den Aufsatz mit den Initialen des Fürstbischofs Adam Friedrich von Seinsheim hinzu.

Als dieser Fürstbischof 1778 starb, waren die Gartenanlagen noch immer nicht ganz vollendet. Die allgemeine Entwicklung hatte inzwischen die Schöpfungen Johann Prokop Mayers längst überholt. Der Würzburger Hofgarten war unzeitgemäß geworden, da inzwischen der englische Landschaftsgarten die gesamte kontinentale Gartenkunst von Grund auf revolutioniert hatte. Fürstbischof Franz Ludwig von Erthal (1779–1799), der ebenso wie sein Bruder Friedrich Carl, Kurfürst und Erzbischof von Mainz, ein Anhänger des englischen Landschaftsgartens war, lehnte die alten geometrischen

Anlagen des Hofgartens ohnehin als »geziert und gekünstelt« ab. Die geplante Kaskade im Ostgarten wurde daher überhaupt nicht mehr ausgeführt und das Quartier südlich des Residenzplatzes 1793 durch Amtmann Geigel in eine landschaftliche Gartenpartie umgewandelt. Nach einer längeren Periode mehr musealer Pflege im 19. Jahrhundert begann man in den letzten Jahrzehnten mit einer maßvollen Regeneration der Anlage nach denkmalpflegerischen Gesichtspunkten. Auch machte man das prachtvolle Amphitheater des Ostgartens, dessen reich differenzierte Struktur durch üppigen Baum- und Strauchbewuchs verdeckt war, wieder sichtbar.

Ausschnitt aus einem Plan des Würzburger Hofgartens von 1803. Rechts von den beiden Orangerieflügeln liegt das mit einer Mauer umfangene Areal des St. Afra-Klosters.

DER KÜCHENGARTEN UNTERHALB DER ORANGERIE

Im 17. und 18. Jahrhundert entwickelten sich zahlreiche fürstliche Hofküchengärten zu eigenständigen, künstlerisch durchgeformten Gartenpartien, die man nicht ohne Stolz präsentierte. Zu Beginn des 19. Jahrhunderts wurde auch im Hofgarten der Residenz Würzburg ein repräsentativer Küchengarten angelegt. Er lag unterhalb der Orangerie und umfasste ein etwa 5.000 m^2 großes Areal, das kurz zuvor vom benachbarten Kloster St. Afra abgetrennt und mit einer Mauer umgeben worden war. Bemerkenswert war dieser am Rande des Hofgartens gelegene Küchengarten insbesondere wegen seiner kunstvoll geschnittenen Obstbäume und Mauerspaliere. Die ursprüngliche Flächengliederung mit dem nahezu rechtwinkligen Wegeraster und den zehn etwa gleich großen Gemüsebeeten hat sich mit geringen Veränderungen bis in die Sechzigerjahre des 20. Jahrhunderts erhalten. Der Mittelweg und die Querwege wurden von hochstämmigen Obstbäumen gesäumt, deren Kronen im Wechsel als Kessel- und als Kegelkrone geschnitten waren. Diese aufwändigen Schnittformen sind heute

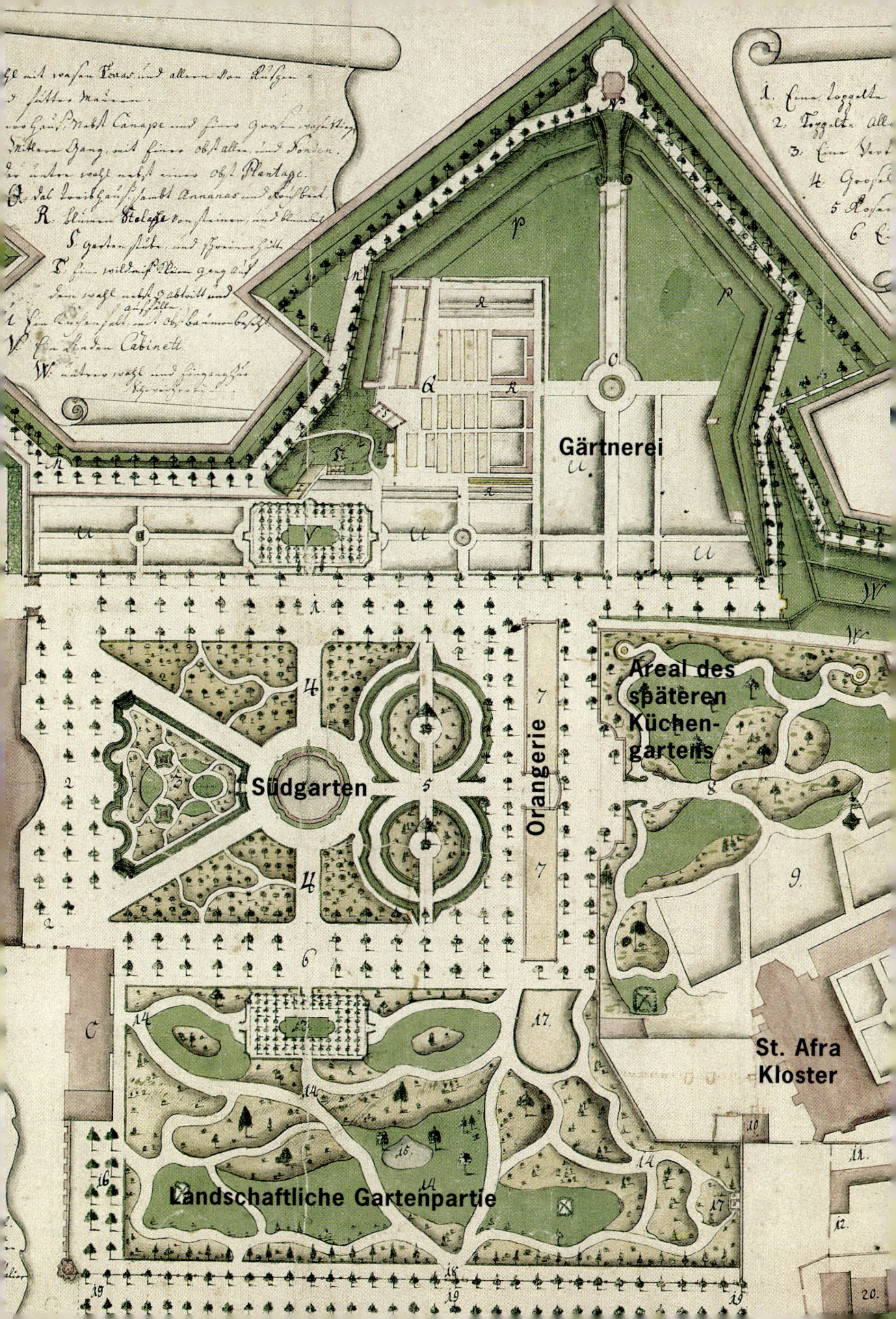
Gärtnerei
Areal des späteren Küchengartens
Südgarten
Orangerie
St. Afra Kloster
Landschaftliche Gartenpartie

kaum noch bekannt, waren aber in den Gärten des ausgehenden 18. Jahrhunderts weit verbreitet. Die Früchte, die an diesen Baumkronen reiften, bestachen durch ihre hervorragende Qualität und wurden deshalb an den herrschaftlichen Höfen als Tafelobst gereicht. Im Laufe des 20. Jahrhunderts verlor der Nutzpflanzenanbau zunehmend an Bedeutung und wurde 1969 schließlich ganz aufgegeben. Nach der Fällung der Obstbäume und der anschließenden Einebnung der alten Gemüsebeete und Wege entstand eine einfache Rasenfläche mit umlaufendem Randweg und einer Lindenreihe entlang der Mauer zum benachbarten Kilianeum. Vor der Terrassenmauer der Orangerie und der westlichen Einfassungsmauer wurde ein Pflanzstreifen mit Stauden und Gehölzen angelegt, in den vereinzelt Bänke eingerückt waren. 1997 entschloss sich die Bayerische Schlösserverwaltung, den Küchengarten in Anlehnung an die ehemals vorhandene Wege- und Beetstruktur wieder neu anzulegen und mit historischen und neuen Obst- und Gemüsekulturen zu bepflanzen. Die Wiedereinrichtung des Küchengartens wurde in drei Bauabschnitten von Oktober 1998 bis September 2001 realisiert. Über 120 hochstämmige Obstbäume und knapp 60 Beerensträucher wurden neu gepflanzt. Die Kronen der Obstbäume sollen in den kommenden Jahren wie zu Beginn des 19. Jahrhunderts als Kessel- und Kegelkronen geschnitten werden, sodass die Besucher des Würzburger Hofgartens in einigen Jahren hier wieder die gärtnerische Handwerkskunst des Formobstschnitts bewundern können.

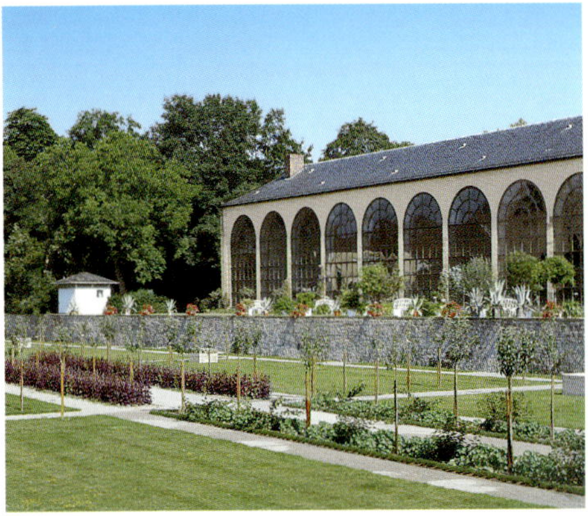

Die Orangerie mit dem davor liegenden Küchengarten

Abb. rechts: Ausschnitt des Urkatasters mit dem südlichen Teil des Hofgartens, 1837

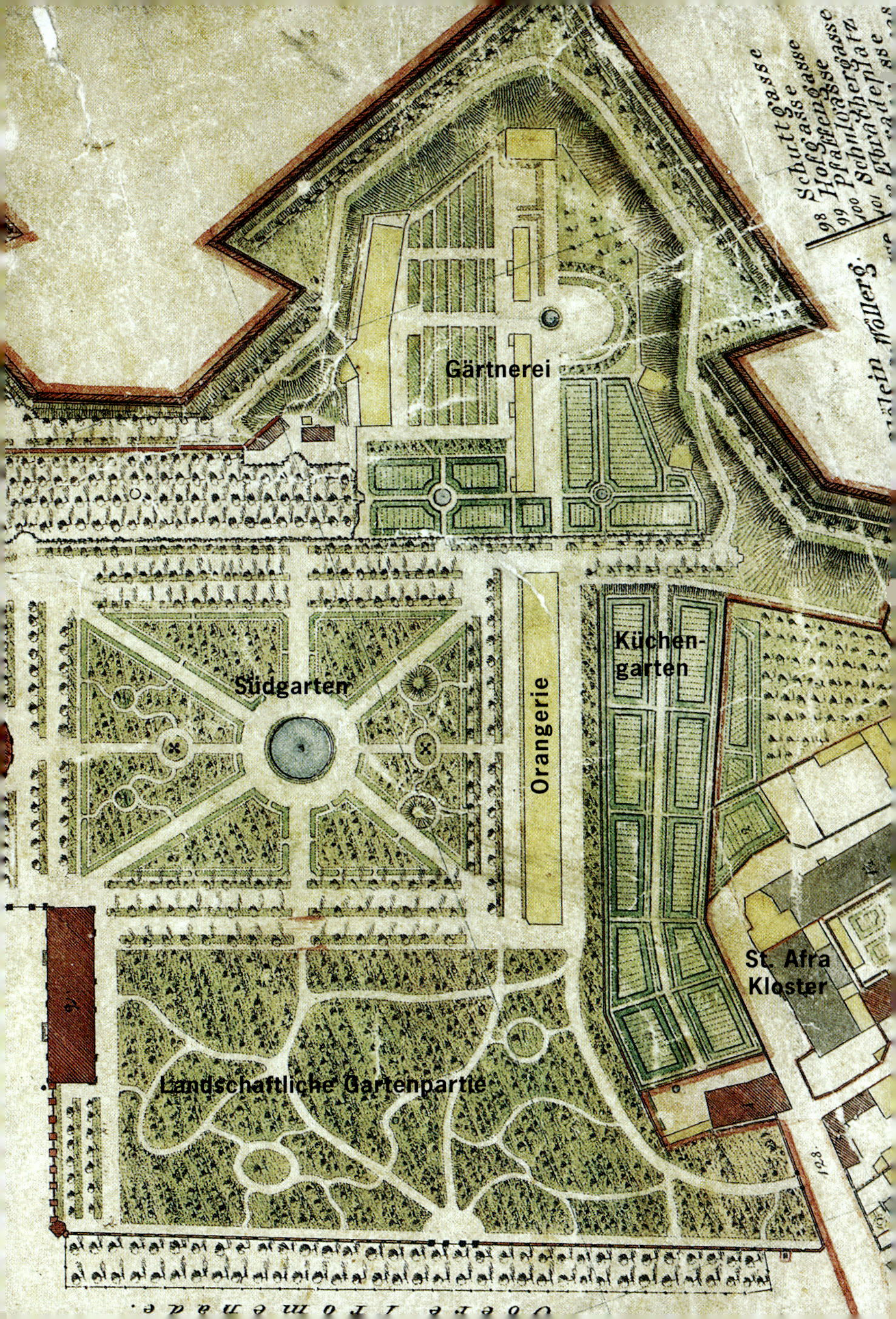
Gärtnerei
Südgarten
Orangerie
Küchen-
garten
St. Afra
Kloster
Landschaftliche Gartenpartie

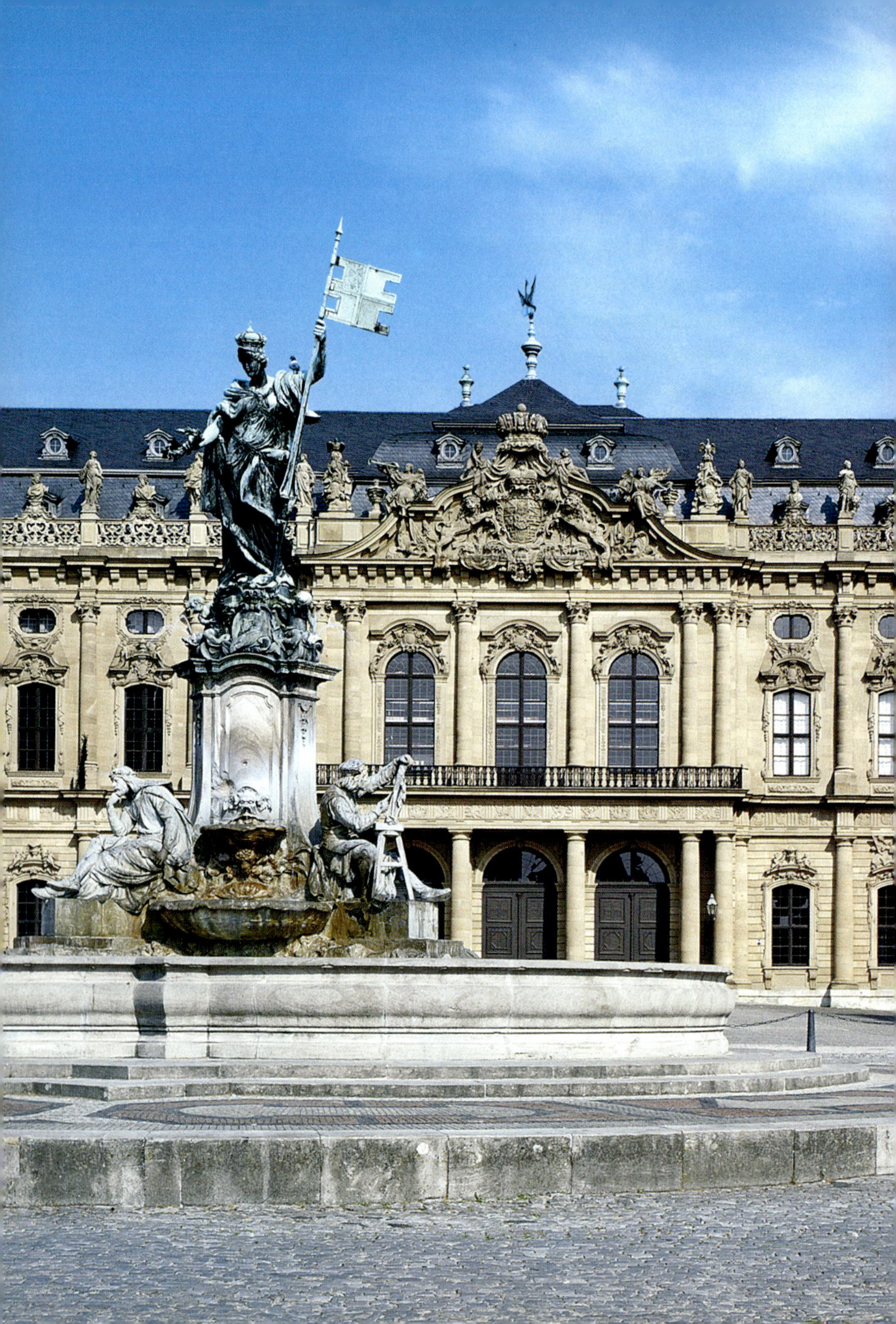

Residenzplatz und Außenfront

Die städtebauliche Situation ist von einer für deutsche Verhältnisse in mancher Hinsicht eher befremdlichen Großartigkeit. Ein beklemmend weiter und – wenn auch nicht der ursprünglichen Intention nach – leerer Platz distanziert die gewaltige, wie ein Gebirge aufgehende Baumasse der Residenz von dem geduckten Gewimmel der Altstadt; doch sind beide, Architektur und Platzraum, auf mehrfache Weise in ein dynamisches Verhältnis gesetzt. So nicht zuletzt dadurch, dass der Platz gegen die Mitte hin ansteigt und sich konvex wie eine Kalottenbühne wölbt, woraus sich Schiebungen ergeben, die den Aspekt des Schlosses immer wieder variieren. Hinzu kommt die eigentümliche Vielbildigkeit der Residenz, in der verschiedene, ja entgegengesetzte Schlosstypen zu einer komplexen, aber spannungsreichen Einheit zusammentreten. Das Ergebnis dieser Kombination ist ein Gefüge offener und geschlossener Baukörper und Blöcke, deren Fronten, geringfügig zwar, aber nichtsdestoweniger spürbar, variiert sind. Die Akzente verlagern sich pausenlos. Der Riesenbau hat nicht eine, sondern eine Vielzahl von Ansichten. Zunächst dominieren im Eindruck die seitlichen Blöcke, deren Fronten auseinander gehen und sich über die Kanten hinweg in die Seitenfassaden fortsetzen, während der Ehrenhof mit dem Corps de logis gewissermaßen hinter dem Horizont der Kalottenbühne untergeht; dann öffnet sich die Baumasse und gliedert ihrerseits einen kleineren Raum aus, den umgrenzten Bezirk des Ehrenhofs, der ursprünglich durch ein frei in den Platz schwingendes Prachtgitter von Georg Oegg separiert war (Entwurf Lucas von Hildebrandt; abgebrochen 1821). Im Ehrenhof ist man in die

»... keine Residenz in ganz Deutschland ... so dieser gleichkomme«.

Lothar Franz von Schönborn

Der Mittelrisalit im Ehrenhof hinter dem Frankoniabrunnen von Ferdinand v. Miller, 1894

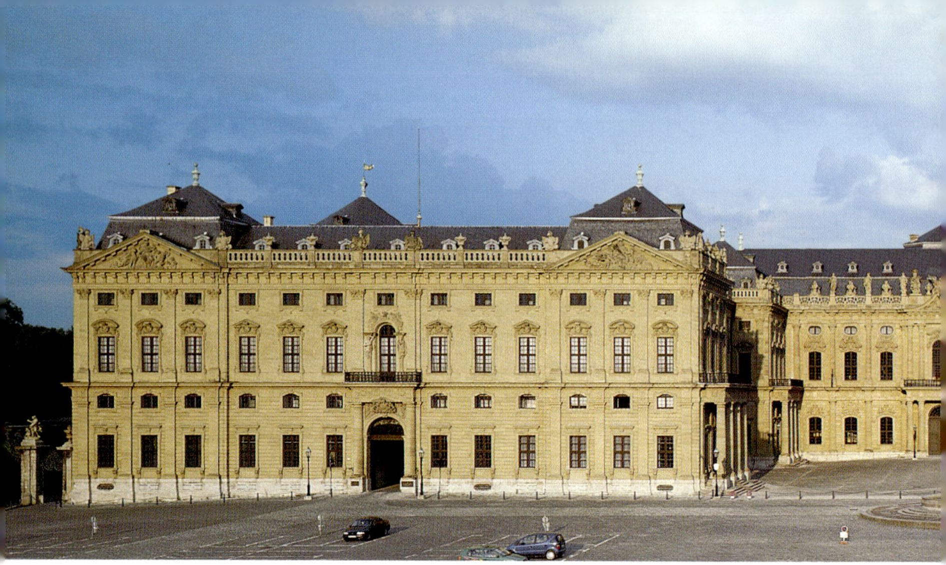

Nahsphäre der Architektur aufgenommen; zugleich kommunizierte dieser intimere Bezirk durch das Filigran dieses wohl großartigsten Gitters, das je erfunden und verwirklicht wurde, mit dem Platzraum. Die Gartenfront und die Seitenfassaden stehen typologisch ohnehin in anderen Überlieferungen und setzen eben darum auch ein anderes Verhältnis zum Umraum.

Das Fassadensystem ist viergeschossig, je ein Mezzanin folgt auf das Erd- und Hauptgeschoss. Jedoch sind die beiden unteren Geschosse durch die Bossierung als gemeinsame Sockelzone charakterisiert, die das Hauptgeschoss hoch hinaushebt. Im Übrigen ändert sich das Fassadensystem: In den Seitenblöcken hat es vier Geschosse, gegen den Ehrenhof zu wird es hingegen sukzessive reduziert. Zwar haben die Seitenrisalite des Ehrenhofs noch vier Geschosse, doch wird das untere Mezzanin durch den Balkon gewissermaßen herabgedrückt und durchgestrichen. Die Eckpavillons bilden nur gegen die Stadt zu Giebel aus, gegen den Ehrenhof hingegen lediglich eine horizontale Attika. Das Ergebnis ist, dass sich die Pavillons,

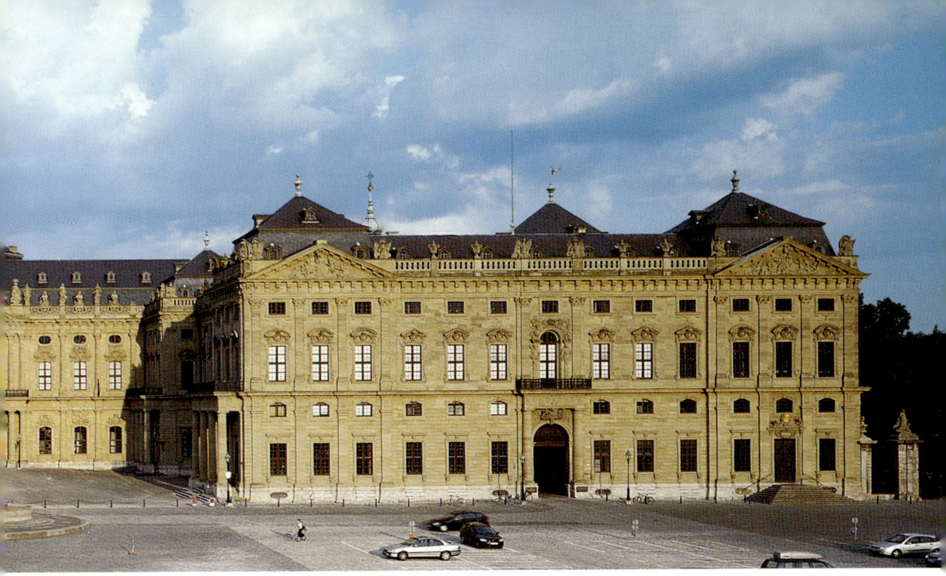

Die Westfassade der Residenz hat eine Gesamtbreite von 168 m

die auf der Stadtseite turmartig aufgehen, im Ehrenhof umgekehrt eher herabgliedern, um unten einen Balkon hervorzubringen, der mit »dorischen« Vollsäulen nach vorne tritt. Die Seitenfronten bekommen dadurch, im Gegensatz zur festlichen Hauptfassade, einen wehrhaft-bedrohlichen Charakter. Die seitlichen Rücklagen im Ehrenhof haben schließlich nur noch drei Geschosse, da das untere Mezzanin nun endgültig gestrichen ist; dafür bekommt das Erdgeschoss hier Galeriefenster. In der Hauptfassade des Ehrenhofes sind dann überhaupt beide Mezzanins weggefallen, sodass nur noch die Hauptgeschosse übrig bleiben. Die Front wird dadurch zwar – gemessen an menschlichen Proportionen – monumentaler, aber im Ganzen des Fassadenzusammenhangs optisch eher niedriger. Der Baukomplex sinkt in der Mitte ein, obwohl ein riesiger, dekorativer Prunkgiebel den Mittelrisalit übersteigt. Auch die Instrumentation ist ins Festlich-Dröhnende gesteigert: von den Pilastern an den Seitenblöcken zu den Halbsäulen der Ehrenhoffassade und den pathetischen Vollsäulen unter den Balkonen des Erdgeschosses.

Zweifellos geht die Reduktion des Systems auf zwei Geschosse auf französischen Einfluss zurück; der große Schaugiebel hingegen ist eine für Lucas von Hildebrandt charakteristische Erfindung: Zwei Löwen halten das Wappen des Bauherrn Fürstbischof Friedrich Carl von Schönborn, überstiegen von der Kaiserkrone, die dieser Fürst als gleichzeitiger Bischof von Bamberg führen durfte. Auch die Wappenkartuschen über den Fenstern der Hauptgeschosse tragen eine Kaiserkrone, nur die am zuerst begonnenen Nordblock zeigen den Fürstenhut. Über den Mittelportalen der Seitenblöcke Kartuschen, die im 19. Jahrhundert mit den Initialen MJ (König Max I. Joseph von Bayern) gefüllt wurden. In den Dreieckgiebeln der Seitenblöcke Allegorien der Gerechtigkeit und des Friedens (Nordblock) sowie der Eintracht und Frömmigkeit (Südblock). Die Symmetrie der Fronten wäre vollkommen, wenn nicht das Portal zur Hofkirche im Südblock ein Element der Spannung und der Unregelmäßigkeit in den Bau brächte. Fast alle Skulpturen sind Arbeiten des Johann Wolfgang van der Auvera, seiner Werkstatt und des Claude Curé; die Torgitter im nördlichen Block schuf J. M. Lintz 1728, im südlichen Johann Georg Oegg.

Im Übrigen waren die Fassaden ursprünglich keineswegs »steinsichtig«, sondern mit Steinfarbe gestrichen: Die struktiven Teile und Architekturglieder standen silbergrau auf ockergelbem Fond, die Attikaskulpturen waren weiß.

Den Maßstab für den riesigen Baukomplex setzen die zwei kleineren, konformen Paläste beiderseits der Residenz, die mit Arkaden je eine Hochsäule wie Wächter nach vorne schieben und so die Flanken dieses Platzraumes sichern. Der Rosenbachhof links (im Giebel: Allianzwappen Rosenbach-Stadion) entstand noch vor dem Bau der Residenz um 1700 nach Entwurf Antonio Petrinis, der Gesandtenbau gegenüber als dessen Kopie erst 1767 unter der Bauleitung von Amtmann Geigel, von dem auch die

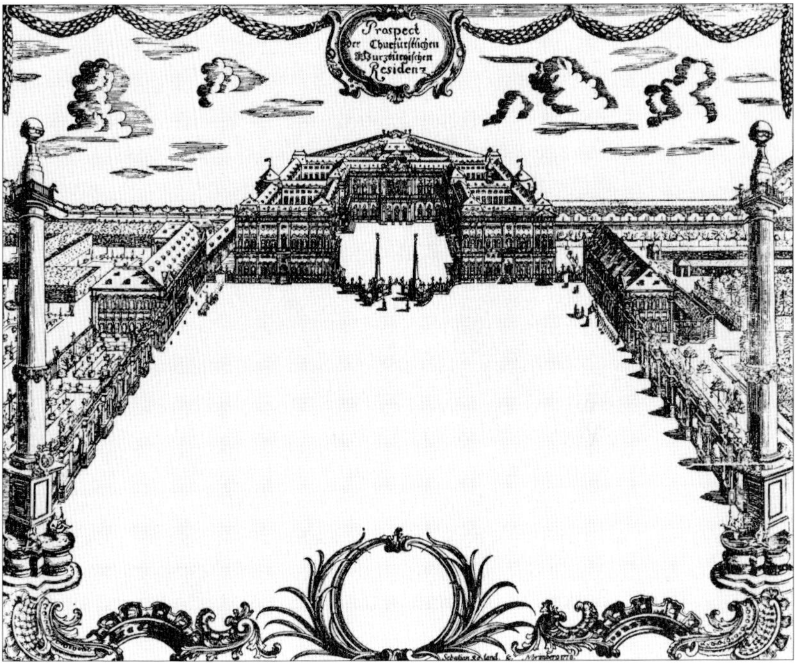

Der Residenzplatz mit Arkaden und Hochsäulen, Holzschnitt von Sebastian Roland, Nürnberg 1778

Entwürfe für die Arkaden und Hochsäulen stammen. Die klassizistischen Skulpturen sind Arbeiten Johann Peter Wagners, die virtuosen Gitterfüllungen in den Arkaden schuf Georg Oegg und ebenso die beiden triumphbogenartigen Gittertore, die beiderseits an die Stadtfront der Residenz anschließen, im Süden das Hofgartentor, im Norden das Rennwegertor. Beide zeigen im Mittelteil den Namenszug des Würzburger Fürstbischofs Adam Friedrich von Seinsheim (1755–1779) und die Kaiserkrone. In den Seitenflügeln beider Gittertore hingegen sieht man beim Rennwegertor den Namenszug des Fürstbischofs Carl Philipp von Greiffenklau (1749–1754) und beim Hofgartentor den des Würzburger Fürstbischofs Anselm Franz von Ingelheim (1746–1749).

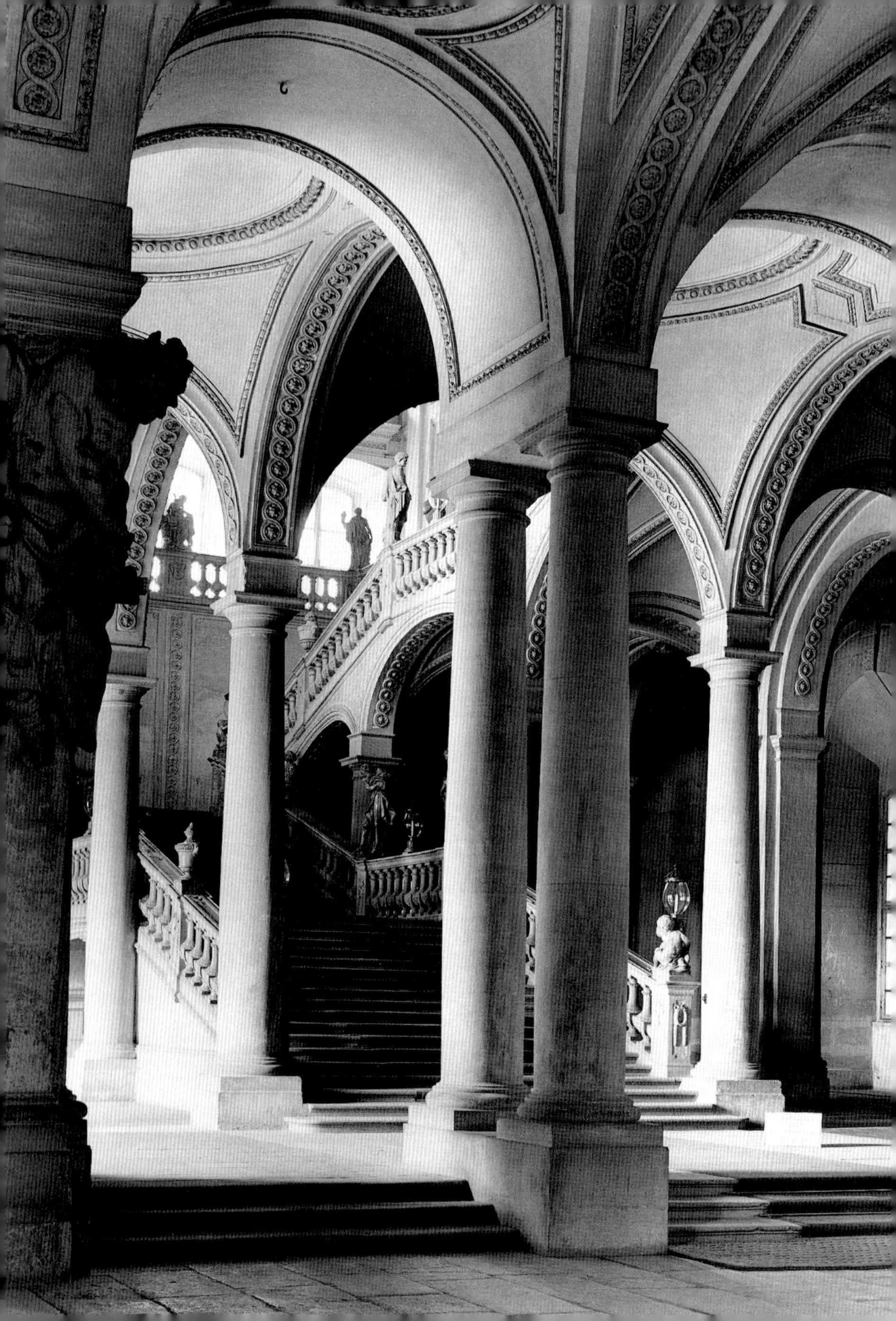

Säle im Mittelbau

1 VESTIBÜL

Den Raumeindruck bestimmt der Gegensatz zwischen der außerordentlichen Weite und der geringen Höhe der Wölbung, die sich nicht entfalten kann, weil sich darüber der Weiße Saal befindet. Die Wölbung mit den nur aufstuckierten Gurten ist in einer bemerkenswerten technischen Leistung beängstigend flach und ohne Steigkraft über den Raum gespannt, der Deckenspiegel ist einer Horizontale angenähert, damit in der weiträumigen stützenlosen Halle eine Karosse wenden konnte. Die nachträglich hinzugefügte klassizistische Dekoration beeinträchtigt allerdings die Raumwirkung erheblich. Die Stuckaturen schuf Lodovico Bossi 1765/66, die illusionistischen Malereien in Grisaille Franz Anton Ermeltraut (Blick in eine Kuppel, im Tambour die Taten des Herkules). In den Nischen der Südwand Marmorstatuen von Johann Peter Wagner von 1779 (Minerva und Bellona). Nur die Atlanten, die Johann Wolfgang van der Auvera 1749 aus den Bossen herausschlug, stammen aus der Bauzeit.

Ursprünglich, solange die Oberlichtgitter Oeggs von 1749/50 in den Einfahrtstoren sowie die Gittertüren zum Gartensaal bestanden, war das Vestibül wesentlich heller. 1964/65 mussten aus statischen Gründen die gekuppelten Säulen zwischen Vestibül und Treppenhaus durch massive Pfeiler ersetzt werden. Im Übrigen stehen die bedrückend niedrigen Raumproportionen des Vestibüls zweifellos auch in beabsichtigtem künstlerischen Kontrast zum Treppenhaus.

Blick vom Vestibül ins Treppenhaus (Zustand vor der Verstärkung der Doppelsäulen 1964/65)

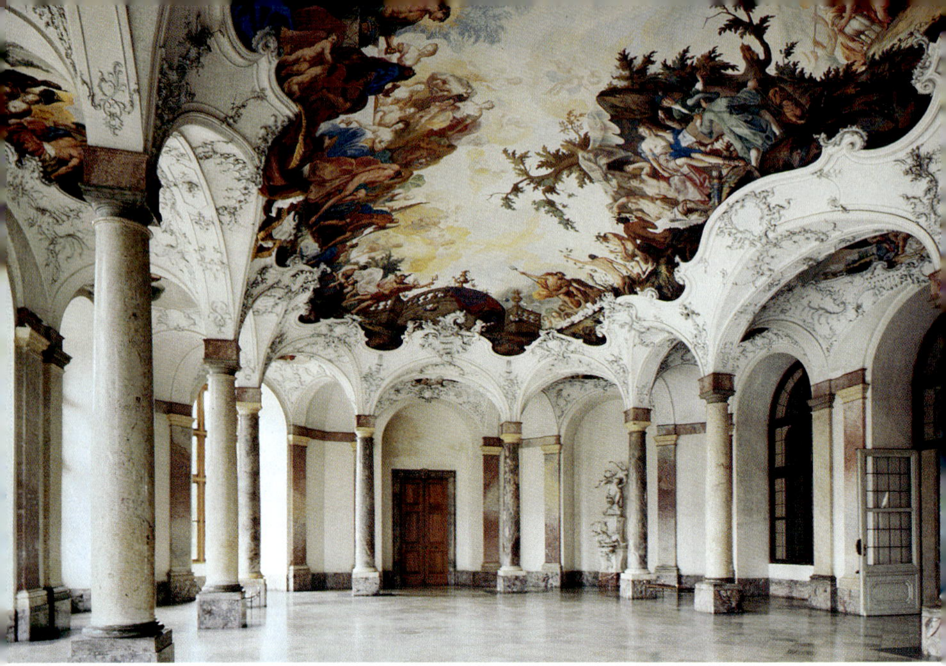

Gartensaal mit Deckenfresko von Johann Zick, 1750

2 GARTENSAAL (SALA TERRENA)

Der Gartensaal entwickelt sich als Breitraum über querovalem Grundriss. Gemessen an der Ausdehnung ist er unverhältnismäßig niedrig. Der Raumeindruck ist nichtsdestoweniger frei und von anmutiger Leichtigkeit. Der Grund liegt nicht in den Proportionen, die sich nicht wesentlich von den gedrückten des Vestibüls unterscheiden, und auch nicht in der Deckenmalerei, die zwar die niedrige Wölbung zu einem Ausblick in den Himmelsraum öffnet, aber durch die schweren, erdbraunen Töne eher lastet, sondern in der geistvollen struktiven Gliederung Balthasar Neumanns. Die Wölbung wird nicht von der Wand allein getragen, sondern von einem Kranz leichter, lotrecht stehender Stützen. Durch kubische Sockel und Deckplatten sind die Säulen als Rundumgebilde charakterisiert, die allseitig frei im durchlichteten Raume stehen und einen

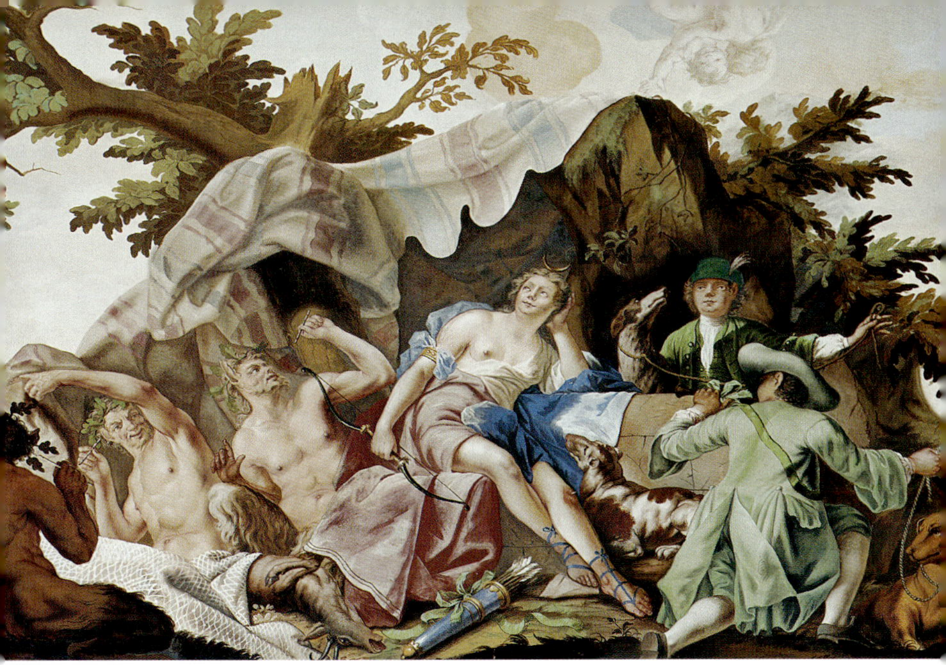

Rast der Diana, Detail aus dem Deckenfresko von Johann Zick im Gartensaal

reigenartigen Umgang formieren. Die Gewölbefüße gehen leicht wie Fontänen auf. Das Ergebnis ist, dass das Gewölbe wie ein Baldachin selbstständig vor der Wand steht. Es handelt sich um einen Raumtypus, der eher in der Sakralarchitektur als im Schlossbau beheimatet ist.

Die farbige Erscheinung des Raumes ist hell und kühl. Auch die Stuckaturen Antonio Bossis von 1749, die lichtblau auf weißem Fond stehen und von funkelnden Spiegelstücken durchlöchert werden, sind von hoher Anmut. Noch haben sie die Leichtigkeit seiner reifen Arbeiten. In den ein Jahrzehnt später entstandenen Stuckfiguren hingegen kündigt sich bereits der Niedergang seiner schöpferischen Kräfte an. Nur das Deckengemälde, das Johann Zick aus Lachen 1750 ausführte, bringt ein Element gravitätischer Schwerfälligkeit in den Raum. Dargestellt sind das »Göttermahl«, die »Rast der Diana« und im Umgang Puttenszenen.

3 TREPPENHAUS

Treppenhaus, Blick vom Umkehrpodest

Architektur und Malerei machen das Treppenhaus zu einer der großartigsten Raumschöpfungen überhaupt, die im Profanbau je gelangen. Ursprünglich hatte man zwei verhältnismäßig kleine und konservativ hufeisenförmig geführte Treppen beiderseits des Vestibüls geplant. Dann erweiterte man diese zu dreiläufigen Anlagen mit Umkehrpodesten, ähnlich der ausgeführten Treppe. Robert de Cotte schließlich strich eines der beiden Treppenhäuser, das eine »Invention« des ersten Bauherrn war, und vergrößerte dafür das verbleibende zu einer monumentalen fünfschiffigen Anlage mit Umgang. Von da an hat die Idee des »großen gangs umb Undt umb« im Obergeschoss Balthasar Neumann nicht mehr losgelassen, nur dass er noch weiter ging und auch noch den Stützenkranz im Obergeschoss eliminierte und das ganze fünfschiffige Treppenhaus mit einem einzigen freitragenden Muldengewölbe überspannte. Das Ergebnis war eine Anlage von grandioser Weiträumigkeit, die selbst für französische Begriffe »gar groß« (Germain Boffrand) geraten war. 1737 war »die ganze Stiegen angelegt«, 1743 das Muldengewölbe fertig. Nach einer Anekdote, die Balthasar Neumanns Sohn über Lucas von Hildebrandt, den Rivalen seines Vaters, berichtete, wollte sich der große Wiener Architekt unter dem Gewölbe »auf eigene Kosten hängen lassen«, wenn es hielte, während Balthasar Neumann sich erbot, als Gegenbeweis eine Batterie Kanonen darunter abfeuern zu lassen. Die Wölbung hat jedenfalls die Bombennacht von 1945 überdauert.

Ursprünglich waren die Schachtwände am ersten Treppenpodest nicht geschlossen, sondern öffneten sich mit Arkaden, durch die das Licht aus dem Hof brach. Die Anlage war als durchschienenes fünfschiffiges Gerüst in das Ganze des riesigen Treppenhauses gestellt; ein kompliziertes, lebhaft bewegtes Theater von Läufen und Gegenläufen, steigenden und sinkenden Balustraden, von ge-

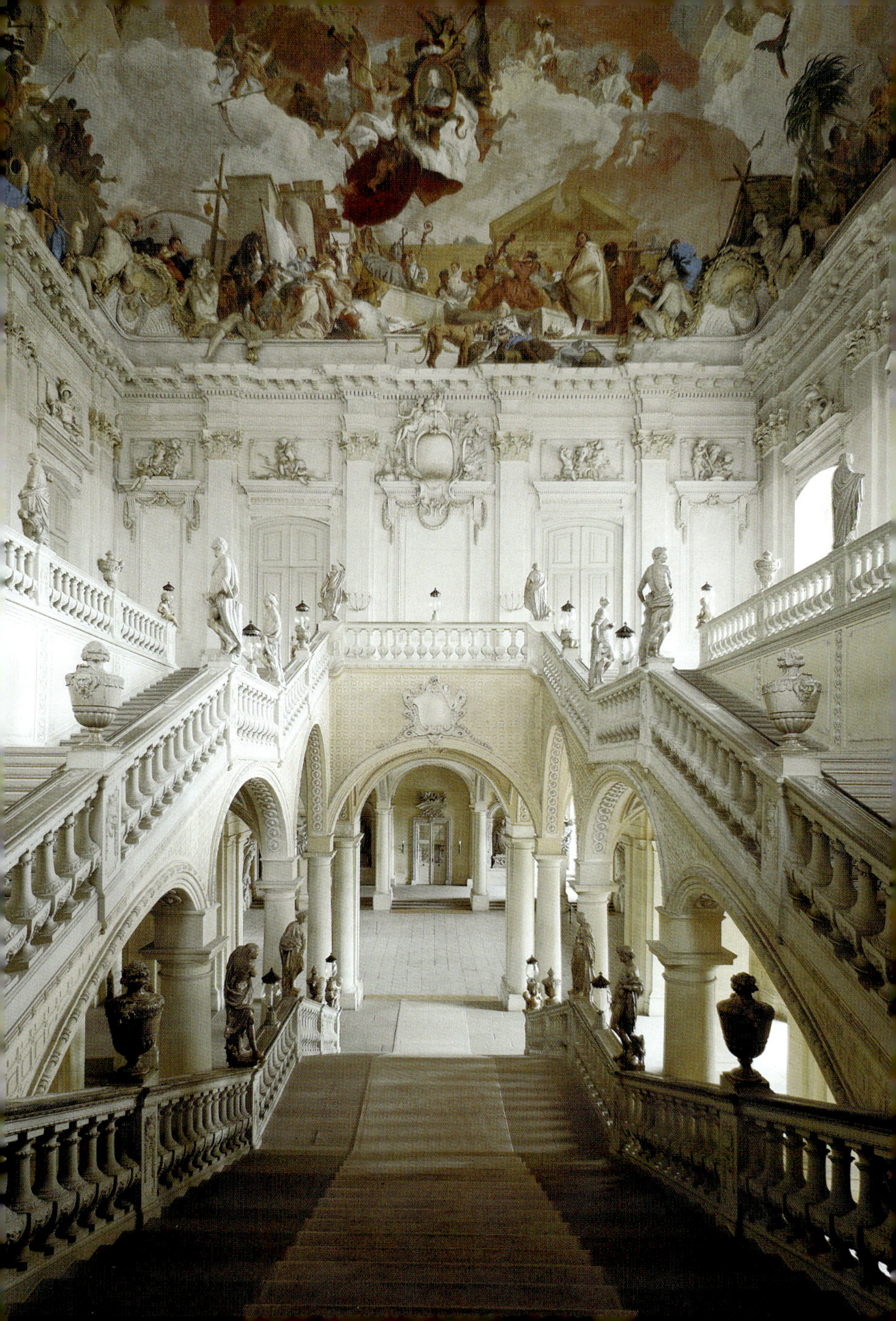

stuften Podesten und Umgängen, das sich beim Aufsteigen in pausenlosem Gestaltwandel entwickelt und sich von jedem Standpunkt aus neu und anders darbietet. Geplant waren ursprünglich ferner statt der pedantisch gereihten Baluster des klassizistischen Geländers entweder ein filigranes Gitter von Oegg oder eine durchbrochene Steinbrüstung von der Hand des Johann Wolfgang van der Auvera oder des Ferdinand Tietz, die sich mit fragmentierten Rocaillen zugleich mit dem Besucher schaukelnd hinaufgeschwungen hätte. Statt der trockenen klassizistischen Stuckaturen Lodovico Bossis von 1765/66 hat man sich die fiebrigen Rokokodekorationen des genialen Antonio Bossi vorzustellen. Die jetzigen allegorischen und mythologischen Figuren auf der Balustrade schuf Johann Peter Wagner 1771/76; am unteren Podest die vier Jahreszeiten, am östlichen Lauf Apollo und Paris als Vertreter der Musik, denen am westlichen Lauf Meleager und Atalante aus dem Bereich der Jagd gegenüberstehen. Auf den Schmalseiten des Umgangs im Obergeschoss die Tageszeiten; weitere, jedoch nicht überzeugend gedeutete Allegorien stehen auf den Langseiten.

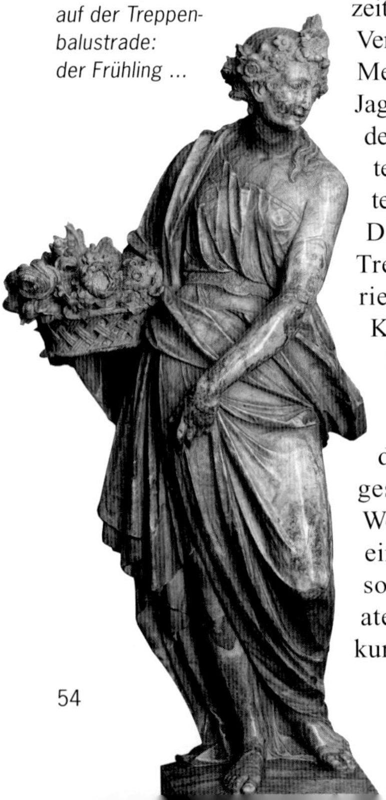

Zwei Skulpturen auf der Treppenbalustrade: der Frühling ...

Die außerordentliche Raumwirkung dieses Treppenhauses beruht, abgesehen von den riesigen Proportionen, nicht nur auf dem Kontrast zwischen dem kryptenartigen Dämmer des Vestibüls und der strahlenden Helligkeit im oberen Umgang und auch nicht allein auf dem Gegensatz zwischen dem Säulenwald im fünfschiffigen Untergeschoss und der befreienden, saalartigen Weite im stützenlosen Obergeschoss, das ein einziges frei tragendes Gewölbe überspannt, sondern vor allem auf dem rasanten und atemberaubenden Aufschnellen der Raumkurve von der beklemmend niedrigen Decke im Vestibül zu der in ungeahnter Höhe schwebenden Wölbung im Treppenhaus. Das Ergebnis ist ein Gefühl schreckartiger Beglückung. Da man beim Antritt, solange man zwischen den Schachtwänden hochsteigt, die seitlichen Begrenzungsmauern nicht wahrnimmt, scheint sich die Wölbung seithin im Grenzenlosen zu verlieren. Man blickt in ein Schwindel erregendes Meer von Licht und Farbe.

Erst Giovanni Battista Tiepolo hat, indem er die 30 x 18 m große Riesenfläche 1752/53 mit einem einzigen Gemälde füllte, dem größten Fresko, das jemals gemalt wurde, die angemessene Dekoration für die Wölbung Balthasar Neumanns gefunden. (Ursprünglich waren fünf kleine Felder geplant.) Das Programm seiner Komposition fasst mehrere Komplexe überkommener ikonographischer Vorstellungen zusammen: so vor allem die Lichtgottheit Apollo, allerdings nicht so sehr als allegorische Gottheit des Absolutismus, sondern mehr als Schirmherr der Künste, ferner die Verherrlichung des Bauherrn als fränkischer Maecenas sowie seiner Künstler, deren Ruhm die vier Erdteile verkünden. Das Riesengemälde tritt denn auch nicht mit einem Mal ins Bewusstsein, sondern im Nacheinander: Die Komposition ist bizentrisch.

Den unteren Mittellauf bis zum Podest hinaufsteigend kommt zunächst die nördliche Bildhälfte in den Blick. Im Zenit des Bildraums erkennt man in einer Strahlengloriole von Gold und Licht über dem Gebälk eines Rundtempels den aufschwebenden Apollo, der eine Statuette in der Linken hält und von zwei Genien mit den Attributen Leier und Fackel begleitet wird. Mit Apollo scheint zugleich der ganze Bildraum in unendlich aufsteigender Bewegung begriffen zu sein, um sich im Grenzenlosen und im Licht zu verlieren. Auf den Wolkenterrassen rechts von Apollo werden von

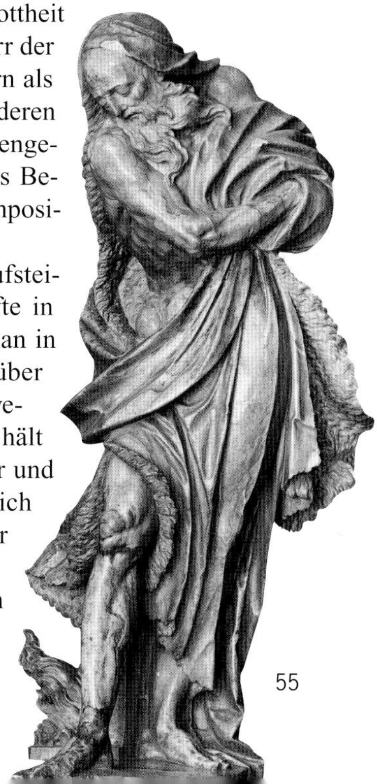

... und der Winter, von Peter Wagner, 1771–1776

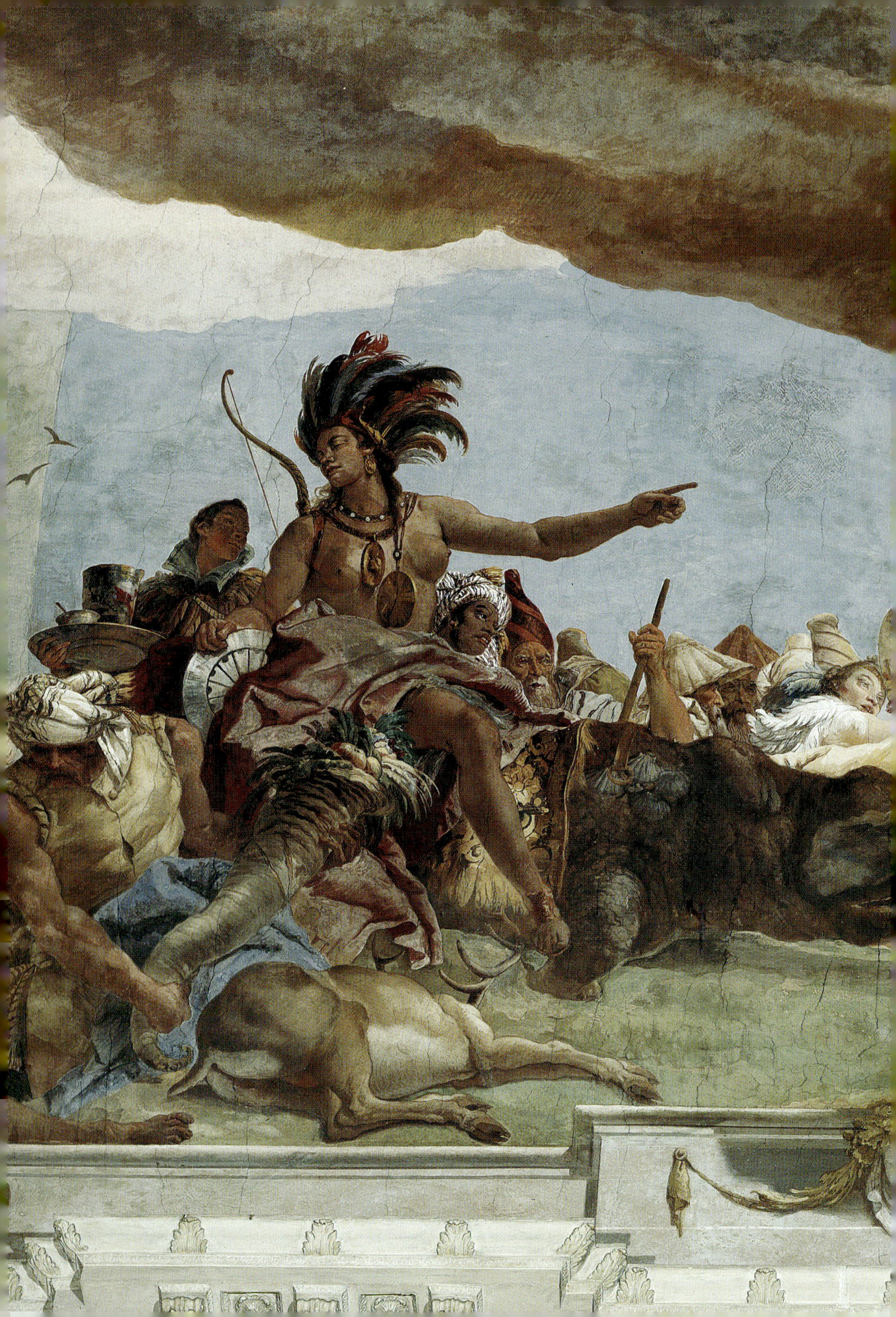

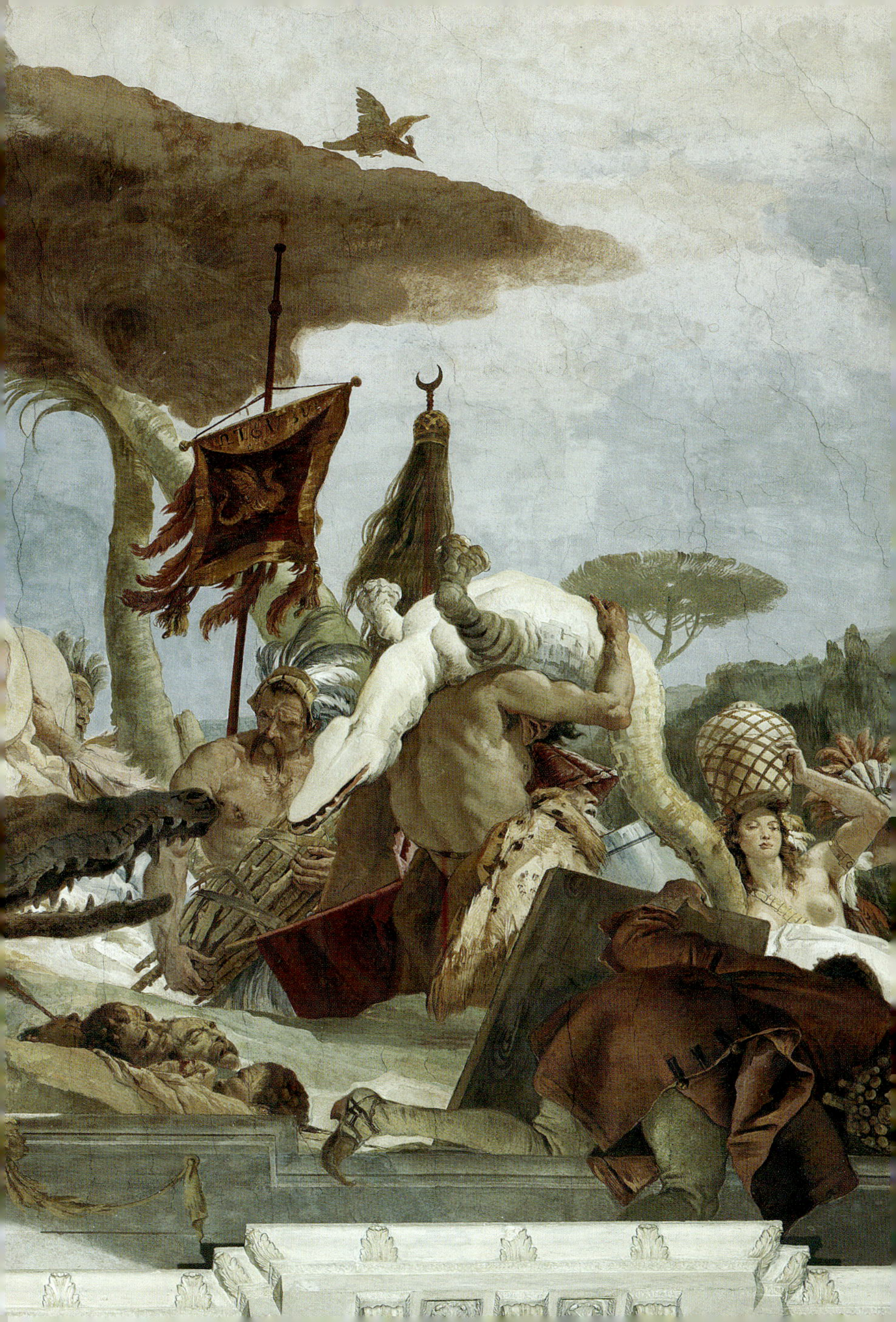

Vorhergehende Doppelseite: Erdteil Amerika, Ausschnitt aus dem Deckenfresko des Treppenhauses von G. B. Tiepolo, 1753

den Horen die Sonnenrosse geschirrt. Links vom Lichtgott Allegorien der vier Jahreszeiten, zunächst frierend und in Decken gehüllt der Winter, dann mit dem Rücken zu ihm Ceres (Sommer), ferner Proserpina (Frühling) und schließlich Bacchus (Herbst), der zu Mars und Venus überleitet. Beide ruhen unter dem Lichtgott auf einer grauen, regenschweren Wolke, die bis zum irdischen Bezirk des Weltteils Amerika auf der nördlichen Schmalseite herabreicht. Auf dem Zodiakalkreis Monatszeichen.
Ein stuckierter Gigant, der am linken Eck vom realen Raum in den illusionistischen Bildraum überleitet, präludiert die Allegorie »Amerika« über dem Gebälk der nördlichen Schmalseite. Es folgen zunächst Indianer mit Pechfackeln und einem Papagei sowie im Vordergrund an der Rampe zwei titanische Turbanträger und ein erlegter Hirsch. Unter der dunklen Wolke reitet auf einem riesigen Alligator die »Amerika« mit Federkrone, der ein Page Schokolade kredenzt. In der rechten Bildhälfte sieht man eine kannibalische Lagerszene und eine Standarte mit dem Greifen als Hinweis auf den Ruhm des Bauherrn von Greiffenklau, der bis nach Amerika gedrungen ist. Darunter zwei Indianer, von denen einer einen Alligator mit silbrig glänzendem Bauch auf der Schulter heranträgt, während andere an einem offenen Feuer Fleisch am Spieß braten. Im Hintergrund Mädchen mit Gefäßen auf dem Kopf. Im Vordergrund über der Rampe abgeschnittene blutige Menschenköpfe sowie ein Europäer, der diese Lagerszene belauscht.
Sobald man auf dem Treppenpodest den Gegenlauf betritt, kommt die andere Hälfte der bizentrischen Komposition dieses Riesenfreskos in den Blick: »Die Verherrlichung des Bauherrn Carl Philipp von Greiffenklau« und darunter über der Rampe »Europa«, um die sich als Allegorie der Künste die bildenden Künstler der Würzburger Residenz versammeln. Den kompositionellen Schwerpunkt dieser Bildhälfte stellt das Porträtmedaillon des

Bauherrn dar. Die für eine zeitlos abstrakte Allegorie einigermaßen ungewöhnliche Darstellung der Glorie des Bauherrn durch sein in die Lüfte entrücktes Porträtmedaillon hat Tiepolo einer älteren deutschen Tradition entnommen. Das Bildnis wird von der Fama mit Tuba und einem Genius emporgetragen, während sich am unteren Rand des Bildrahmens ein Greif, das Wappentier des Bauherrn, festklammert. Am linken Ende der Wolkenbank lagert mit Sense und Stundenglas Saturn, am rechten die Mondgöttin Diana. Das Bildnismedaillon steht als Scheitel eines Dreiecks in strengem kompositionellen Bezug zur Allegorie des Erdteils Europa unten und zugleich durch die verlängerte Diagonale zum Götterboten Merkur, der als kompositionelles Gegenzentrum den Aufgang des Sonnengottes Apollo in der anderen Bildhälfte ankündigt.

Nächste Doppelseite: Erdteil Europa, Ausschnitt aus dem Deckenfresko des Treppenhauses von G. B. Tiepolo, 1753

Die Allegorie des Erdteils Europa entfaltet sich vor dem Hintergrund zweier Architekturstaffagen, welche die Basis dieses Kompositionsdreiecks formieren. Dazwischen thront die blonde Europa und lauscht dem Konzert ihrer Musiker. Vom obligaten Stier ist nur der mit Rosen bekränzte Kopf sichtbar. Auf die »Europa als Königin der ganzen Welt« weist ein Globus neben dem Thron hin. Pagen mit Krummstab, Kreuz und Mitra spielen auf das Bistum Würzburg als Mittelpunkt der Künste und Wissenschaften an. Die Allegorien der Künste werden durch Künstler der Würzburger Residenz dargestellt. Tiepolo verlässt damit den Charakter einer Allegorie. Das Fresko wird zum Bericht, ja zu einer Dokumentation, da es sich nicht um Idealbildnisse, sondern um porträthafte Zeugnisse der Wirklichkeit handelt. Nicht alle Dargestellten freilich sind mit Sicherheit identifiziert. Der Page in blauem Wams hinter der Allegorie der Malerei stellt wahrscheinlich Lorenzo, den jüngeren Sohn Tiepolos dar, der sich selbst im linken Eck porträtiert hat. Tiepolo beugt sich bleich, mit eingesunkenen Schläfen

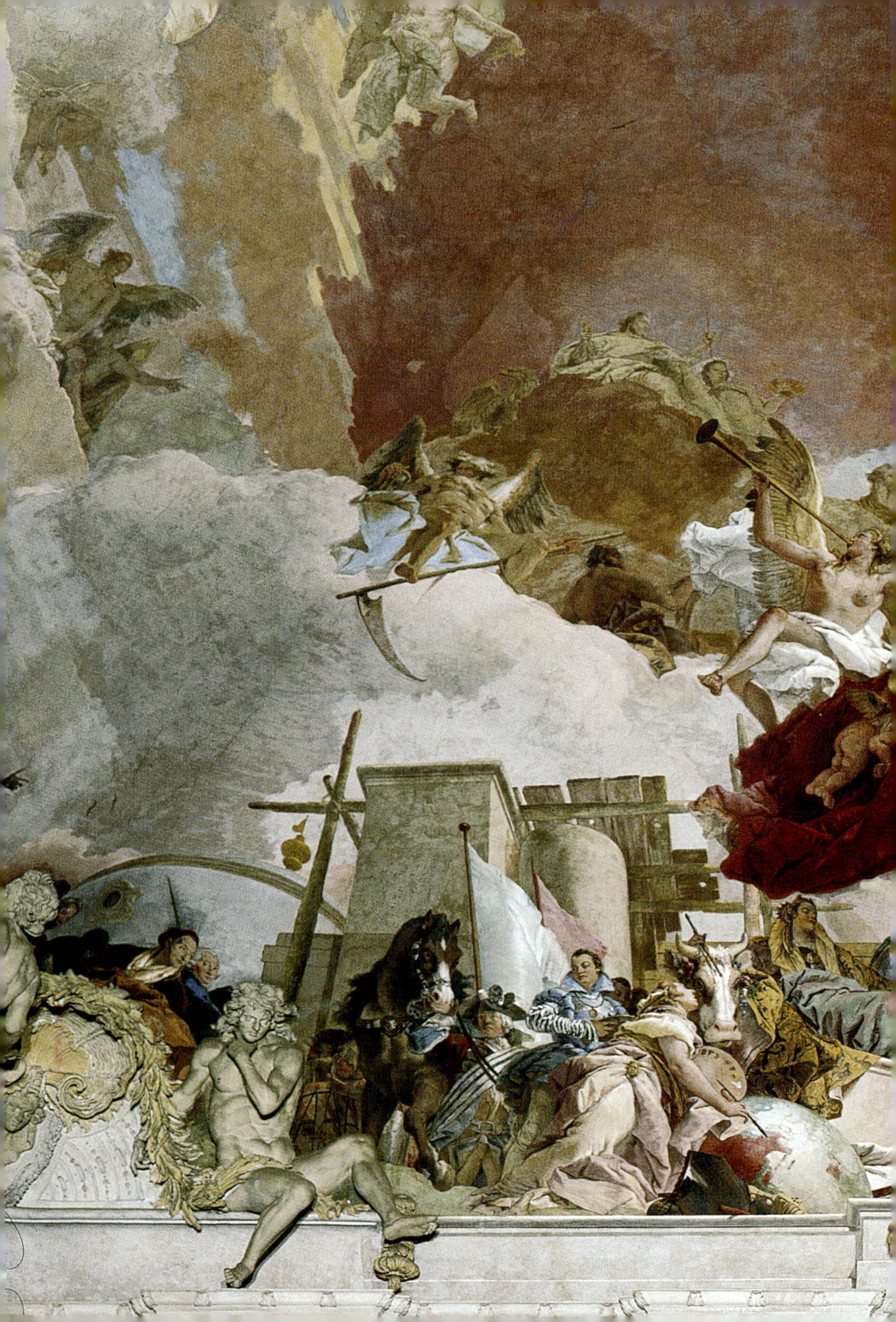

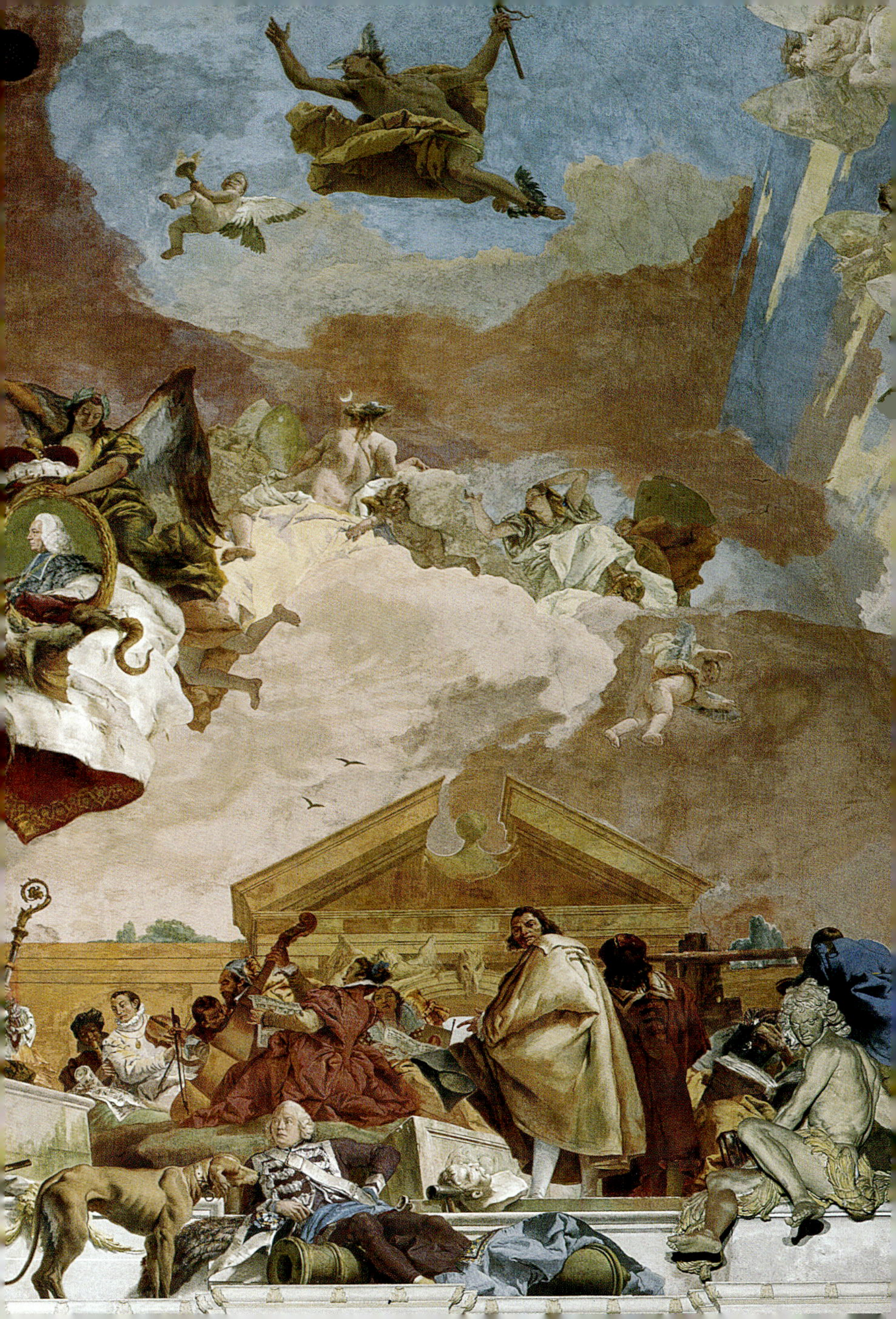

Ausschnitt aus der Erdteildarstellung Asien im Deckenfresko des Treppenhauses von G. B. Tiepolo, 1753

und erschöpftem Ausdruck über die Eckkartusche und sieht sich mit einem großen und sensibel prüfenden Blick an seinem Werk fest. Neben ihm erkennt man als Kavalier mit gepuderter Perücke seinen älteren Sohn Domenico und auf der anderen Seite, als eine Art Kontrastfigur dazu, den legeren, wurstigen Wiener Maler und Vergolder Franz Ignaz Roth. In der rechten Bildhälfte steht unter dem gesprengten Giebel ein Mann in weitem ockergelbem Umhang, der durch die Attribute zu Füßen (Büste, Relief, Hammer) als Bildhauer charakterisiert ist. Dies und der unbehaglich verstörte Gesichtsausdruck machen wahrscheinlich, dass damit der geniale Stuckator Antonio Bossi gemeint ist, der 1766 in geistiger Umnachtung starb. An der Rampe des Treppenhauses sitzt wie einer, der sich befreit von einer überstandenen schweren Anstrengung ausruht, der Architekt des Schlosses, Balthasar Neumann, in der Uniform eines Obristen der fränkischen Kreisartillerie. Der Blick ist visionär-abwesend mit einem Ausdruck verlorener Konzentration auf die Wölbung dieses Riesenraumes gerichtet, deren Haltbarkeit sein Rivale Lucas von Hildebrandt zu Unrecht bezweifelt hatte. Möglicherweise ist Ignaz Michael Neumann, der 20-jährige Sohn dieses großen Architekten, mit dem Leutnant gemeint, der in der linken Bildhälfte ein schweres braunes Pferd heranführt.

Von den Allegorien der beiden anderen Erdteile befindet sich die »Afrika« auf der östlichen (inneren) Langseite des Treppenhauses, »Asien« auf der westlichen (Ehrenhof-) Seite. Die Allegorie »Afrika« bildet zwei Schwerpunkte aus. Zunächst als kompositioneller und koloristischer Kontrapost zum sitzenden Stuckgiganten im linken Eck die Rückenfigur eines ebenfalls sitzenden Negers, sodann eine Gruppe orientalischer Kaufleute und Kulis mit Warenballen, Fässern etc. Die »Afrika« thront in der rechten Bildhälfte in Gestalt einer Negerfürstin auf einem Dro-

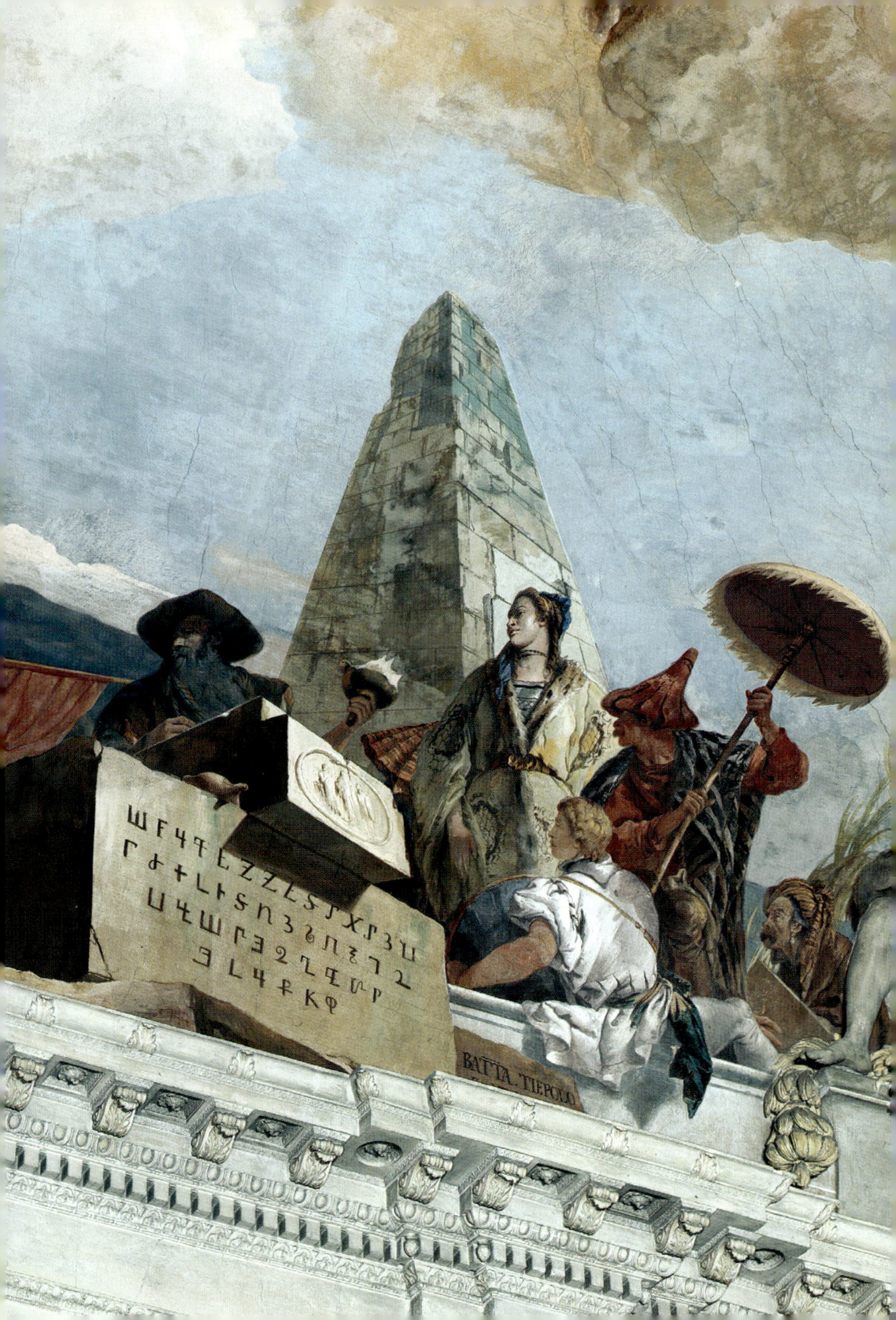
BATTA. TIEPOLO

medar. Ein kniender Mohr mit Sonnenschirm spendet Weihrauch, davor Vasen und Elefantenzähne. Negerinnen, ein Dromedar mit einer Last Teppiche sowie ein Zelt verbinden diese beiden Gruppen. Auf der Rampe im Bildvordergrund neben der durch ein Cäsarenmedaillon bezeichneten Bildmitte eine Tierszene: Ein Affe rupft einem Strauß Schwanzfedern aus. Im rechten Eck, wiederum als Kontrapostfigur zum Stuckgiganten, der Flussgott Nil. Die kompositionelle Verbindung zu den beiden Allegorien der angrenzenden Schmalseiten stellt nach links ein fliegender Reiher her, nach rechts die Negerfürstin, die auf die Glorie des Bauherrn verweist.
Die Allegorie »Asien« auf der gegenüberliegenden Langseite ist durch den Schiffsmasten links und die Pyramide rechts, die beide konvergierend auf die Strahlengloriole zielen, der Bildmitte zugeordnet. Doch verweist die auf einem Elefanten thronende Asia ebenso wie die Afrika mit ihrer Gebärde auch auf das Bildnismedaillon des Bauherrn. Vor ihr gefesselte Sklaven und Untertanen, die den Boden küssen oder Weihrauchschalen halten. In der linken Ecke fangen Männer eine Tigerin, in der rechten Bildhälfte der Berg Golgatha mit Kreuzen und Pilgern, daneben eine Pyramide und die Fürstin Ägyptens. Auf der Rampe im Vordergrund ein großer Steinblock mit dem armenischen Alphabet und daneben ein kleinerer mit der Signatur des Künstlers: BATTA. (Battista) TIEPOLO F. 1753.

4 WEISSER SAAL

Die Dekoration dieses 1744/45 unter Fürstbischof Friedrich Carl von Schönborn ausgestatteten Saales ist nur aus dem Ganzen der Raumfolge Vestibül, Gartensaal, Treppenhaus und Kaisersaal zu verstehen. Wie die Hauptachsen von Raum zu Raum um 90 Grad gedreht sind und sich jedes Mal in einer anderen Dimension entwickeln, so kann auch die Ausstattung des Weißen Saales, dessen Achsen sowohl zum

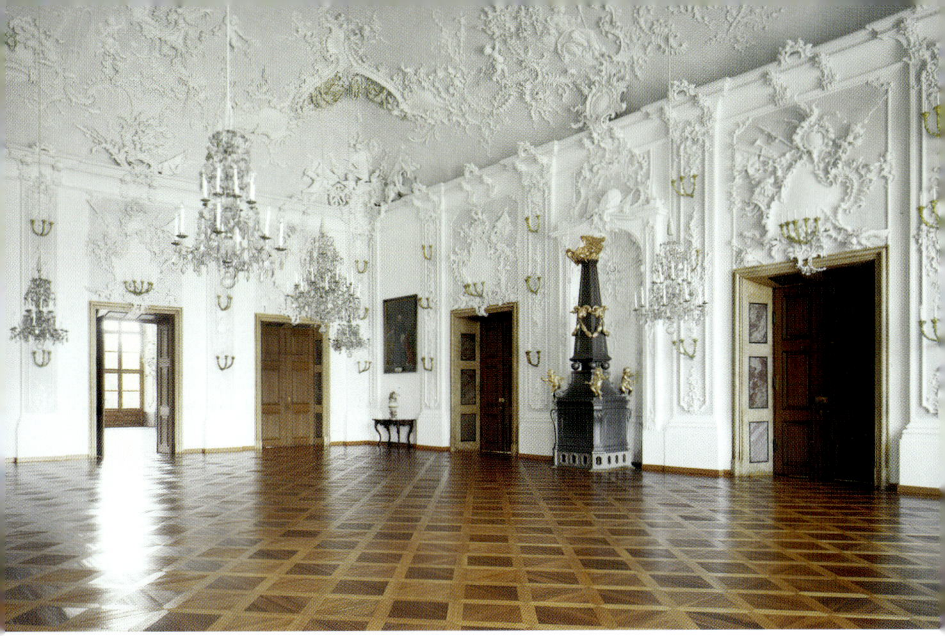

Weißer Saal mit Stuck von A. Bossi, 1744/45

Treppenhaus als auch zum Kaisersaal senkrecht stehen, nur aus dem Kontrast zur strahlenden, farbigen Pracht des Freskos von Tiepolo im Treppenhaus einerseits und zu der im Goldglanz funkelnden und achatviolett glühenden Farbigkeit des Kaisersaales andererseits begriffen werden. Der Weiße Saal stellt gewissermaßen die koloristische Zäsur dazwischen dar, seine Dekoration ist von beabsichtigter Farblosigkeit. Die Stuckaturen Antonio Bossis stehen weiß auf einem lichtgrauen Fond, hinzu treten wenige zarte gelbliche Töne sowie der Schattenschlag der Stuckaturen. Das Ergebnis ist nichtsdestoweniger eine erstaunlich reiche Skala von weißen und grauen Tönen in verschiedenen Brechungen und Stufungen. Wie aber nun Antonio Bossi in wenigen Monaten die riesigen Flächen des Saales und der erstaunlich hoch ansteigenden Wölbung mit Stuckaturen gefüllt hat, das ist eine nahezu singuläre Leistung, da die Rocaille aus der Dekoration verhältnismäßig kleiner und intimer Räume und Kabinette hervorgegangen und nur aus-

nahmsweise monumentalen Dimensionen gewachsen ist. Der Stuck dieses genialen Dekorateurs, der zuletzt in geistiger Umnachtung starb, ist von außerordentlicher Plastizität und Raumhaltigkeit. Die Rocaillen sind von geradezu wilder, flammender Bewegtheit, sie zucken über den Wölbungsgrund und versprühen im Raum.
Als Hinweis auf die Bestimmung dieses Saales (»Salle des gardes«) sind kriegerische Embleme sowie die Figuren des Mars und der Bellona und überdies die Hoheitszeichen des Fürstbistums in den Stuck eingefügt. Die großen, schwarz gerahmten Bischofsporträts stehen in beabsichtigtem Kontrast zur farblosen Erscheinung dieses Raumes. Den klassizistischen Ofen fertigte Anton Oegg 1769 nach einem Modell des Hofschreiners Franz Benedikt Schlecht an. Die skulpturale Zier des Ofens, einen Adler und vier Jahreszeiten-Putti aus Terrakotta mit Schlagmetallfassung, schuf Materno Bossi, der auch die Nische ausstuckierte.

Gemälde: Bildnisse der Fürstbischöfe Friedrich Carl von Schönborn (1729–1746; 2 Porträts) und Anselm Franz von Ingelheim (1746 –1749), alle drei deutsch um 1740/50, sowie Bildnis des Fürstbischofs Adam Friedrich von Seinsheim (1754–1779) von Franz Lippold, 1755/56.

Einrichtung: 2 Konsoltische mit Schönbornwappen und 2 weitere, alle geschnitzt und dunkelbraun gebeizt, Würzburg um 1745 (Werkstatt Georg Adam Guthmann) ■ 2 Vasen, Japan 18. Jh. ■ 2 Alabastervasen, Italien um 1710 ■ 57 Wandleuchter mit Blechblättern (49 dreiarmig, 8 fünfarmig), mit Goldlack gefasst, Würzburg um 1770 ■ 5 Kristallkronleuchter, Wien um 1750.

5 KAISERSAAL

Im Kaisersaal kulminiert die großartige Raumfolge Vestibül, Gartensaal, Treppenhaus und Weißer Saal. Ikonographisch handelt es sich um einen spezifisch deutschen De-

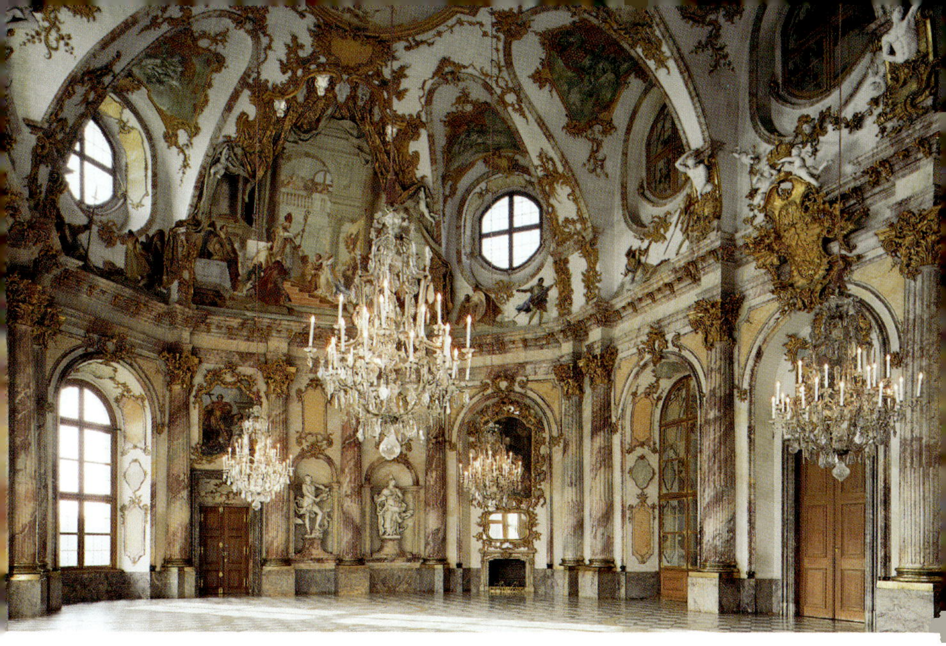

Blick in die Südhälfte des Kaisersaals

korationstypus. Die Kaisersäle sind ein charakteristisches Merkmal vor allem der kurfürstlichen und geistlichen Barockschlösser, aber auch der »Klosterresidenzen« in den katholischen Teilen Deutschlands. Begründet wurde dieser ikonographische Typus in der Gegenreformation am Anfang des 17. Jahrhunderts wahrscheinlich in den kurfürstlichen Residenzen München und Aschaffenburg, doch reicht deren Tradition einerseits bis in das Mittelalter zurück (Reichsburgen, reichsstädtische Rathäuser), andererseits bis in die italienische Renaissance (Imperatoren- und Caesarensäle). Die Dekoration der Kaisersäle erfolgt nach einem feststehenden ikonographischen und allegorischen Kanon. Im Mittelpunkt des Programms stehen Kaisergalerien und die Verherrlichung der Reichsidee oder des »Guten Regiments«. Der Würzburger Kaisersaal feiert indessen, anders als der Bamberger, nicht das regierende Kaiserhaus der Habsburger durch eine Kaisergalerie, sondern die Reichsidee. Man wählte Ereignisse

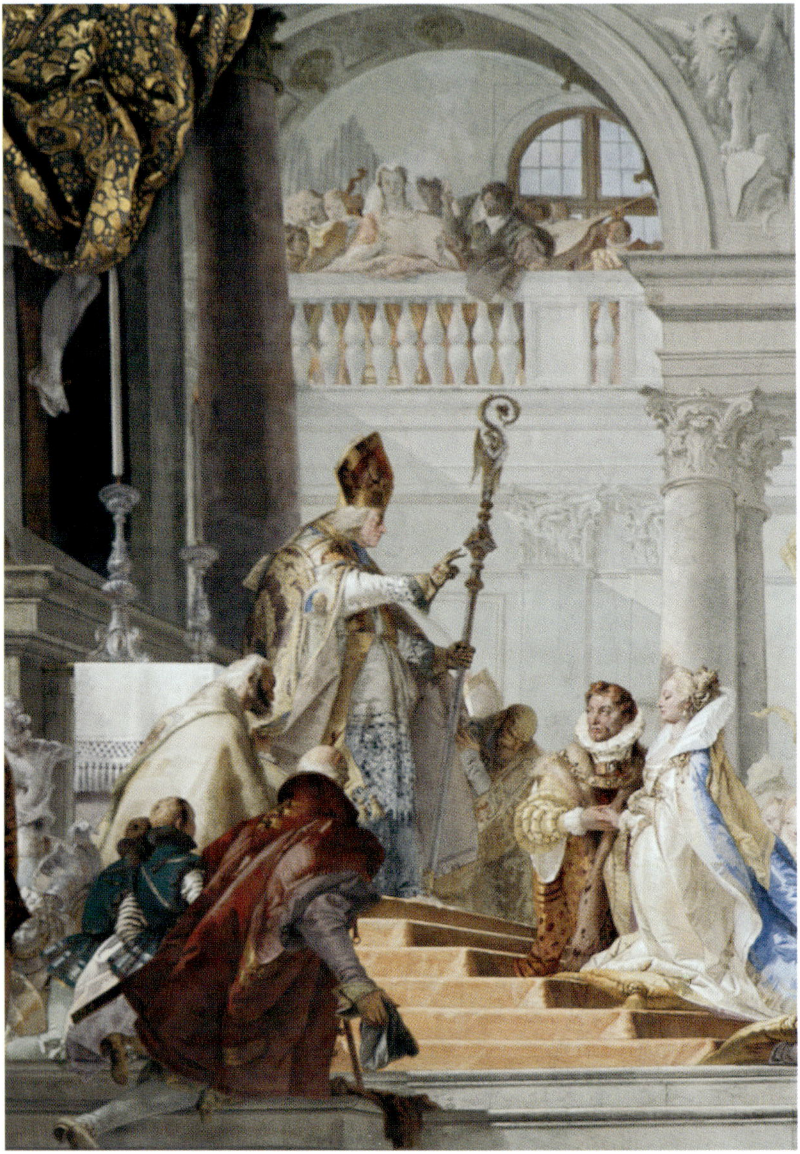

aus der Geschichte des alten staufischen Reichs, in denen sich zugleich die politische Geschichte des Bistums Würzburg in glanzvoller Weise spiegelt (s. S. 23 f.). Ausgestattet wurde der Kaisersaal, der schon 1741 im Rohbau fertig war, erst 1749–1753 unter Fürstbischof Carl Philipp von Greiffenklau. Die Dekoration dieses singulären Raumkunstwerks ist das Werk dreier kongenialer Künstler: des Architekten Balthasar Neumann, des Freskomalers Giovanni Battista Tiepolo und des Stuckators Antonio Bossi. Tiepolo und Bossi nehmen die architektonischen Energien auf und interpretieren mit ihren Malereien und Stuckaturen die Raumstruktur Balthasar Neumanns. Das Ergebnis ist ein Gesamtkunstwerk von unvergleichlicher farbiger Harmonie und traumhafter Vollkommenheit. Der Kaisersaal, der den Mittelpavillon der Gartenfront (Kaiserpavillon) in ganzer Breite ausfüllt, bietet sich als Breitraum mit synkopisch verschobenen Akzenten im Unter- und Obergeschoss dar. Unten öffnet sich die kurze Hauptachse durch Türen und Fenster in den Weißen Saal und (über den Balkon) in den Gartenraum, oben umgekehrt die längere Querachse durch die Fresken an den Schmalseiten in den illusionistischen Bildraum. Im Erdgeschoss wechseln die Säulenabstände rhythmisch, an den Langseiten treten sie auseinander, an den Schmalseiten hingegen rücken sie zusammen und sperren die Mittelachse. Die Türen zu den Paradezimmern sind aus den Mittelachsen gerückt. Das Ergebnis ist eine dynamische Schiebung der struktiven Glieder: Der Raum kommt in Bewegung und atmet. Das ganze Obergeschoss ist überhaupt in eine ideale Raumsphäre umgedeutet und wird zur Szene. Der illusionistische Bildraum der Fresken Tiepolos setzt sich in den realen Raum hinein fort. Auf den Gesimsen bewegen sich unbekümmert Trabantenfiguren (Herolde, Pagen, Landsknechte). Auch die Wölbung Balthasar Neumanns geht leicht wie ein Segel auf. Bossis Vorhangdraperien über den Fresken Tiepolos

Hochzeit Kaiser Friedrichs I. Barbarossa mit Beatrix von Burgund, Fresko im Kaisersaal von G. B. Tiepolo, 1751/52

Nächste Doppelseite: Die Belehnung des Würzburger Bischofs Herold mit dem Herzogtum Franken durch Kaiser Friedrich Barbarossa auf dem Reichstag zu Würzburg 1168, Fresko im Kaisersaal von G. B. Tiepolo, 1751/52

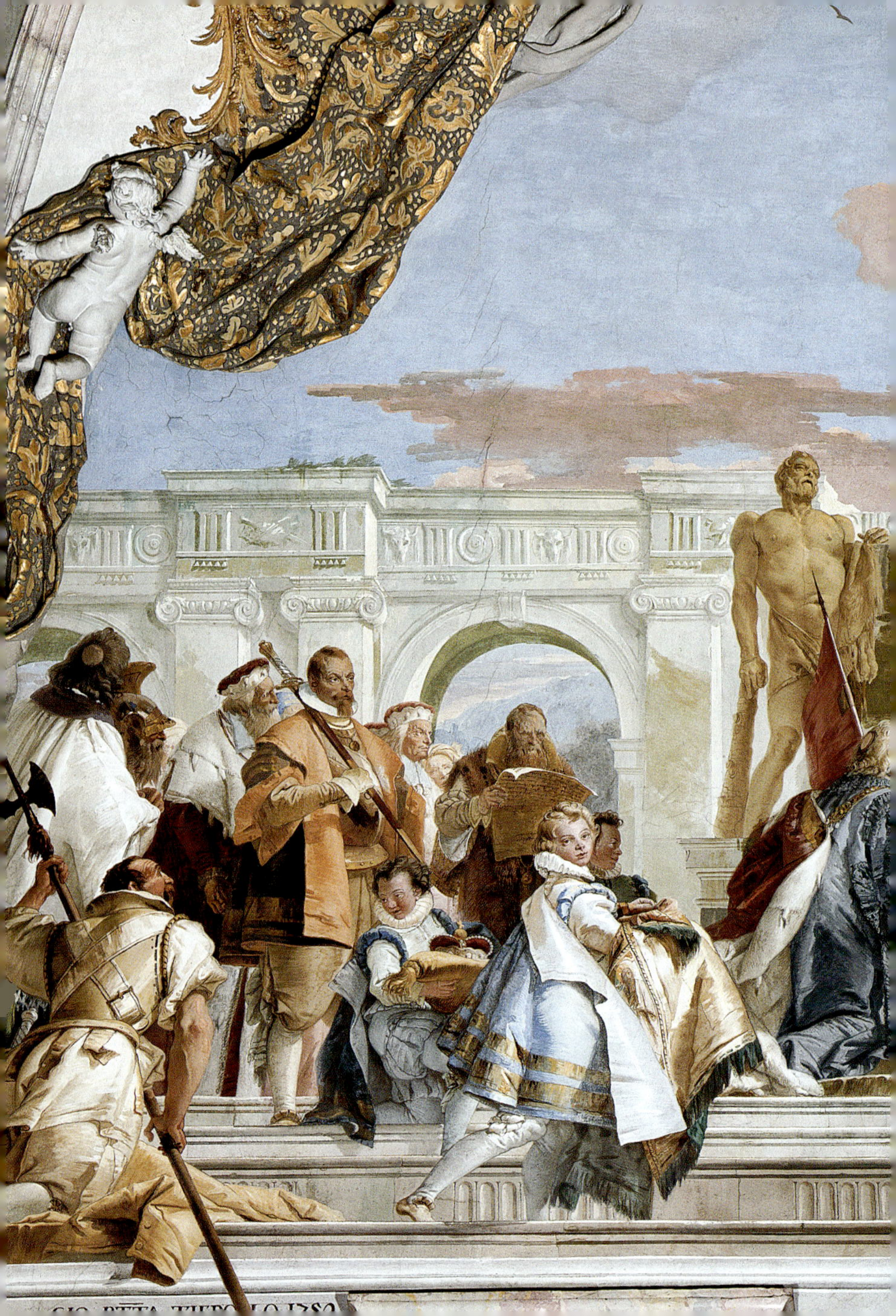

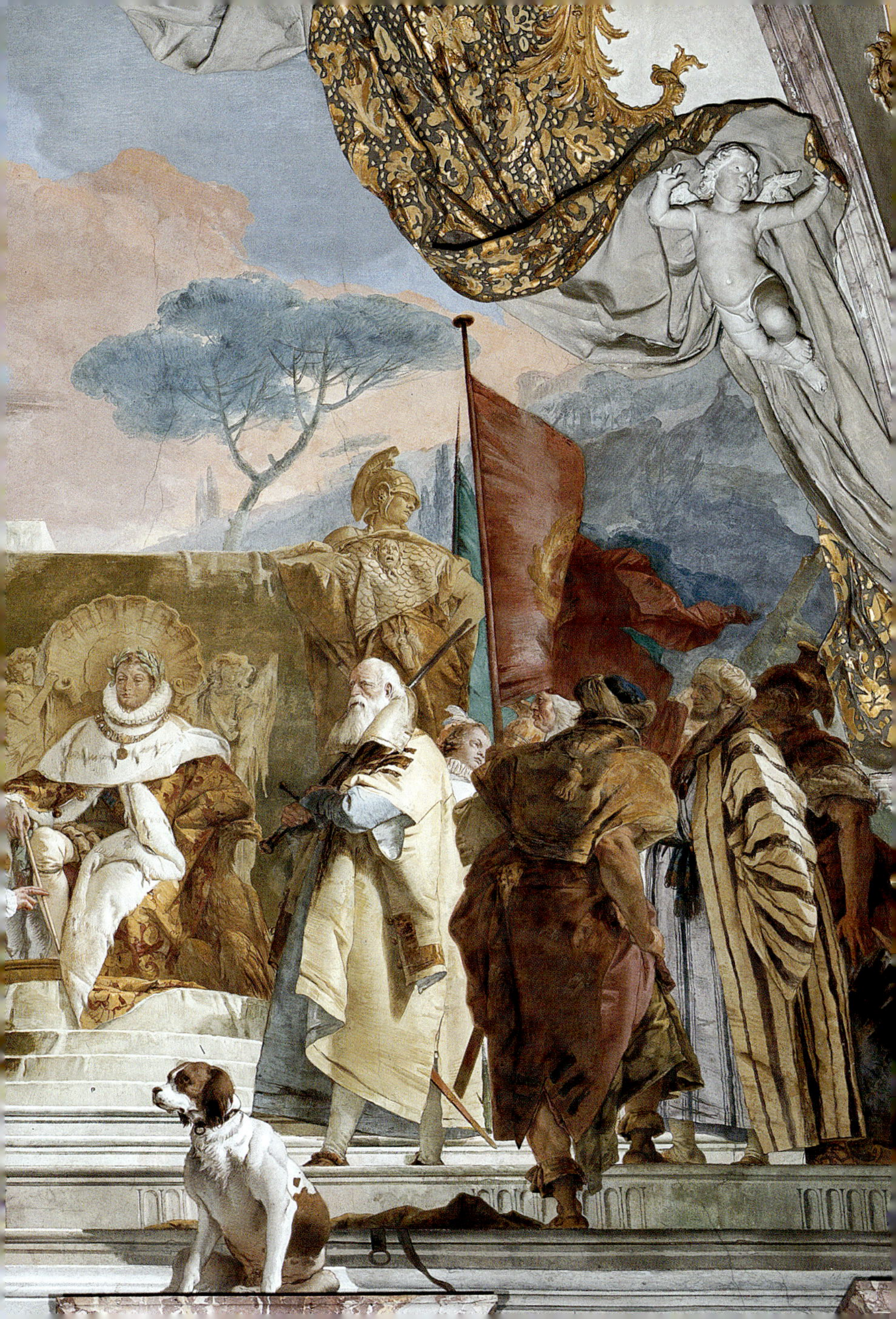

deuten die Gewölbeschale gewissermaßen in ein Zelt um. Eingelassene Spiegel, die Lichtblitze aussenden, durchlöchern die Wölbung. Auch durch die Grisaillemalereien in den Stichkappen und die Kartuschen, die sich in den Himmelsraum öffnen, bekommt die Wölbung einen fragmentarischen und gitterartigen Charakter. Der Rahmen zwischen dem Fresko im Deckenspiegel und einer der angrenzenden »offenen« Kartuschen ist geplatzt, an anderen Stellen wird er von Figuren überschnitten und verdeckt. Die illusionistischen Bildräume der verschiedenen Deckenmalereien vereinigen sich gleichsam und formieren über der Gewölbeschale eine Schwindel erregende ideale Raumsphäre, die sich in den realen Raum des Kaisersaales ergießt. Die Grenzen zwischen illusionistischem und realem Raum sind verwischt. Die Architektur wird zur Bühne der visionären geschichtlichen Ereignisse in den Fresken.

Auf der südlichen (rechten) Schmalseite: »Die Trauung Kaiser Barbarossas und der Beatrix von Burgund durch den Würzburger Fürstbischof 1156.« Man blickt in einen Kirchenraum, dessen grünliche Säulen nicht nur koloristisch, sondern auch struktiv zu den achatfarbenen Dreiviertelsäulen Balthasar Neumanns im Untergeschoss kontrastieren. Im Bildraum gehen sie auseinander und geben einen Blick auf die Sängerempore frei, unten sind sie umgekehrt zusammengedrängt; die Mittelachse ist gesperrt. Der Kaiser und die blonde Beatrix von Burgund knien auf den Stufen des Altars vor dem Würzburger Fürstbischof, dessen Züge wiederum dem regierenden Kirchenfürsten Greiffenklau ähneln. Hinter dem Brautpaar steht der Reichskanzler mit blankem Schwert, umgeben von römischen Standarten und Fahnen mit dem Reichsadler, daneben ein Page mit der Kaiserkrone, ferner der päpstliche Nuntius, fünf Reichsfürsten und der Marschall von Franken mit dem Herzogsschwert. Im Vordergrund rechts kniet ein Hofzwerg als Kontrast-

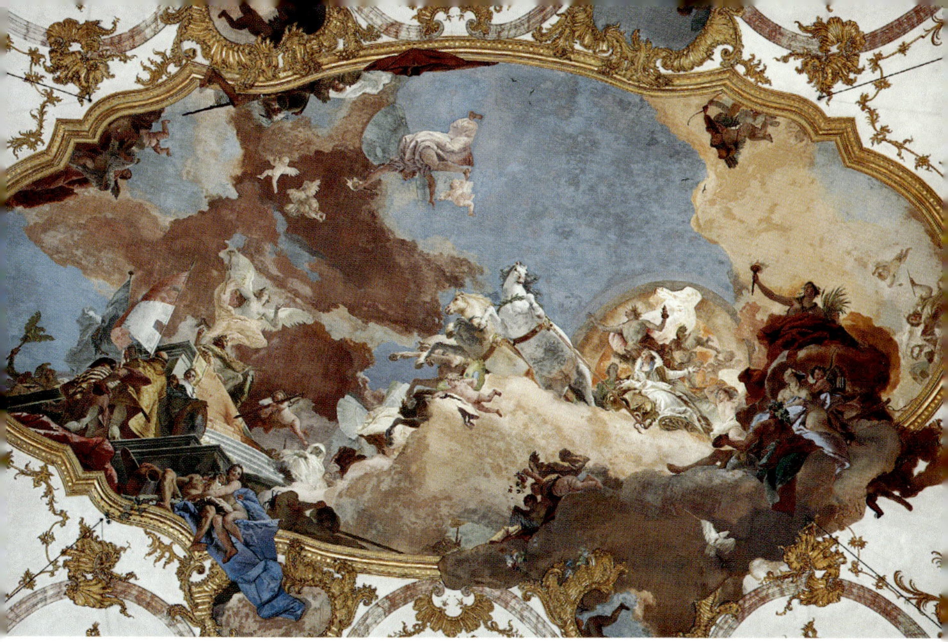

Der Sonnengott Apoll führt Beatrix von Burgund dem Genius Imperii zu, Deckenfresko von G. B. Tiepolo im Kaisersaal

figur zur Braut und links davon deren Vater Rainald von Burgund.
Gegenüber auf der nördlichen Schmalseite »die Belehnung des Würzburger Bischofs Herold mit dem Herzogtum Franken durch Kaiser Friedrich Barbarossa auf dem Reichstag zu Würzburg 1168«. Statt des vom Programm geforderten »Fürstensaals, wo sich die Reichsstände versammelt finden«, verlegt Tiepolo die Szene in eine mittelmeerische Landschaft, quasi auf das Forum Romanum. Barbarossa, eher ein venezianischer Roué mit gesättigt blasiertem Gesichtsausdruck als eine fürstliche Erscheinung, sitzt auf einem Marmorthron, dessen Muschel hinter dem Haupte des Kaisers eine Art Gloriole formiert. Die Rechte hält lässig ein Szepter, auf dem der kniende Fürstbischof, der übrigens dem regierenden Bauherrn Carl Philipp von Greiffenklau porträtähnlich ist, den Lehenseid leistet. Wie die Schräge des Szepters vom Fahnenschaft in der Hand des Fürstbischofs und von der

Helmbarde des Landsknechts vorbereitet wird, so geht auch die kniende Bewegung des Fürstbischofs teleskopartig in drei Phasen aus dem Pagen hinter ihm und dem Landsknecht hervor, die beide ebenfalls knien. Neben dem Thron steht als hünenhafter Greis mit prophetischem Blick der Reichskanzler, das blanke Schwert geschultert. Hinter dem Pagen, der aus dem Bildraum heraus auf den Betrachter im realen Raum blickt, steht unter einem Triumphbogen der Reichskämmerer mit der Belehnungsurkunde, daneben Reichsfürsten und der fränkische Marschall (bez.: GIO. BTTA. TIEPOLO 1752).

Das Gemälde im Deckenspiegel zeigt links auf altarartig erhöhtem Thron die Allegorie des »Genius Imperii« in Gestalt des jungen Barbarossa (in kaiserlichem Ornat), überflügelt von der Fama und umgeben von Würdenträgern und wehenden Fahnen mit dem Reichsadler; vorn ein heranfliegender Putto mit dem Reichsschwert. Von rechts naht aus einem Abgrund von Azur- und Goldglanz der Lichtgott Apollo, der im Sonnenwagen die Braut Beatrix von Burgund dem Genius Imperii zuführt. Voraus fliegt der Hochzeitsgott Hymenäus mit brennender Fackel, rechts haben sich auf den Wolken Venus, die fränkische Ceres und der fränkische Bacchus gelagert.

Auch die Allegorien und Tugenden in den Stichkappen, grün in Grün auf kassettiertem Goldgrund, malte Giovanni Battista Tiepolo. Die Ölgemälde über den Türen hingegen sind Arbeiten seines Sohnes Domenico. Dargestellt

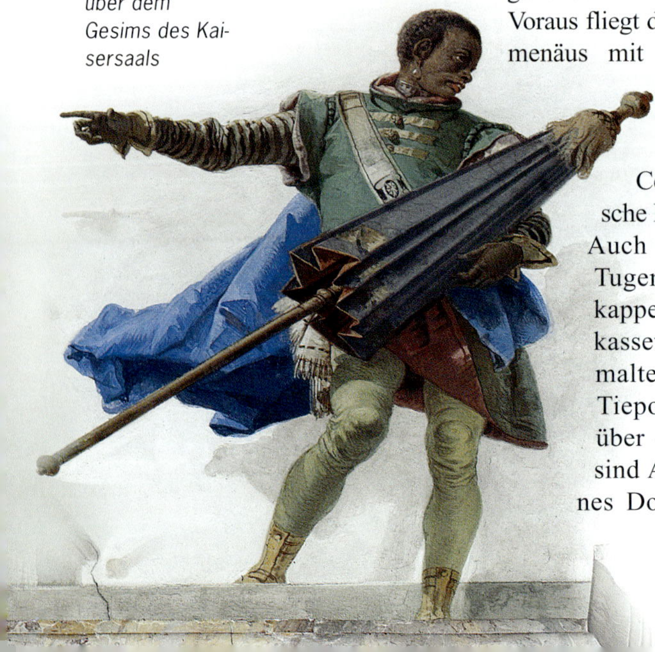

Page mit Sonnenschirm, Fresko von G. B. Tiepolo über dem Gesims des Kaisersaals

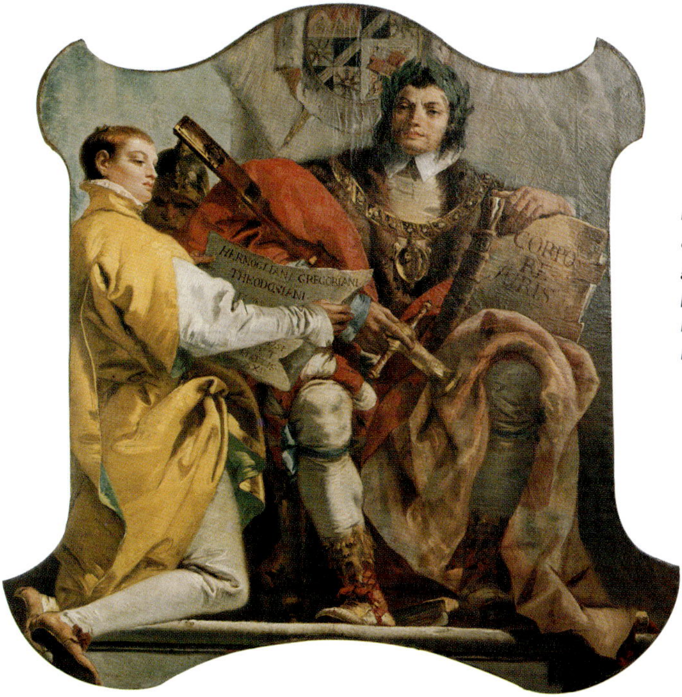

Kaiser Justinian als Gesetzgeber, Supraporte von Domenico Tiepolo im Kaisersaal

sind, entsprechend dem ikonographischen Programm des Kaisersaals, Szenen aus dem Leben von Imperatoren der römischen und frühchristlichen Antike und des byzantinischen Reichs: »Kaiser Konstantin als Überwinder des Licinius und Beschützer der Kirche«, »Kaiser Justinian als Gesetzgeber«, »Der hl. Ambrosius verweigert Kaiser Theodosius den Zutritt zur Kirche«. Von hoher Anmut sind die vier Stuckfiguren Antonio Bossis in den Nischen der Schmalwände des Kaisersaals: Neptun, Juno, Flora und Apoll. Über den Kaminen Bildnisse der Bauherrn von Franz Lippold: Fürstbischof Friedrich Carl von Schönborn vor dem Nordtrakt der Würzburger Residenz (Südseite) und Carl Philipp von Greiffenklau (Nordseite). Vier große Wiener Kristallkronleuchter.

Südliche Kaiserzimmer

Schreibschrank von K. M. Mattern, 1742 (Raum 6)

RÄUME 6 BIS 10

Kaiserzimmer sind wie die Kaisersäle charakteristisch für die Ikonologie des deutschen Schlossbaues im Barock. Die meisten kurfürstlichen und geistlichen Residenzen, aber auch viele der großen Klöster besaßen außer der Wohnung für den Bauherrn noch besonders prächtig ausgestattete Paradezimmer, die als Gastappartement dauernd für den gelegentlichen Besuch des Kaisers bereitstanden und durch ikonographische Allusionen in der Dekoration auf diese Bestimmung hinwiesen (Kaiserbildnisse, »Gutes Regiment«, Tugenddarstellungen etc.). In Würzburg kommt hinzu, dass die Kaiser auf der Reise von und zur Krönung in Frankfurt am Main regelmäßig in dieser Bischofsstadt Quartier nahmen.
Die Kaiserzimmer der Würzburger Residenz südlich und nördlich des Kaisersaals treten zu einer einzigen grandiosen Raumflucht von 160 m Länge zusammen. Eingeführt wurde diese Enfilade (Anordnung der Türen hintereinander auf einer Achse zu einem einzigen Durchblick) allerdings erst nach der Pariser Reise Balthasar Neumanns. Dies ist wahrscheinlich der Grund, weswegen die Türen zu den Kaiserzimmern nicht in den Mittelachsen der Schmalseiten des Kaisersaales angeordnet sind, sondern seitlich davon. Ausgestattet wurden die südlichen Kaiserzimmer 1740/44 unter Fürstbischof Friedrich Carl von Schönborn und in der Hauptsache nach Angaben dieses Kirchenfürsten. Wesentlich für den Stilcharakter der Ausstattungen war eine Gruppe Wiener Dekorationskünstler. So der Hofmaler Rudolph Byss und dessen Schüler Johann Thalhofer und Anton Joseph Högler, ferner der Hofhafner Do-

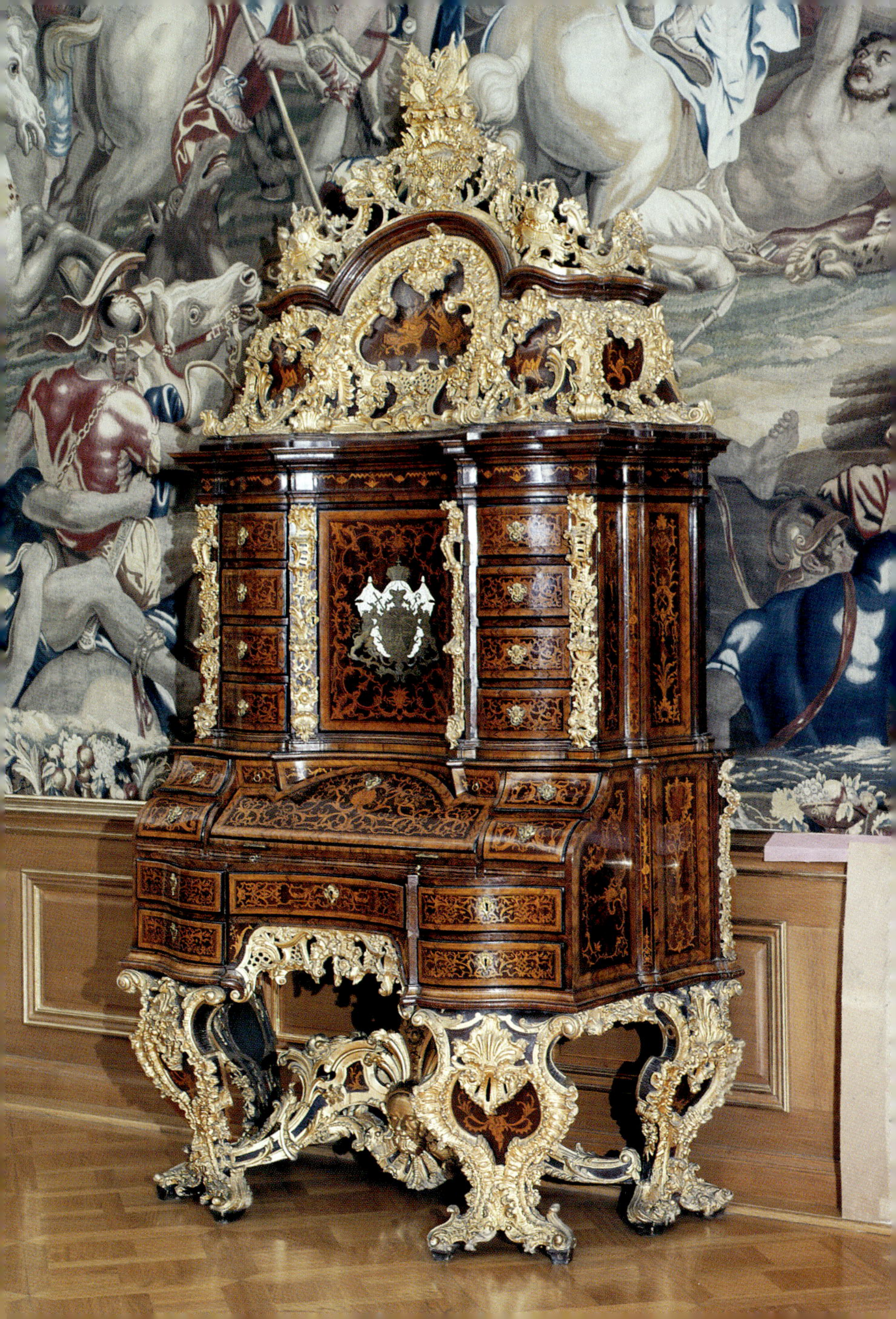

minikus Eder, der virtuose Hofschlosser Georg Oegg aus Tirol, der in Wien geschulte Würzburger Bildhauer Johann Wolfgang van der Auvera, der Schnitzer Ferdinand Hund und nicht zuletzt Georg Adam Guthmann mit seinen drei Brüdern, der wahrscheinlich aus München berufen worden war. Allein entscheidend waren diese, zumeist in Wien geschulten Dekorationskünstler, die unter der Leitung des damals schon hochbetagten Hofmalers und Dessinateurs Rudolph Byss arbeiteten, keineswegs. Ihr Dekorationsstil war damals in mehr als einer Hinsicht von der Entwicklung bereits überholt, da Österreich den Schritt zum Rokoko, anders als Würzburg, wenn überhaupt, dann erst sehr viel später vollzog. In Würzburg hingegen schritt die Entwicklung rasch über diese Stilstufe hinaus. Entscheidend für die Wendung zum Rokoko waren der geniale Stuckator Antonio Bossi und der Bildhauer, Schnitzer und Dessinateur Johann Wolfgang van der Auvera, möglicherweise wirkte auch das bayerische Rokoko dabei induzierend mit.
1945 brannten die Kaiserzimmer aus. Die meisten Stuckdecken und Deckengemälde sowie Teile der wandfesten Ausstattung dieses Appartements, das zu den bedeutendsten Raumkunstwerken des Rokoko in Deutschland gehörte, wurde damals vernichtet. Doch war die bewegliche Ausstattung ganz und die wandfeste teilweise geborgen worden.

6 VORZIMMER DER SÜDLICHEN KAISERZIMMER

Ursprünglich diente der Raum als Vorzimmer. Dies ist der Grund, weswegen die Wandvertäfelung (Eichenholz mit Goldleisten) verhältnismäßig einfach ist und wenig Schnitzereien aufweist. Auch hatte man diesen Raum in beabsichtigten Kontrast zur Pracht des Kaisersaals gesetzt. Die Wandvertäfelung und die vergoldeten Rahmen der Pfeilerspiegel, die Georg Adam Guthmann 1736 in frühen Rokokoformen für einen Raum der alten Bischofswohnung geschnitzt hatte, sind erneuert, ebenso die Deckenstuckaturen Antonio Bossis, die weiß auf lichtgrauem Fond stehen. Statt des 1945 verbrannten Deckengemäldes von Anton Clemens Lünenschloß von 1738 (»Aufbruch zur Eroberung einer Burg«) ist in den Deckenspiegel das Ölgemälde »Dankopfer« eingelassen, das Antonio Belucci* um 1715 für das Schloss Bensberg des Kurfürsten Johann Wilhelm von der Pfalz geschaffen hatte. Die Supraporten stammen mit den geschnitzten und vergoldeten Rahmen von der ursprünglichen Ausstattung. Es handelt sich um Arbeiten des Giovanni Antonio Pellegrini: »Hannibal schwört den Römern ewige Feindschaft«, »Polyxena wird zum Tode geführt«. Statt des ursprünglichen prachtvollen Ofens des Würzburger Hofhafners Dominikus Eder aus Wien, der aus der ersten Bischofswohnung hierher übertragen worden war, ein etwas kleinerer derselben Herkunft (Österreich um 1740, möglicherweise aus dem Umkreis Eders). Die Stuckaturen Antonio Bossis in der Ofennische sind in der unteren Hälfte ergänzt.

Wirkteppiche: 3 Brüsseler Wirkteppiche der Alexanderfolge nach Kartons von Charles Le Brun aus der Manufaktur des Jan Frans van den Hecke, nach 1700: »Übergang Alexanders d. Gr. über den Granicus« (Rückwand), um 1745 durch ein gewirktes Verbindungsstück von Andreas Pirot verbunden mit »Schlacht bei Arbela – Darius flieht vor Alexander« (Eingangswand); ferner »Schlacht bei Arbela – Verfolgung der fliehenden Perser« (Ausgangswand).

Einrichtung: Schreibschrank (»Trisur«) mit reicher Marketerie (Nussbaum, Ebenholz, Palisander, Perlmutt, Elfenbein, Messing). Hauptwerk des Würzburger Kunstschreiners Karl Maximilian Mattern, der an diesem prachtvollen, jedoch in den Pro-

*Die Deckenbilder von Antonio Belucci hier und in den folgenden Räumen sind Leihgaben der Bayerischen Staatsgemäldesammlungen, München.

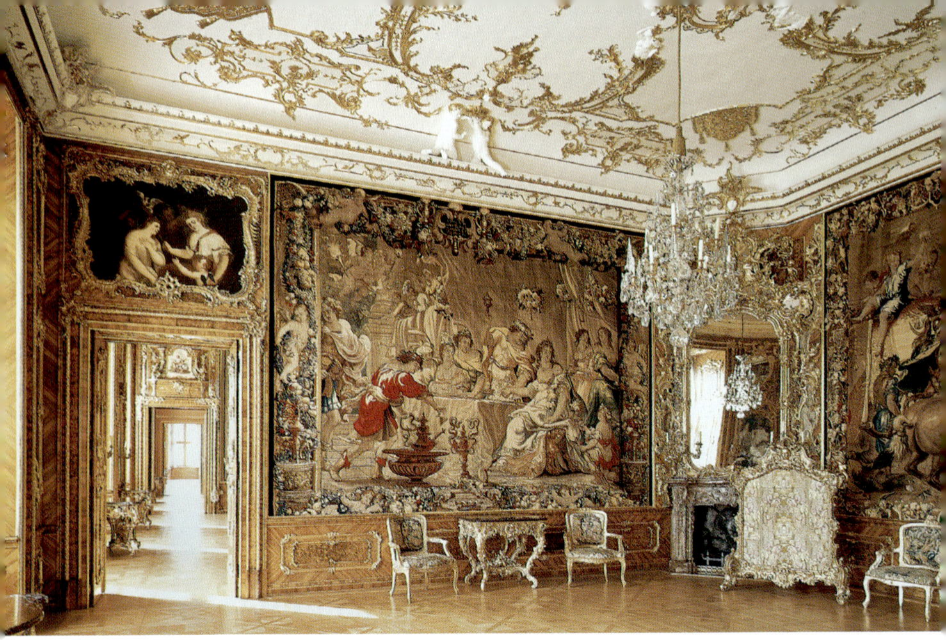

Audienzzimmer der südlichen Kaiserzimmer (Raum 7)

portionen schwerfällig-gravitätischen Möbel 1742 arbeitete. Die vergoldeten Schnitzereien sowie die Entwürfe für die Messinggravierungen von Johann Wolfgang van der Auvera. Auf der Türe das Wappen des Fürstbischofs Friedrich Carl von Schönborn mit Kaiserkrone, die dieser als gleichzeitiger Fürstbischof von Bamberg führen durfte. ■ Prachtvolle Standuhr mit reicher Marketerie (Nussbaum, Mahagoni, Palisander) und dem Privatwappen Friedrich Carls von Schönborn, von Karl Maximilian Mattern, Würzburg 1741. Die vergoldeten Rokokoschnitzereien an Sockel und Aufsatz von Georg Adam Guthmann, das bemerkenswerte Uhrwerk von Uhrmacher Urban Schmidt, Würzburg (Zifferblatt bez.: »VRBANNS SCHMIT IN WURTZBURG Fecit«) ■ 2 Konsoltische, geschnitzt, braun mit Gold, von Georg Adam Guthmann 1742 ■ 6 Banketts (4+2) geschnitzt, braun mit Gold, von Johann Wolfgang van der Auvera, Würzburg nach 1750. Die bemerkenswerten Gobelinbezüge (Blumen, Früchte und Rocaillen auf dunkelblauem Fond) nach französischen Vorlagen; Würzburg, Manufaktur Pirot, nach 1750 ■ 4 und 2 Wandleuchter, zweiarmig,

Bronze vergoldet, von Hofschlosser Johann Georg Oegg, Würzburg um 1745 ■ 2 Kristallglaslüster; der eine Würzburg, von Johann Michael Faller 1760 (restauriert); das Gegenstück neu.

7 AUDIENZZIMMER DER SÜDLICHEN KAISERZIMMER

Das am besten erhaltene Raumkunstwerk unter den südlichen Kaiserzimmern. Nur die Stuckaturen Antonio Bossis und das Deckengemälde sind erneuert. Statt des ursprünglichen Deckenbilds des Bamberger Hofmalers Johann Joseph Scheubel d.Ä. (»Die Zerstörung einer Raubritterburg durch Rudolph von Habsburg«), das auf die Bestimmung dieser Raumflucht als kaiserliches Gastappartement anspielte, ein eingelassenes Ölgemälde von Antonio Belucci: »Die drei Lebensalter des Herrschers«, um 1715. Prachtvolle originale Wandvertäfelung in Nussbaum mit Füllungen von geflammtem Maserholz. Die bemerkenswerten, vergoldeten Rokokoschnitzereien von der Hand des Ferdinand Hund erreichten stellenweise, so vor allem an Kamin- und Pfeilerspiegel, eine beispiellose Virtuosität. Die Rocaillen lösen sich kräuselnd vom Grund und versprühen im Raum. Achatvioletter Marmorkamin in Régenceformen der ursprünglichen Ausstattung (auf der gusseisernen Kaminplatte das Wappen des Bauherrn). Die Supraportengemälde in (originalen) geschnitzten Rokokorahmen stellen dar: »Venus, Amor und Charis«, Venezianisch, um 1600, und »Bau der Arche Noah« von Giacomo Bassano. Der Stuckmarmor der Ofennische teilweise, die Stuckaturen gänzlich erneuert. Anstelle des großen Kachelofens in Régenceformen von dem Würzburger Hofhafner Dominikus Eder aus Wien ein kleinerer (restaurierter) Rokokoofen, weiß mit Gold; Süddeutsch, um 1755.

Wirkteppiche: 4 Brüsseler Wirkteppiche, davon 3 aus der Alexanderfolge nach Kartons von Charles Le Brun: »Triumphzug

Alexanders d. Gr. in Babylon« und »Alexanders Großmut gegen die Familie des Darius« (Rückwand) aus der Manufaktur des Jan Frans van den Hecke, nach 1700; »Alexanders Sieg über König Poros von Indien (Teil a): Gefangenenzug« mit dem Wappen des Fürstbischofs Johann Philipp von Greiffenklau (1699–1719), aus der Manufaktur Geraert Peemans, um 1700 (Eingangswand, vgl. Raum 14 und 15). Ebenfalls aus der Manufaktur G. Peemans, aber schon um 1660: »Hochzeit der Zenobia« (Ausgangswand).

Türe des Venezianischen Zimmers mit vergoldeten Zinnzierraten und Malereien, um 1740 (Raum 8)

Einrichtung: Schreibschrank mit reicher Marketerie (Nussbaum, Ebenholz, Palisander) und den Initialen FC des Bauherrn Fürstbischof von Würzburg Friedrich Carl von Schönborn (1729 – 1746); Würzburg, um 1740, vielleicht von Franz Benedikt Schlecht, die vergoldeten Schnitzereien von G. A. Guthmann, die vergoldeten Bronzbeschläge von Johann Georg Oegg (Leihgabe der Bayerischen Landesbank) ■ Kaminschirm mit prachtvoller vergoldeter Rokokoschnitzerei, Würzburg, wahrscheinlich von der Hand des Johann Wolfgang van der Auvera, 1742/44 ■ 4 Konsoltische, 2 an den Fensterpfeilern, geschnitzt, braun mit Gold, von Georg Adam Guthmann 1742, die beiden anderen geschnitzt, vergoldet, von Johann Wolfgang van der Auvera; Würzburg um 1744 ■ 4 Armlehnsessel (3+1 Kopie), geschnitzt, vergoldet, Würzburg 1741, von Johann Wolfgang van der Auvera. Alte Bezüge mit Straminstickerei in Gros- und Petit-point ■ Kristallkronleuchter der Ausstattungszeit; Französisch, um 1740 ■ 4 zweiarmige und 2 dreiarmige Wandleuchter, Bronze vergoldet; Würzburg (wohl von Hofschlosser Georg Oegg), um 1740/45.

8 SCHLAFZIMMER DER SÜDLICHEN KAISERZIMMER (VENEZIANISCHES ZIMMER)

Die ursprüngliche Ausstattung dieses Raumes 1738/41 in der Hauptsache wohl nach Entwürfen des greisen Hofmalers Rudolph Byss, der zusammen mit seinen Schülern Thalhofer und Högler auch die Deckendekoration geschaffen hatte. Es handelte sich ausnahmsweise nicht um

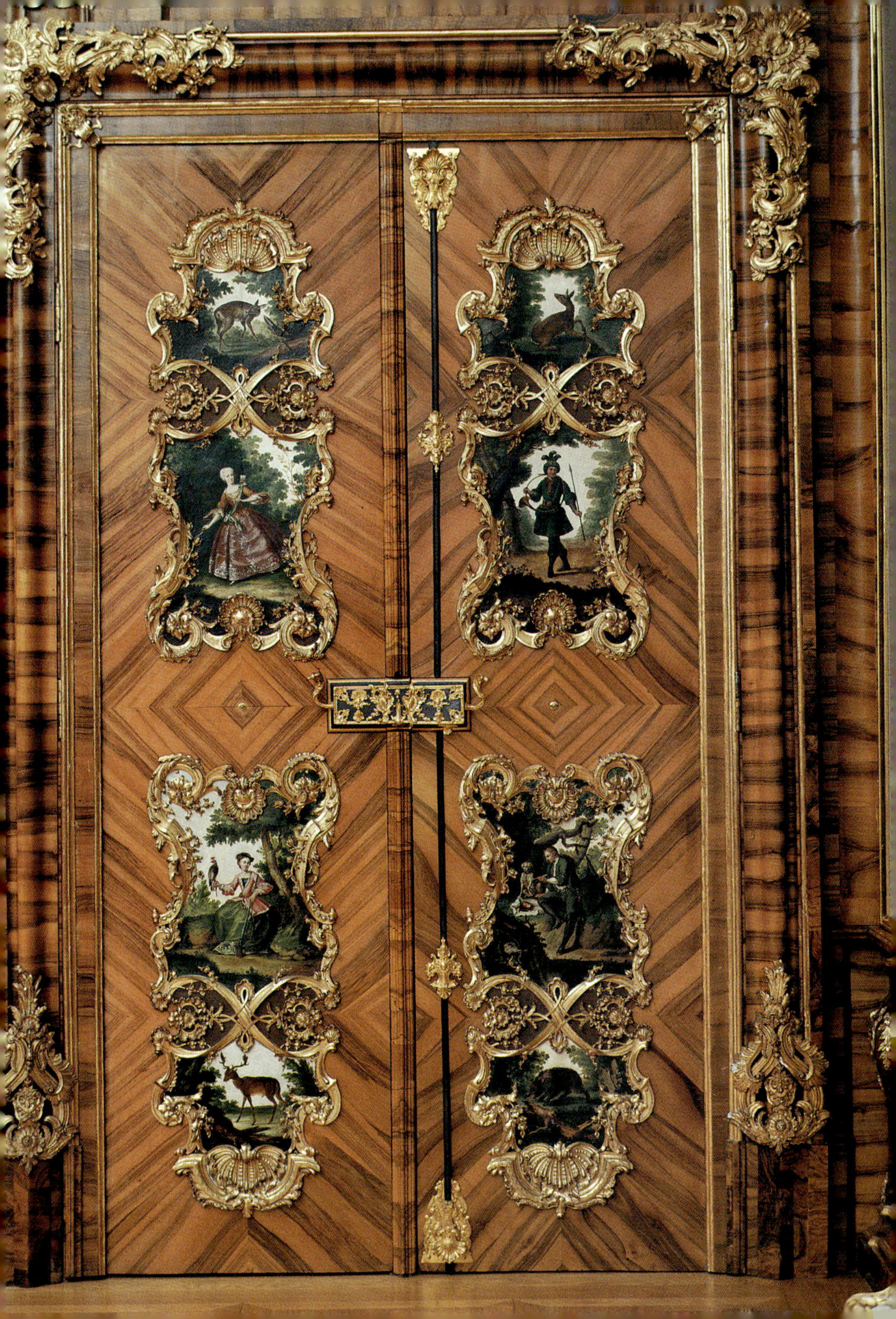

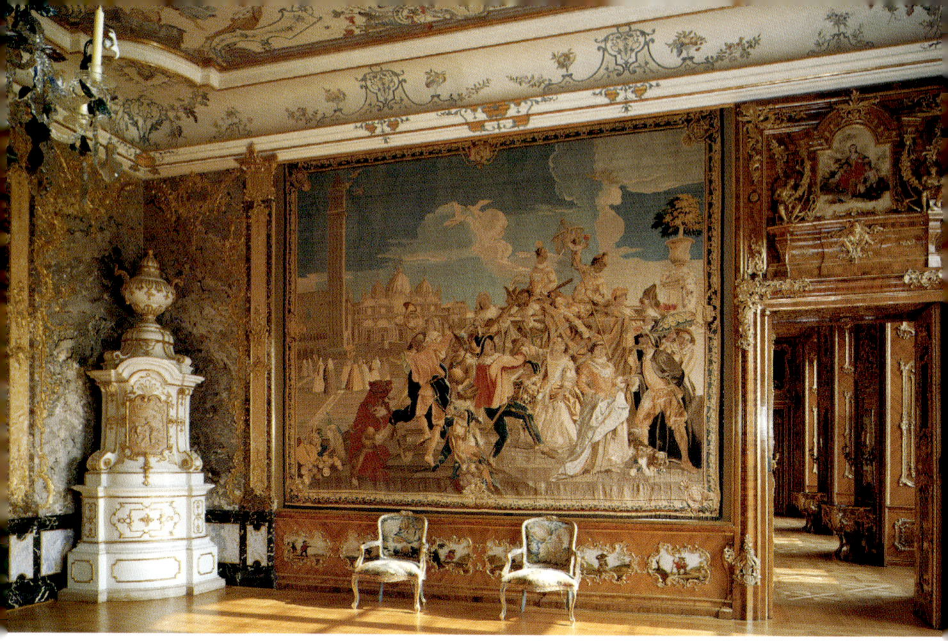

Venezianisches Zimmer in den südlichen Kaiserzimmern (Raum 8)

Stuckaturen, sondern um Malereien in leuchtenden Farben auf poliertem Gipsgrund, die als Hinweise auf die Bestimmung dieses Raumes im 18. Jahrhundert als kaiserliches Schlafzimmer das Thema Schlaf und Nacht paraphrasierten (1945 zerstört und danach erneuert). Die Wandvertäfelungen hingegen sind samt den eingelassenen Tafelbildern ursprünglich. Es handelt sich um helles (»blondes«) Nussbaumholz mit aufgelegten vergoldeten Zierraten aus Zinn nach Modellen von Ferdinand Hund. Offensichtlich sollten diese den Eindruck von vergoldetem schweren Bronzebeschlag erzeugen. In die Vertäfelung sind in kartuschenartigen, geschnitzten Rahmungen Tafelbilder aus Holz von der Hand Johann Thalhofers und Joseph Höglers eingelassen. Dargestellt sind nach Angaben des Bauherrn Fürstbischof Friedrich Carl von Schönborn (»simbola in Figuren, teils Früchte und Blumen, teils Tierstücke«) im Sockel fantastische Tiere und komische Zwerge, in den Fenstergewänden und Türfeldern Figuren im Zeitkostüm. Eine andere ikonographische Bestimmung haben die Gemälde über den Türen und den Pfeilerspiegeln, auf denen Allegorien der Tugenden, gemalt von Georg Anton Urlaub, dargestellt sind. Der blaugraue Stuckmarmor und die vergoldeten Stuckaturen in der Kaminnische teilweise ergänzt. Statt des 1945 zerstörten pyramidenförmigen Kachelofens von dem Würzburger Hofhafner Dominikus Eder aus Wien ein anderer derselben stilistischen Herkunft.

Wirkteppiche: 3 Wirkteppiche der Würzburger Gobelinmanufaktur Andreas Pirot, um 1740/45, mit Szenen aus dem Venezianischen Karneval und der Commedia dell'Arte, nach Kartons von Johann Joseph Scheubel d. Ä.: »Karnevalistischer Umzug auf dem Markusplatz in Venedig« (Eingangswand), »Festtafel in Kiosk« (Rückwand), »Gastmahl im Freien« (Ausgangswand).

Einrichtung: 2 Konsoltische, geschnitzt, braun mit Gold; Würzburg, um 1740 (Werkstatt Georg Adam Guthmann) ■ 4 Armlehnsessel, geschnitzt, blau mit Gold, deutsch um 1741. Alte Bezüge mit Straminstickerei in Gros- und Petitpoint ■ 4 Wandleuchter, zweiarmig, Bronze vergoldet, Würzburg 1742 von Johann Georg Oegg ■ Kristallkronleuchter (restauriert); Würzburg, von Hofglasfabrikant Johann Michael Faller, um 1750.

9 SPIEGELKABINETT DER SÜDLICHEN KAISERZIMMER

Die wandfeste Ausstattung des Spiegelkabinetts, die 1740–1745 als kostbarste der unter Fürstbischof Friedrich Carl von Schönborn (reg. 1729–1746) entstandenden Innendekorationen der Würzburger Residenz verwirklicht worden war, wurde 1945 durch Kriegseinwirkungen völlig zerstört. Auf der Grundlage eines erhaltenen Spiegelfragments, zahlreicher fotografischer Aufnahmen und

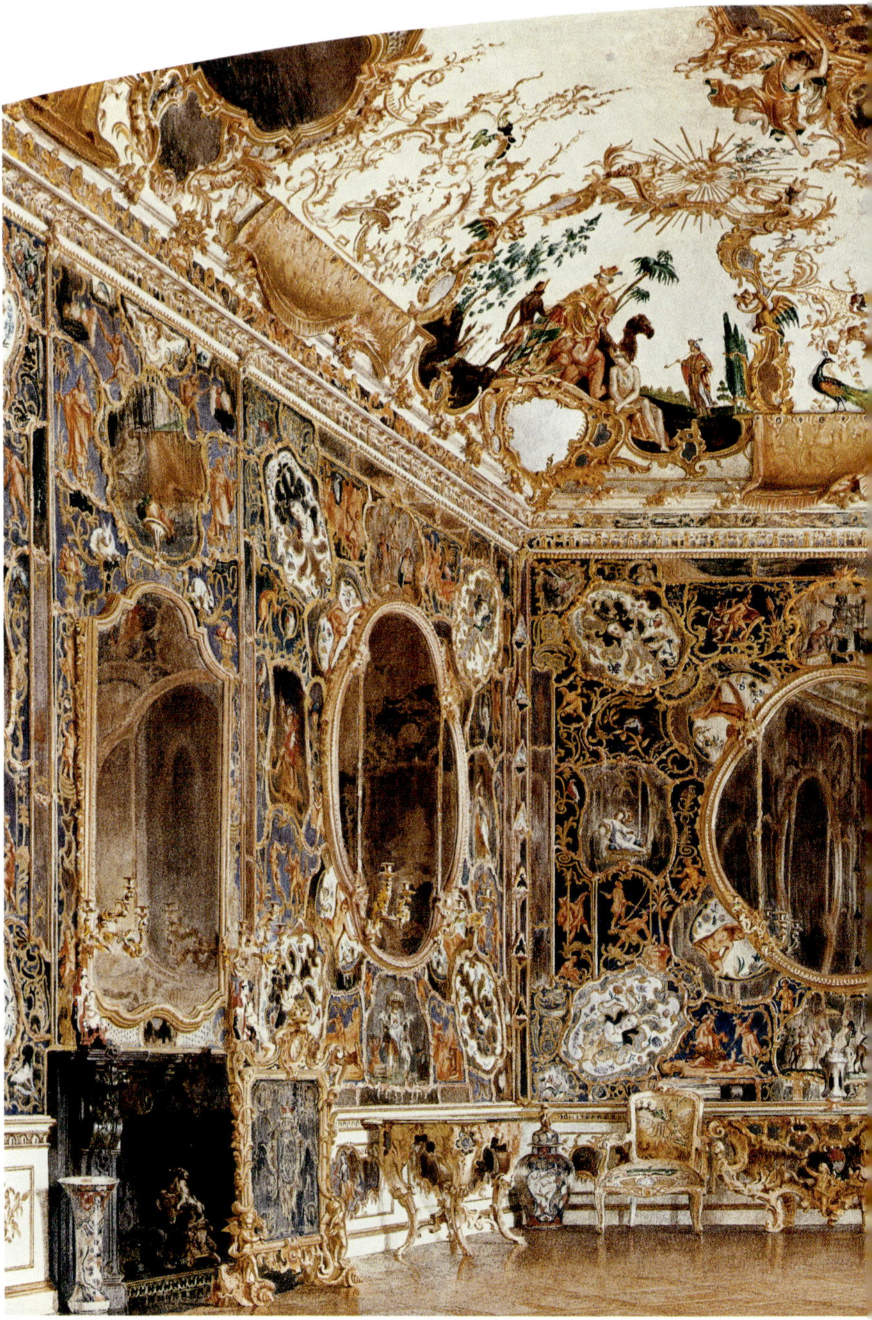

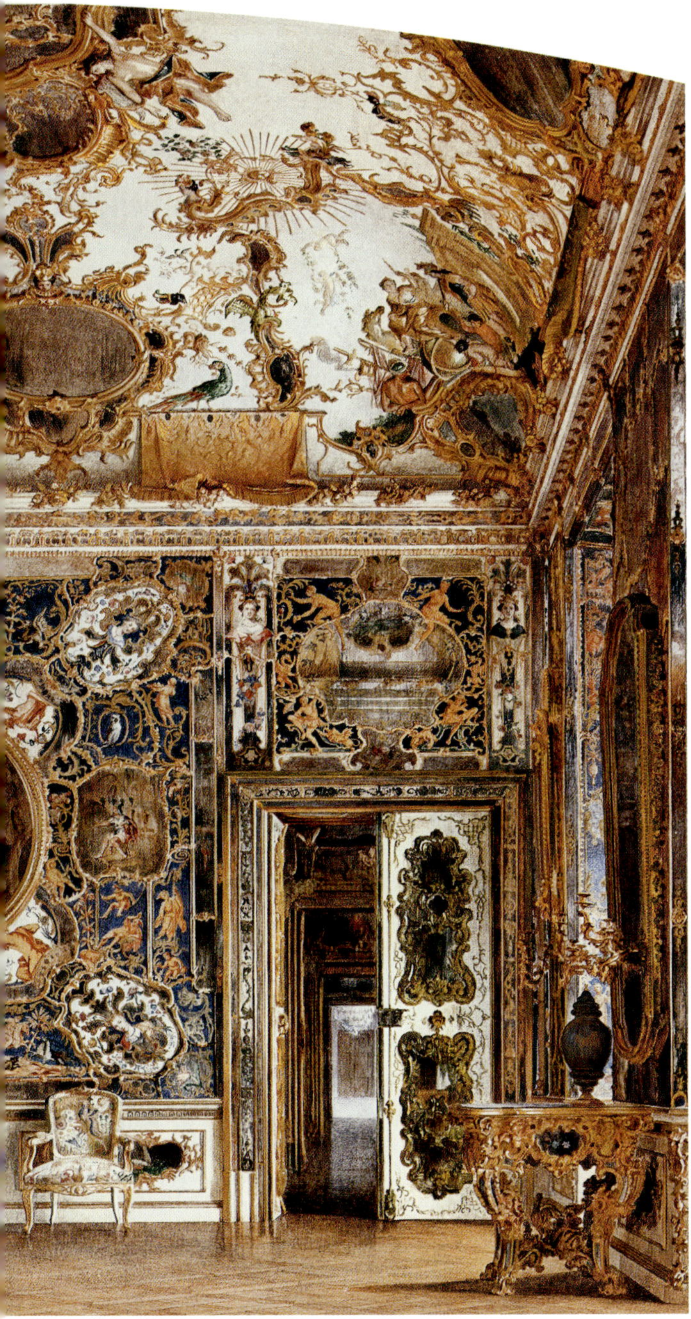

Ansicht des Spiegelkabinetts vor der Zerstörung, Deckfarbenaquarell von Georg Dehn, um 1870

eines Deckfarbenaquarells von Georg Dehn (um 1870/73) konnte jedoch 1979–1987 die gesamte Raumschale in Nachahmung der alten Techniken wieder neu geschaffen werden. Zusammen mit den geretteten Einrichtungsgegenständen ermöglicht es diese Rekonstruktion, die einst überwältigende Wirkung dieses vielleicht selbstständigsten und originellsten Raumkunstwerks des Würzburger Rokoko heute wieder nachempfinden zu können.

Spiegelkabinette sind in zahlreichen deutschen Schlössern des Barock und Rokoko zu finden. Hierbei handelt es sich meist um vertäfelte Räume mit eingelassenen Spiegeln sowie Schnitz- und Stuckarbeiten, vor deren Hintergrund häufig Porzellane aufgestellt wurden. Die Wandverkleidung des Würzburger Spiegelkabinetts bestand dagegen ganz aus Glasplatten, die in einer speziellen Technik der Hinterglasmalerei präpariert waren: Dabei wurden entweder Hinterglasmalereien in den teilweise ausgesparten Spiegelgrund eingefügt oder Zeichnungen in einen rückseitig aufgetragenen Goldgrund eingeritzt und mit dunkler Lackfarbe hinterlegt. Statt wie üblich orientalische Porzellanfiguren vor den Spiegeln aufzustellen, konnte auf diese Weise eine Fülle exotischer Personen- und Szenendarstellungen direkt in die Spiegelebene aufgenommen werden. (Die im Kunsthandel für solche und ähnliche Hinterglastechniken gebräuchliche Bezeichnung »Eglomisé«, abgeleitet vom Namen des 1786 verstorbenen Jean-Baptiste Glomy, erscheint wegen der viel weiter zurückliegenden Ursprünge der Hinterglastechniken und mangels einer klaren Begriffsdefinition unzweckmäßig.)

Fürstbischof Friedrich Carl von Schönborn beschäftigte sich persönlich über Jahre hinweg ausführlich mit allen Einzelheiten der Ausgestaltung des Spiegelkabinetts. Seine Entscheidung für die Hinterglasmalerei ging möglicherweise auf eine Anregung Balthasar Neumanns zu-

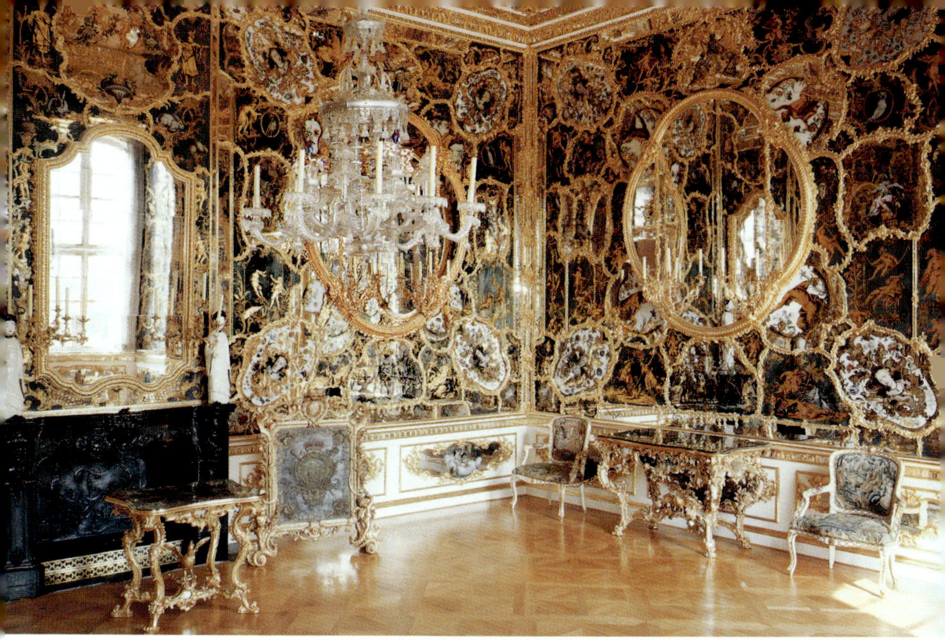

Ansicht des 1979–1987 rekonstruierten Spiegelkabinetts

rück, der diese Maltechnik schon früher für die Füllungen der Lambris in der benachbarten Galerie empfohlen hatte. Das endgültige Konzept für das Spiegelkabinett wurde 1740 bei einer Baubesprechung festgelegt, zu der Friedrich Carl außer Balthasar Neuman auch den Hofbildhauer Johann Wolfgang van der Auvera und den Stuckator Antonio Bossi berief.

Antonio Bossi schuf mit der Stuckierung des Muldengewölbes 1741 eines seiner schönsten Werke. In den Eckfeldern der Wölbung sind die vier Erdteile als allegorische Herrscherinnenfiguren in kleinen Szenen dargestellt, im Zentrum tragen vier Genien einen großen, gekurvten Spiegel empor. Diese figürlichen Motive sind – teilweise in metallisch irisierenden Lüsterfarben – farbig gefasst. Die ansonsten in durchgehender Vergoldung den weißen Wölbgrund mit grazilen Formen ganz überziehenden Stuckzierrate erhalten weitere Farbakzente durch eingesetzte Putten, Köpfe, Blumen, Drachen und

Vögel. Selbst die schweren, vergoldeten und mit kleinen eingelassenen Spiegeln versehenen Behänge, die sich über dem nach unten abschließenden Gesims bauschen, scheinen von der lockeren Bewegtheit der gesamten Ornamentik erfasst zu sein.

Das Konzept für die figürlichen Darstellungen und den ornamentalen Dekor der Spiegelwände lieferte der vielseitige Hofbildhauer und Zeichner Johann Wolfgang van der Auvera, von dem auch der Entwurf der reich geschnitzten Tische mit bemalten Glasplatten stammt. Ausgeführt wurden die Hinterglasmalereien 1741–1744 von den Byss-Schülern Johann Thalhofer und Anton Joseph Högler sowie von Georg Anton Urlaub unter Mithilfe seines Vaters Georg Sebastian Urlaub und seines Bruders Georg Christian Urlaub (Ausführung der Rekonstruktion: Wolfgang Lenz). Außer dem schwarzen Marmorkamin und den weißen, ebenfalls mit eingelassenen Spiegelfeldern versehenen Lambris und Türflügeln (die beiden Flügel der nördlichen Türen noch original), bestehen die Wände ganz aus großenteils unregelmäßig gekurvten Spiegel- und Glasplatten, deren Fugen durch ornamentierte und vergoldete Stuckstege geschlossen sind.

Der verwirrenden Wirkung des ersten Eindrucks, nämlich der scheinbaren

Armlehnsessel mit gesticktem Bezug, um 1741 (Raum 9)

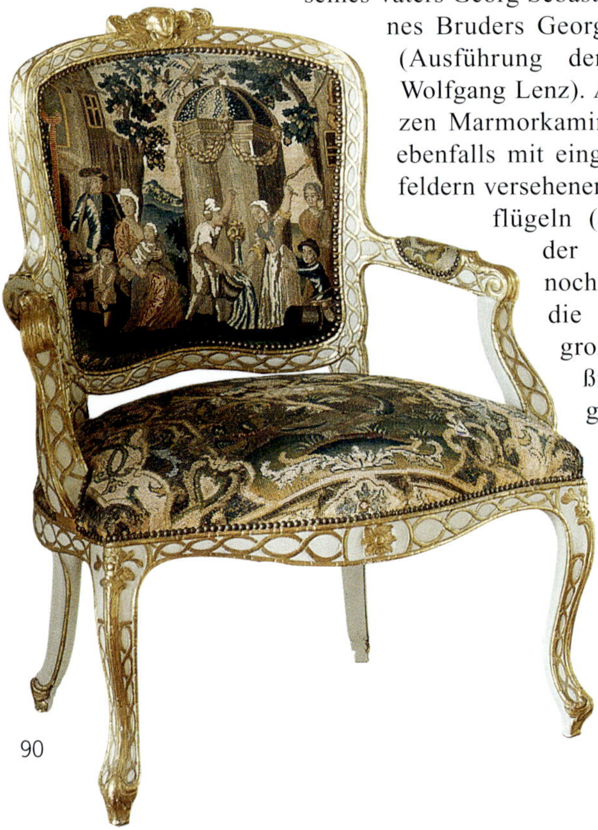

Aufhebung der realen Raumgrenzen durch den Vervielfältigungseffekt der sich gegenseitig reflektierenden Spiegelwände, kann sich wohl kaum ein Betrachter entziehen. Erst langsam beginnen sich die symmetrische Anordnung und die farbliche Abstufung der einzelnen Glasflächen als die wesentlichen Gliederungselemente der Wandgestaltung herauszuschälen. Abgesehen von den unbemalten Spiegeln lässt sich bei den Hinterglasmalereien grob ein Kanon von vier Muster/Grund-Farbkombinationen unterscheiden: Gold auf Weiß, Mehrfarbig auf Weiß, Mehrfarbig auf Spiegelgrund und Gold auf Blau.
Die vier hochoval-geschweiften, dreiteiligen Spiegel links und rechts des Kamins und an den Seitenwänden sind die größten leeren Spiegelflächen. Etwas kleinere Paare ebenfalls unbemalter Spiegel sitzen über dem Kamin und am gegenüberliegenden Fensterpfeiler sowie in den (ungleich breiten) Reststücken der Wand zu Seiten der Fenster. In diagonaler Anordnung zu den großen dreiteiligen Wandspiegeln befinden sich im Anschluss an deren Rahmen auf weißem Malgrund je vier goldene Atlantenfiguren, weiter außen je vier blumenumkränzte Ornamentfelder mit Frauenbüsten in farbiger Fassung. Eine weitere Gruppe bilden die kreuzförmig um die Mittelspiegel angeordneten Darstellungen von Chinesen, die mehrfarbig auf farblosem Spiegelgrund erscheinen: unten jeweils vornehme, meist von ihren Dienern getragene Chinesen mit Gefolgschaft, oben je ein Chinese und eine Chinesin zu Seiten eines Idols bzw. einen Götzen verehrend, links und rechts jeden Mittelspiegels ein durch diesen voneinander getrennt sitzendes, vornehmes chinesisches Paar. Die restlichen Glasplatten haben einen (ursprünglich eher noch leuchtender) lapislazuliblauen Fond, in den vorwiegend goldfarbene exotische Jagdszenen, Gaukler, Akrobaten und Musikanten eingesetzt sind, stellenweise auch bunte Vögel oder Früchte. Die gemalten goldenen Pflanzen und Ranken der blaugrundigen

Gläser gehen mit den die Fugen verdeckenden Stuckstegen eine geradezu augentäuschende Verbindung ein. Im Zusammenspiel beider Elemente erscheinen die Wände als Ganzes überzogen von einem feinen Gespinst aus goldenem Rankenwerk, das die einzelnen Szenen zugleich rahmt und miteinander verflicht.
Die Gewände der beiden Fensternischen zeigen Darstellungen männlicher und weiblicher Sänger, Tänzer und Musiker. Die Lambrisspiegel der Fensterseite tragen acht Szenen mit Tieren, die wahrscheinlich als Tugend- und Lasterdarstellungen zu deuten sind, dazu am Fensterpfeiler eine chinesische Teegesellschaft. In den mittleren Lambrisspiegeln der Seitenwände erscheinen Wappen und Initialen des Bauherrn, Friedrich Carl von Schönborn, jeweils flankiert von zwei Jahreszeitenallegorien. Die Lambrisspiegel der Kaminwand geben Allegorien der vier Elemente wieder.
Das schlichte Tafelparkett des Fußbodens wurde in der alten Form erneuert, ebenso der schwarze Marmorkamin mit dem Schönbornwappen. Die darin eingesetzten eisernen Kaminplatten, deren geschmiedetes Rankenwerk ebenfalls Friedrich Carls Initialen enthält, sind jedoch noch original.

Einrichtung: Konsoltische, geschnitzt und vergoldet, mit eingelassenen Spiegelstücken und Glasplatten mit Hinterglasmalerei. Entwurf und Gestelle von Johann Wolfgang van der Auvera, Würzburg, um 1745. ■ Spieltisch, geschnitzt, vergoldet, Glasplatte mit Hinterglasmalerei. Entwurf und Gestell von Johann Wolfgang van der Auvera, Würzburg, um 1745. ■ Kaminschirm mit eleganter, vergoldeter Schnitzerei in Régence- und frühen Rokokoformen, Würzburg, um 1736, von Ferdinand Hund (wohl aus der zweiten Bischofswohnung im Südflügel). Auf dem Blatt die Initialen FC des Bauherrn Friedrich Carl von Schönborn mit dem Herzogshut in Gold- und Seidenstickerei (auf der Rückseite ursprünglich eine Vase mit Blumen in Savonnerietechnik). ■ 4 Armlehnsessel, geschnitzt, weiß mit Gold, deutsch um 1741. Alte Bezüge mit Straminstickerei in Gros- und Petit-point. ■ 2 ostasiatische Porzellanpuppen, Anfang 18. Jh. ■ 14 Wandleuchter (4 dreiarmig, 8 und 2 zweiarmig), Bronze vergoldet. Die erhaltenen und restaurierten Originale von Johann Georg Oegg, Würzburg, um 1745, werden komplettiert durch 4 Kopien. ■ Kronleuchter aus milchig-weißem Glas mit farbigen Glasblumen, Venedig, vor 1756 (restauriert und ergänzt).

10 GALERIE DER SÜDLICHEN KAISERZIMMER

Im Südosteck der Gartenfront befand sich schon im ursprünglichen Bauzustand eine Galerie von fünf Fensterachsen, die 1740–1744 unter Balthasar Neumann prachtvoll mit Stuckmarmor verkleidet worden war und eingelassene Bilder in vergoldeten Stuckrahmen aufwies. Anfang des 19. Jahrhunderts ließ Großherzog Ferdinand III. von Toskana, der 1806–1814 als Großherzog von Würzburg regierte, die Galerie dann in drei Räume aufteilen (Arbeitszimmer, Vorzimmer, Boudoir) und zugleich mit den übrigen Toskanaräumen ganz neu in Empireformen ausstatten (vgl. Dokumentation in Raum 11 und 12). Da die wandfeste Ausstattung der Toskanaräume jedoch 1945 durch Kriegseinwirkungen gänzlich verloren ging, soll die Gestaltung der derzeitigen, nur im Grundriss rekonstruierten und mit Eichenholz vertäfelten Galerie wieder an die im 18. Jahrhundert geschaffene Raumfolge anknüpfen.

An der Decke drei eingelassene Ölgemälde von Antonio Belucci (um 1715) mit allegorischen Darstellungen: »Jagd nach dem Glück« (Mitte), an den Seiten »Allegorien des jugendlichen und erfolgreichen Herrschers«. Auch die Supraporten gehören nicht zur ursprünglichen Ausstattung der Residenz. Die Gemälde und die geschnitzten vergoldeten Rokokorahmen sind fränkische

Arbeiten aus der Mitte des 18. Jahrhunderts. Dargestellt sind altrömische Historien (virtutes romanae): »Die Horatier besiegen die Curatier« (Eingangswand), »Horatius bittet für seinen zum Tode verurteilten Sohn« (Rückwand links), »Gaius Mucius Scaevola verbrennt seine eigene rechte Hand« (Mitte) und »Lucretia ersticht sich selbst« (rechts).

Wirkteppiche: 3 Brüsseler Gobelins der Manufaktur Jan Frans van den Hecke, um 1680, mit Monatsdarstellungen: »März und April« (Eingangswand), »Juli und August« und »September und Oktober« (Rückwand).

Gemälde: Bildnisse der acht Würzburger Fürstbischöfe seit der Erbauung der Residenz (Fensterpfeiler von links nach rechts und von oben nach unten): Johann Philipp Franz von Schönborn (1719–1724), der erste Bauherr der Residenz; Christoph Franz von Hutten (1724–1729); Friedrich Carl von Schönborn (1729–1746), der zweite Bauherr der Residenz; Anselm Franz von Ingelheim (1746–1749); Carl Philipp von Greiffenklau (1749–1754), der Auftraggeber Tiepolos; Adam Friedrich von Seinsheim (1755–1779), der Vollender des Innenausbaus und des Hofgartens; Franz Ludwig von Erthal (1779–1795) und Georg Carl von Fechenbach, der letzte Fürstbischof (1795–1802, dann Bischof bis 1808).

Einrichtung: 5 Konsoltische geschnitzt, braun mit Gold, die reicher geschnitzten von Georg Adam Guthmann, die einfacheren aus seiner Werkstatt um 1735–1740 ■ 8 Armlehnsessel von Georges Jacob, Paris 1781/82 (ursprünglich aus Schloss Karlsberg), geschnitzt, vergoldet, mit erneuerten Bezügen ■ Schreibschrank, Abraham Roentgen um 1770. Ahorn auf Eiche furniert, Einlagen (z. T. gefärbt) in Buchs, Birke, Amaranth, Patuk ■ Drei erneuerte Kristalllüster ■ Spiegel, geschnitzt, vergoldet; Fränkisch, um 1760 (wohl von Johann Jakob Berg, Eichstätt).

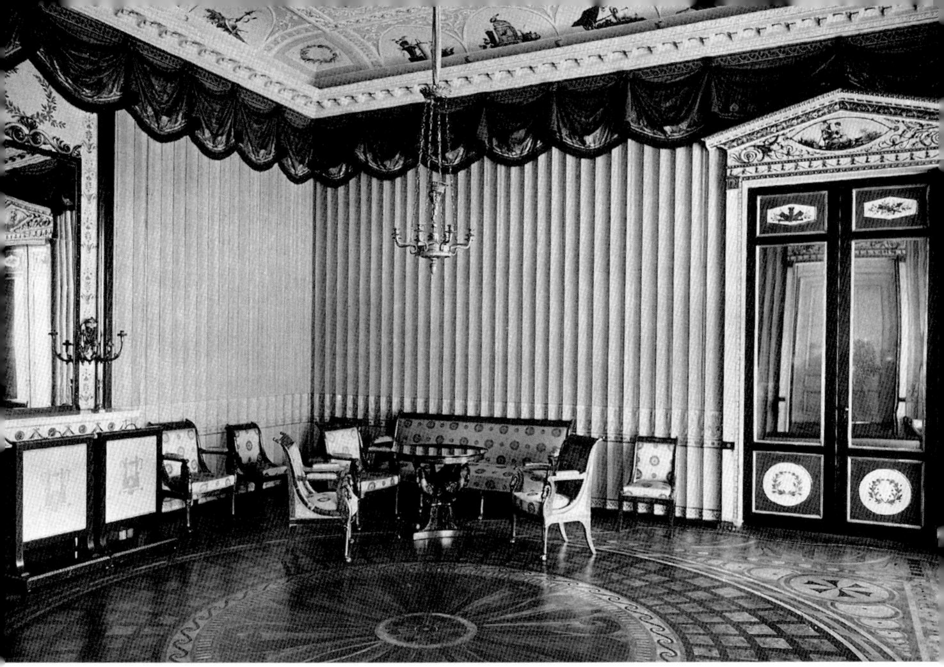

Das ehemalige Boudoir der zerstörten Toskanazimmer

11 UND 12 DIENERSCHAFTSZIMMER

In diesen Räumen, durch die seit der Wiedereröffnung des Spiegelkabinetts im Oktober 1987 der Rundgang wieder zurück zum Weißen Saal führt, wird gegenwärtig eine Dokumentation zu den 1945 zerstörten Appartements des Großherzogs Ferdinand III. von Toskana gezeigt. Der Habsburger Ferdinand III. (geb. 1769, gest. 1824), ein Enkel Maria Theresias und Bruder des deutschen Kaisers Franz II., war von französischen Truppen aus der Toskana verdrängt worden und erhielt ersatzweise zunächst Salzburg, 1805 im Frieden von Pressburg dann das säkularisierte Hochstift Würzburg als Herrschaftsgebiet zugesprochen. Am 1. Mai 1806 traf er als Großherzog von Würzburg in der Residenz ein. Acht Jahre regierte er hier unter übermächtigem französischen Einfluss, bevor er 1814 in sein angestammtes Großherzogtum nach Florenz zurückkehren konnte.

Ferdinand III. von Toskana, der als Witwer mit noch unmündigen Kindern nach Würzburg kam, ließ in der Residenz drei Appartements in modernen Empireformen für sich selbst, seine erwartete zweite Gemahlin und seine beiden Töchter einrichten. Aus Sparsamkeitsgründen sollte der beauftragte Innenarchitekt, Nicolas-Alexandre Salins de Montfort, die vorhandenen Grundrisse dreier Raumfolgen im Hauptgeschoss weitgehend übernehmen und nur deren Ausstattung neu entwerfen.

Die für den Großherzog vorgesehene Zimmerflucht (Appartement I) entstand im Ehrenhof- und Stadtflügel des Südblocks. Dort verdrängte sie die damals »altmodisch« erscheinende, vielleicht auch schon sehr abgewohnte barocke Ausstattung der so genannten zweiten Bischofswohnung, die Friedrich Carl von Schönborn 1737 bezogen hatte. Die der zukünftigen Großherzogin zugedachte Raumflucht im Hofgartenflügel des Südblocks (Appartement II) begann im südlichen Oval direkt neben der Hofkirche und reichte – mit den drei neuen Räumen anstelle der damals zerteilten Galerie im Südosteck – bis ans Spiegelkabinett heran. Diese Zimmerflucht war als erste fertig gestellt und wurde, da Ferdinand sich erst nach seiner Rückkehr in die Toskana wieder vermählte, zunächst vom Großherzog selbst bewohnt. Eine dritte, bescheidene Raumfolge (Appartement III) wurde im Ehrenhofflügel des Nordblocks als Wohnung der beiden jungen Töchter Ferdinands eingerichtet.

Die Ausstattung der Toskanaräume im Zeitstil des Empire erfolgte nach Entwürfen des in Frankreich geschulten Innenarchitekten Nicolas-Alexandre Salins de Montfort (1753–1839). Dessen engster Mitarbeiter war der Frankfurter Tapezierer Ludwig Daniel Philipp Rumpf (1762–1845), ein Spezialist für Möbelherstellung und textile Raumausstattung. Möbelgarnituren wurden außerdem von dem Schreinermeister Johann Valentin Raab (1777–1839) und der Werkstatt des kurz zuvor verstorbenen Philipp Carl Hildebrand (1753–1805), beide in Frankfurt, angefertigt. Bronzearbeiten und Uhren wurden größtenteils aus Paris bezogen, Glaslüster aus Dresden. Sämtliche wandfesten Ausstattungen der Toskanazimmer fielen dem Residenzbrand nach der Bombardierung Würzburgs 1945 zum Opfer. Nur die Groteskenmalereien des Musik- oder Speisesaals im Südoval konnten bis 1965 restauriert und ergänzt werden (heutiger »Toskanasaal« im Universitätsbereich). Die übrigen Räume gingen auf im Martin von Wagner Museum und der Graphischen Sammlung der Universität Würzburg, in der im Grundriss wiederhergestellten Galerie (Raum 10) sowie im »Charlottengang« (Raum 40) und seinen Anräumen. Ein Teil der beweglichen Ausstattung – in erster Linie Sitzgarnituren – konnte jedoch gerettet werden. Mit der hier ausgestellten kleinen Auswahl an Möbeln und Fotografien soll an die Toskanaräume und deren Ausstattung als eine der bedeutendsten Empireeinrichtungen erinnert werden.

Gemälde: Großherzog Ferdinand III. von Toskana, deutsch, um 1810.

13 GANG

In diesem Gang wird eine Dokumentation zur Rekonstruktion des Spiegelkabinetts gezeigt, die unter anderem das einzige erhaltene Originalfragment der ursprünglichen Wandverkleidung enthält (1944 bei einem gescheiterten Ausbauversuch ausgebrochen).

13a DURCHGANGSZIMMER

*Gemälde**: »Feuer«, »Erde«, »Luft« und »Wasser« von Johann Rudolf Byss.

* Leihgaben der Bayerischen Staatsgemäldesammlungen, München

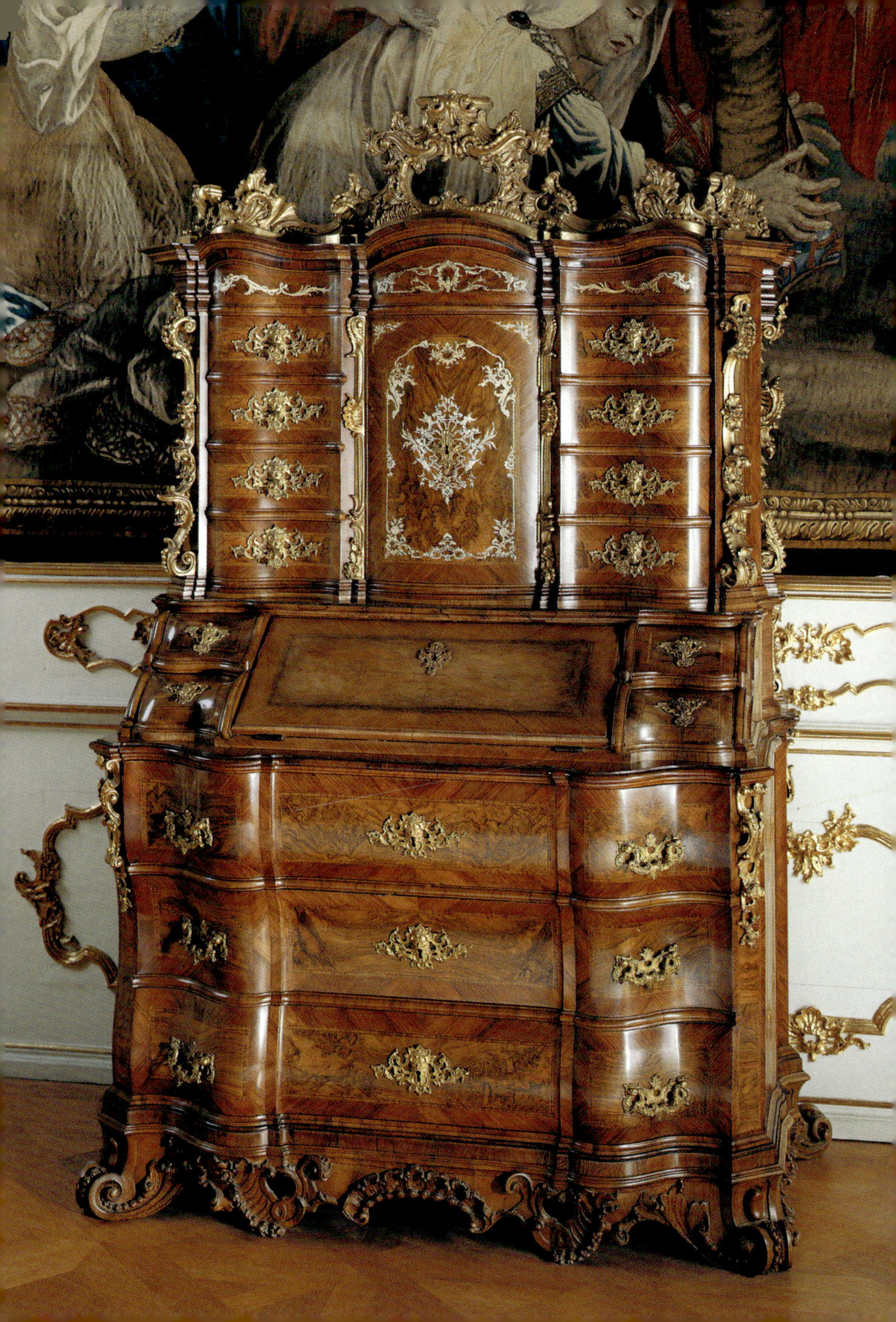

Nördliche Kaiserzimmer

RÄUME 14 BIS 21

Schreibschrank von K. M. Mattern und G. A. Guthmann, um 1745 (Raum 15)

Die nördlichen Kaiserzimmer wurden wie die südlichen unter Fürstbischof Friedrich Carl von Schönborn (1729–1746) ausgestattet, jedoch begann man zwei Jahre später (erst 1743), beschleunigte aber dann die Arbeiten, damit Kaiser Franz I. zur Wahl 1745 in Frankfurt wenigstens einen Teil der zunächst mehr behelfsmäßig und in vereinfachter Form eingerichteten Räume bewohnen konnte. Ihren endgültigen Charakter als prunkvolle Paradezimmer, ebenbürtig den südlichen Kaiserzimmern, erhielten die ersten vier Räume allerdings erst, als man unter Fürstbischof Carl Philipp von Greiffenklau (1749–1754) die Dekorationen wesentlich bereicherte und vor allem die Wandstuckaturen vergoldete. Doch unterschieden sich die nördlichen Kaiserzimmer nichtsdestoweniger auch dann noch erheblich von den südlichen, da die Würzburger Ausstattungskünstler inzwischen die Wendung von den wienerischen Régencedekorationen zum Würzburger Rokoko vollzogen hatten. So ersetzte man die ursprünglich auch in den nördlichen Kaiserzimmern vorgesehenen holzbraunen Vertäfelungen mit reichen Schnitzereien und Vergoldungen allenthalben durch Stuckaturen. Die Skala der Farben ist in den nördlichen Kaiserzimmern entsprechend dem Stilfortschritt erheblich aufgelichtet; nicht mehr der sonore Akkord Braun mit Gold bestimmt die farbige Gesamterscheinung, sondern lichte und hellrote Töne und vor allem der Klang Weiß und Gold. In den alten Inventaren heißen diese Räume denn auch »Weiße Zimmer«. Auf dem Hintergrund dieser zarten und leichten Rokokodekorationen wirkt die pathetische Figurenwelt der aus der ers-

ten Konzeption gebliebenen hochbarocken Gobelins einigermaßen unzeitgemäß und mit einer geradezu bedrohlichen Aggressivität. Schließlich verzichtete man auch noch auf das als Gegenstück zum Spiegelkabinett der südlichen Kaiserzimmer im Appartement der Kaiserin geplante »Große Cabinett«, für das silberne Dekorationen auf blauem Grund geplant waren. Die weiter nach Norden hin bis zum Rennweg folgenden »Ordinari« Gastzimmer, in denen u. a. 1750–1753 Tiepolo und dessen Söhne wohnten, wurden ohnehin erst nach dem Siebenjährigen Kriege unter Fürstbischof Adam Friedrich von Seinsheim (1755–1779) in den Übergangsformen vom späten Rokoko zum Klassizismus ausgestattet, der letzte Raum überhaupt erst 1772, ohne dass sich die Stilformen wesentlich unterscheiden.
Bei der Wiederinstandsetzung mussten nur die Stuckaturen der Deckenspiegel erneuert werden, die Stuckaturen der Hohlkehlen, der Wände sowie der Supraporten- und Spiegelumrahmungen sind zum größten Teil original, ebenso die Supraportengemälde.

14 VORZIMMER DER NÖRDLICHEN KAISERZIMMER

Nur die rein weißen Deckenstuckaturen Antonio Bossis von 1742 sind erneuert. In den Ecken Kartuschen mit Reliefs: Allegorien der vier Elemente Feuer, Wasser, Luft und Erde. Drei Jahre später fügte A. Bossi in den hitzig lodernden Formen seines Spätstils die prachtvollen (teilweise ergänzten) Stuckaturen am Fenster- und Kaminspiegel und an den Supraporten hinzu. Am Kaminspiegel: Venus und Endymion. Statt des 1945 verbrannten ursprünglichen Deckenbildes von A. C. Lünenschloß »Erbauung des Würzburger Domes« aus dem Jahre 1741 ist in den Deckenspiegel ein Ölgemälde des Antonio Belucci von 1715 »Parisurteil auf dem Berge Ida mit Romulus und

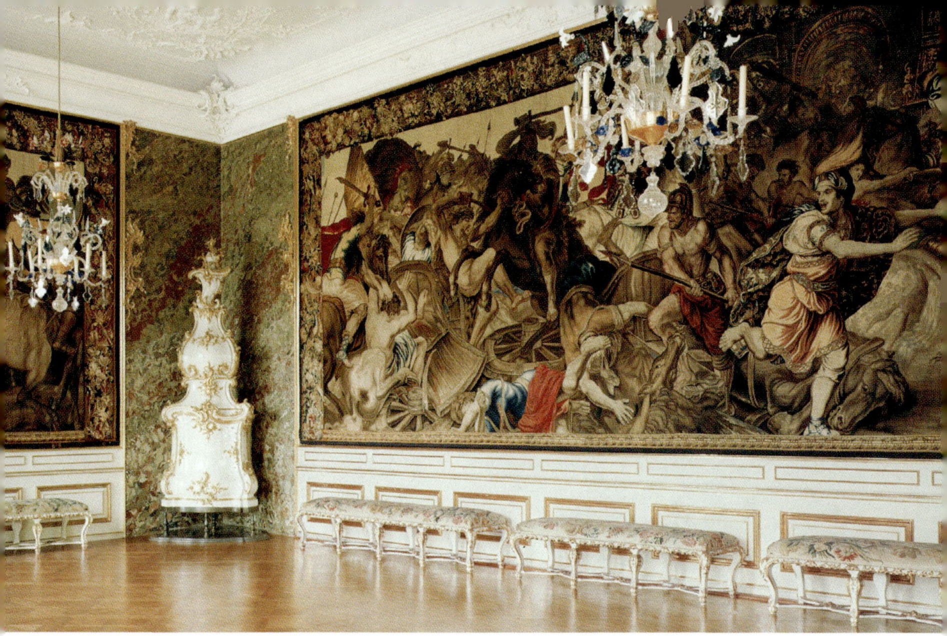

Vorzimmer der nördlichen Kaiserzimmer mit einem Wirkteppich von G. Peemans, um 1700

Remus« eingelassen. Gemälde und Umrahmungen der Supraporten sind die ursprünglichen: (Eingangswand) »Gesellschaftsstück«, wahrscheinlich von Jan Cossiers; (Ausgangswand) »Mars und Venus«, Flämisch, 17. Jahrhundert. Statt des 1945 zerstörten prachtvollen Fayenceofens des Würzburger Hofhafners Dominicus Eder aus Wien von 1735, ein Wiener Rokokoofen, weiß mit Gold, um 1760. Blauschwarzer Marmorkamin mit vergoldeter Kartusche und Schönbornwappen.

Wirkteppiche: 3 Brüsseler Wirkteppiche der Alexanderfolge mit Wappen des Fürstbischofs Johann Philipp von Greiffenklau (1699–1719) von Geraert Peemans, um 1700: »Alexanders Sieg über König Poros von Indien (Teil b): Gefangenenzug« (Eingangswand), »Schlacht bei Arbela/Darius flieht vor Alexander« (Rückwand), »Alexanders Sieg über König Poros von Indien (Teil d): Gefolge Alexanders« (Ausgangswand, vgl. Raum 7 und 15).

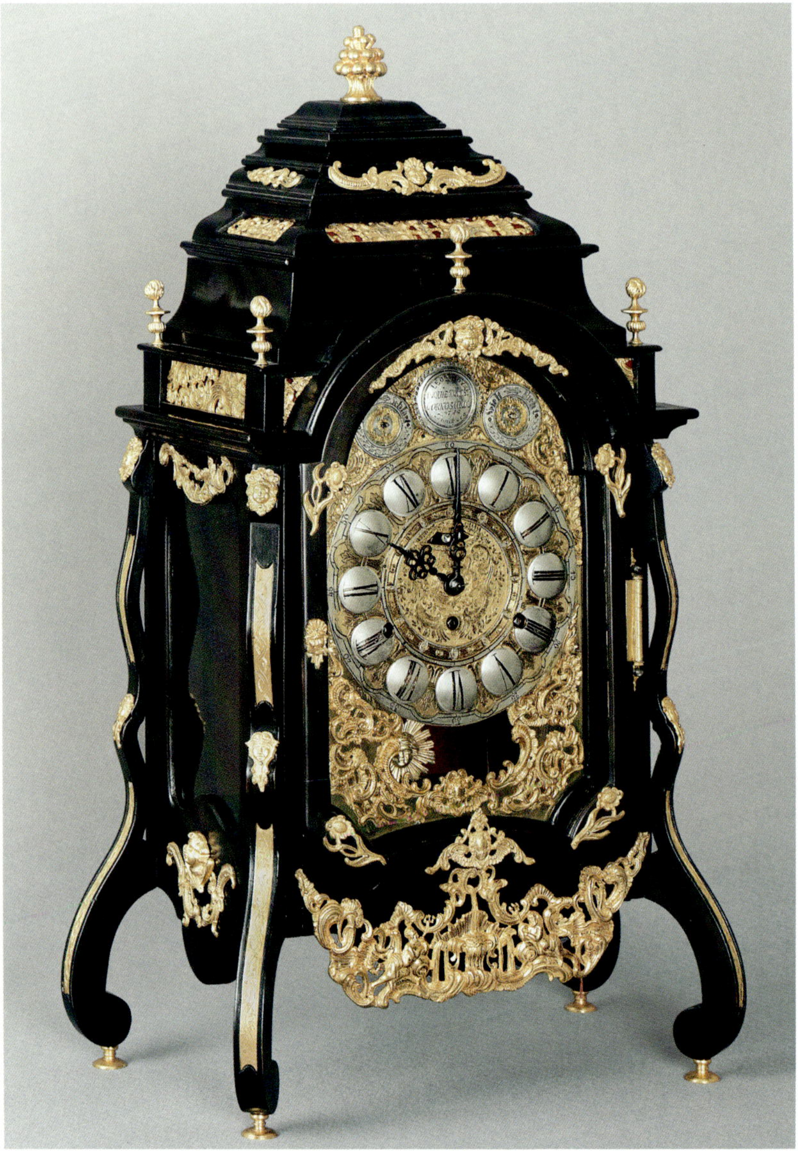

Einrichtung: 2 Konsoltische, geschnitzt, vergoldet, Würzburg um 1745–1750 (vielleicht von Ferdinand Hund) ■ 5 Banketts (4+1), geschnitzt, weiß mit Gold, von Andreas Michael Dietrich. Die bemerkenswerten Gobelinbezüge (Blumen und Rocaillen auf weißem Fond) aus der Würzburger Gobelinmanufaktur Pirot, um 1752 ■ Deckelvase, achteckig, mit Fo-Hund, Japan 18. Jh. ■ Riesenvase, blauweiß, Delft 17. Jh. ■ 6 Wandleuchter, zweiarmig, Bronze vergoldet, Würzburg um 1745, von Hofschlosser Johann Georg Oegg ■ 2 Kopien der beiden zerstörten Kristallglaslüster mit farbigen Prismen von dem Würzburger Hofglasfabrikanten Johann Michael Faller (um 1760).

Prunkuhr von L. Hoys, Bamberg 1750 (Raum 15)

15 AUDIENZZIMMER DER NÖRDLICHEN KAISERZIMMER

Nur die weißen Stuckaturen Antonio Bossis von 1742 an der Decke sind erneuert. Die vergoldeten Stuckaturen von 1745 in der Hohlkehle, am Pfeilerspiegel sowie an den Supraporten und Fensternischen hingegen sind original. Am Pfeilerspiegel Embleme, weiß polierte Figuren und das Wappen der Schönborn. In die prachtvoll lodernden Rocaillen Bossis sind Spiegel eingesetzt. Weiß gefasste Holzvertäfelungen mit vergoldeten Schnitzereien. Vor dieser lichten und zarten Innendekoration kommt die dunkle pathetische Figurenwelt der hochbarocken Gobelins zu bedeutender, wenn auch einigermaßen aggressiver Wirkung. Statt des 1945 verbrannten Deckenbildes »Überwindung der aufständischen Bauern durch den Würzburger Fürstbischof 1525« des A. C. Lünenschloß von 1739 ist ein Ölgemälde des Antonio Belucci von 1715 »Allegorie des fürstlichen Mäzenatentums« (Befreiung Merkurs durch Kunst und Wissenschaft) eingelassen. In den Supraporten die ursprünglichen Gemälde: (Eingangswand) »Moses als Kind tritt Pharaos Krone mit den Füßen«, (Ausgangswand) »Susanna und die Alten«, beide von G. A. Pellegrini. Statt des 1945 zerstörten prachtvollen Fayenceofens des

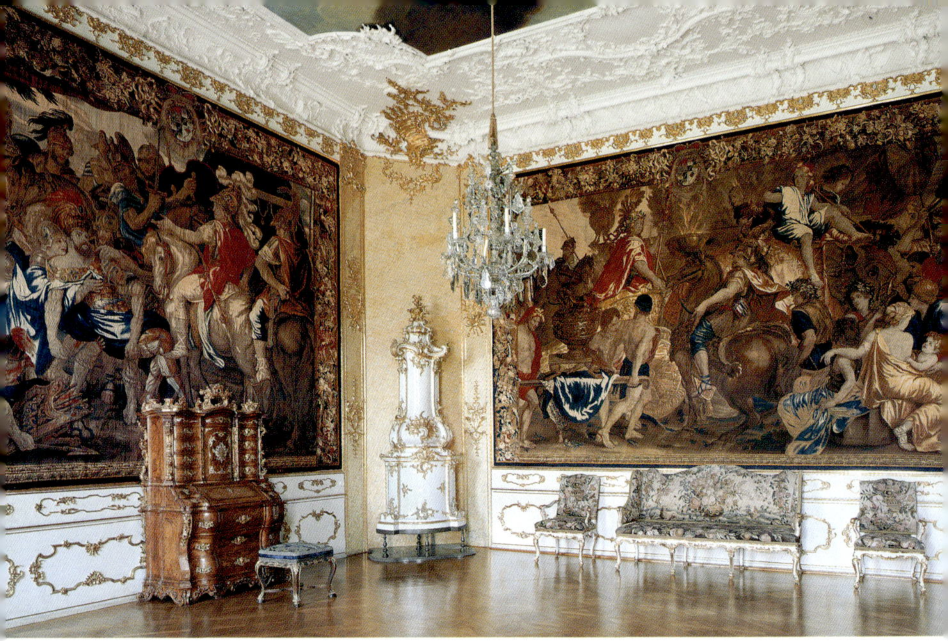

Audienzzimmer der nördlichen Kaiserzimmer (Raum 15)

Würzburger Hofhafners Dominikus Eder aus Wien von 1735 jetzt ein Wiener Rokokoofen, weiß mit Gold; um 1760.

Wirkteppiche: 3 Brüsseler Wirkteppiche der Alexanderfolge mit Wappen des Würzburger Fürstbischofs Johann Philipp von Greiffenklau (1699–1719) von Geraert Peemans, um 1700: »Alexanders Sieg über König Poros von Indien (Teil c): der verwundete Poros vor Alexander« (Eingangswand, vgl. Raum 7 und 14), »Triumphzug Alexanders in Babylon« (Rückwand), »Alexanders Großmut gegen die Familie des Darius« (Ausgangswand).

Einrichtung: 2 unterschiedliche Konsoltische, geschnitzt, weiß mit Gold, Würzburg um 1750, von Hofbildhauer Andreas Dietrich ▪ Schreibschrank, eingelegt (Nussbaummaser, Elfenbein, Palisander, Zinn) und geschnitzt. Hauptwerk des Würzburger Kunstschreiners Karl Maximilian Mattern, die vergoldeten Schnitzereien wahrscheinlich von Georg Adam Guthmann;

Würzburg um 1745 ■ Garnitur Sitzmöbel (1 Kanapee, 2 Armlehnsessel, 2 Polsterstühle), weiß mit Gold, geschnitzt, Würzburg 1752, von Hofbildhauer Andreas Dietrich. Bemerkenswerte alte Straßburger Gobelinbezüge mit Blumenmustern auf weißem Grund ■ Tabourett mit altem Gobelinbezug, um 1720 ■ Standuhr, Würzburg um 1750/60, Zifferblatt bez.: »Langschwert Wirtzburg« ■ Stockuhr mit Spielwerk (6 Melodien auf 9 Glocken), von Leopold Hoys, bez.: »LEOP. HOYS 1750 Bamberg« ■ 2 Wandleuchter, zweiarmig, Bronze vergoldet, Würzburg um 1745, von Johann Georg Oegg ■ Kristallkronleuchter, Wien um 1750.

16 ROTES KABINETT DER NÖRDLICHEN KAISERZIMMER

An dieser Stelle im Appartement der Kaiserin war ursprünglich (als Gegenstück zum Spiegelkabinett der südlichen Kaiserzimmer) ein »Großes Cabinett« mit silbernen Dekorationen auf blauem Grund geplant. Aus der ersten Planungsphase stammen die außerordentlich fantasievollen und zarten (z. T. jedoch erneuerten) Stuckaturen Antonio Bossis. Zu den Emblemen der Musik, Kriegskunst, Literatur und der bildenden Kunst treten als naturalistische Motive Nadelbäume, ferner Märchenvögel und Büsten. Bewegter sind die vergoldeten Stuckrahmungen der Pfeilerspiegel und Supraporten. Die vergoldeten Schnitzereien der weiß gefassten Türen und Lambris hingegen sind im Gegensatz dazu von auffallender Schlichtheit. Supraportengemälde der ursprünglichen Ausstattung: (Eingangswand) »Moses im Binsenkörbchen« von Sebastiano Mazzoni, Venedig, um 1650–1660; (Ausgangswand) »Mann mit Kleinodien«, Italienisch (Caravaggio-Schule). Kamin aus achatfarbenem Marmor mit Schönbornwappen, die eiserne Kaminplatte von 1680 stammt aus der Festung Marienberg, Würzburg.

*Gemälde**: 2 kleine Landschaften von Georg Friedrich Meyer (1735–1779) ■ Landschaft von Johann Franz Ermels (1641–1693) ■ Blumen- und Früchtestillleben von Andreas Mattenheimer (1752–1810) ■ 2 Stillleben mit toten Vögeln von Johann Albert Angermeyer (1674–1740).

Einrichtung: 2 elegante, zierliche Konsoltische, geschnitzt, weiß mit Gold, Würzburg um 1745/50 (wohl von Johann Wolfgang van der Auvera) ■ 4 Armlehnsessel, geschnitzt, weiß mit Gold, Bezüge erneuert, Würzburg um 1750 ■ 2 Wandleuchter in Form von Zweigen und Blattwerk und Blumen, geschmiedet, bunt gefasst; Würzburg 1751, von Hofschlosser Johann Georg Oegg ■ Kristallkronleuchter, teilweise ergänzt, Wien um 1750.

17 GRÜNDAMASTENES ZIMMER DER NÖRDLICHEN KAISERZIMMER

Der Gesamtton dieses Raumes, der im 18. Jahrhundert »gründamastenes Zimmer« hieß, ist weiß mit sparsamer Vergoldung. Die Stuckaturen der Decke auf lichtgrauem, die an den Wänden und Spiegelumrahmungen auf lichtgrünem Grund. Es handelt sich um Hauptwerke Antonio Bossis, die seinem bis zur Auflösung wilden Spätstil angehören. Die Rocaillen zergehen zu weißgoldenem Schaum. Eingelassene Spiegelstücke senden Lichtblitze aus. Am Kaminspiegel und an den Supraporten sind die Stuckaturen Bossis ganz, am Pfeilerspiegel teilweise erhalten, nur am Deckenspiegel sind sie erneuert. Im Deckenzentrum »Frankonia«, umgeben von Putten, Büsten und Fabeltieren. An dem wenige Jahre später entstandenen Rahmen des Kaminspiegels die weiß polierten Figuren der vier Erdteile; am Pfeilerspiegel Allegorien des Abend- und Morgenlandes. Als Reminiszenz des ursprünglich hier geplanten »großen Cabinetts« sind die Lambris und Fens-

* Leihgaben der Bayerischen Staatsgemäldesammlungen, München

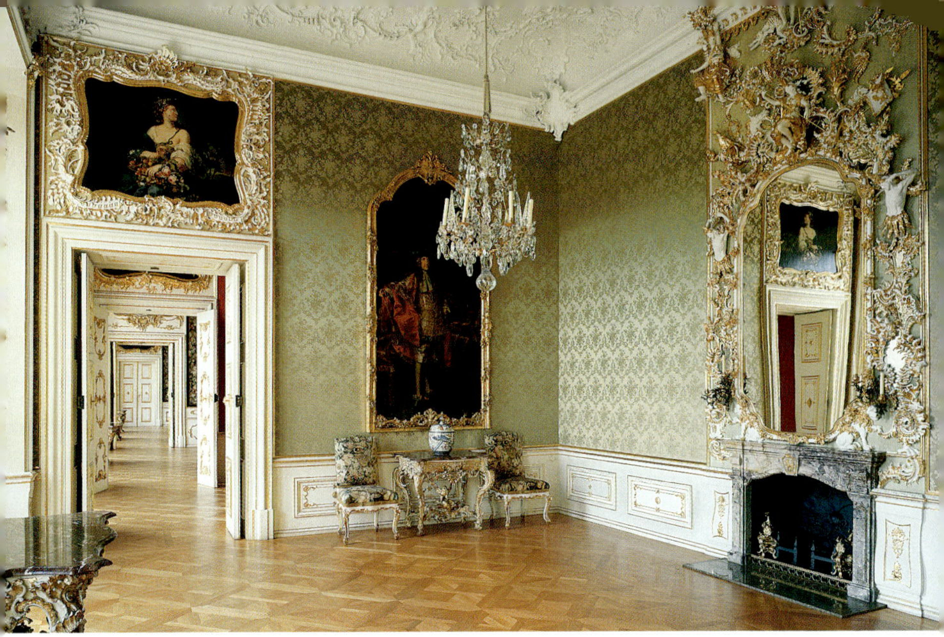

Gründamastenes Zimmer der nördlichen Kaiserzimmer (Raum 17)

tergewände im Gegensatz zu allen benachbarten Räumen nicht stuckiert, sondern, wenn auch in auffallend einfachen Formen, vertäfelt und geschnitzt. Die Zuschreibung der Supraporten »Flora« und »Bacchus«, deren Bildrahmen Andreas Dietrich um 1745 schnitzte, an Carlo Signani (Cigniani) ist fraglich, um italienische Arbeiten des 17. oder frühen 18. Jahrhunderts handelt es sich jedenfalls. Achatfarbener Marmorkamin mit Schönbornwappen. Erneuerte Wandbespannung.

Gemälde: Bildnisse Kaiser Karls VI. (reg. 1711–1740) und der Kaiserin Elisabeth Christine von Johann Gottfried Auerbach (nach Meytens), um 1735. Die Rahmen schnitzte Georg Adam Guthmann 1736.

Einrichtung: 2 Konsoltische, geschnitzt, weiß mit Gold auf grünem Fond, Würzburg um 1745 (wahrscheinlich von Johann Wolfgang van der Auvera) ■ Pfeilertisch, weiß mit Gold auf grünem Fond, geschnitzt, Würzburg um 1745, von Andreas Michael Dietrich ■ 4 Polsterstühle, geschnitzt, weiß mit Gold, Würzburg, wohl Andreas Michael Dietrich nach Entwurf von Byss (bez.: M. R. Byss), 1751; alte Straßburger Gobelinbezüge ■ 2 Kaminböcke mit Pferden in der Levade und Schönbornwappen, Bronze vergoldet, Paris um 1720 ■ 2 Topfvasen, Japan (Imari) 18. Jahrhundert ■ 4 Wandleuchter in Form von Zweigen mit Blattwerk, zweiarmig, geschmiedet, Würzburg um 1750 ■ Kristallkronleuchter, teilweise erneuert, Wien um 1750.

Wanduhr mit Chronos, ursprünglich mit balancierendem Werk, von M. Maerkel, Bamberg 1764 (Raum 18)

18 SCHLAFZIMMER DER NÖRDLICHEN KAISERZIMMER (NAPOLEONZIMMER)

In diesem Raum übernachtete Kaiser Napoleon, der während der Regierungszeit Großherzog Ferdinands III. von Toskana dreimal, 1806, 1812 und 1813, in Würzburg Station machte. Anlässlich seines Aufenthalts von 1812 in Begleitung seiner zweiten Gemahlin Marie-Louise, einer Nichte Ferdinands, wurden die aus dem Mobiliar der Toskanazimmer stammenden Paradebetten und Nachtkästchen hier aufgestellt. Doch diente der Raum schon vorher als (kaiserliches) Schlafzimmer. Die Ausstattungsarbeiten wurden vom Siebenjährigen Krieg unterbrochen und erst 1763 fortgesetzt. Inzwischen hatte das Würzburger Rokoko die Wendung zum beginnenden Klassizismus und zu seiner Spätphase vollzogen, die sich erstaunlich zäh bis in die Siebzigerjahre hielt. In der ersten Ausstattungsetappe schuf A. Bossi den äußeren Deckenstuck (bis zu dem Puttenreigen mit Blumengirlande); in der zweiten (seit 1763) Friedrich Manger den vergoldeten Mittelteil auf rosa getöntem Fond. Wandbespannung und Bettbaldachin erneuert. Fayenceofen mit Blumenmalerei in Muffelfarben (teilweise erneuert); Straßburg, von Fr. P. Acker, 1764. Supraporten: »Jupiter und Merkur« (bez. re. u.: »Sanguinetti«) und

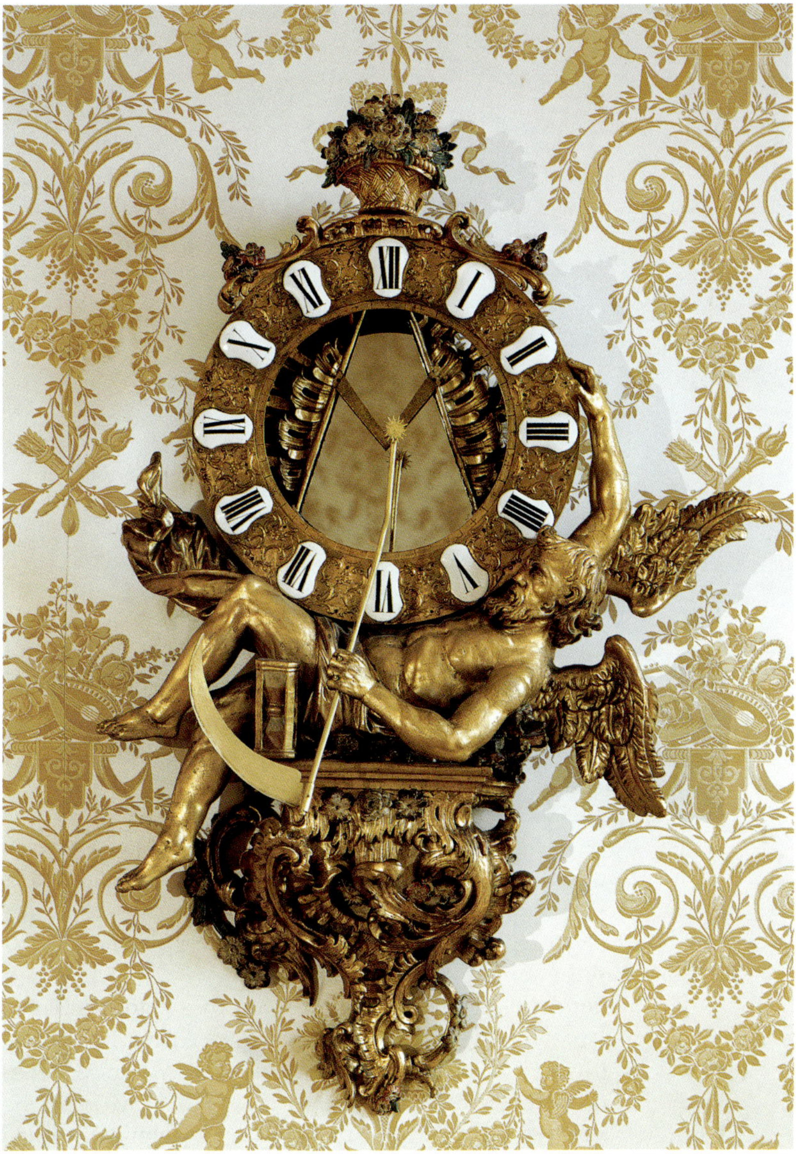

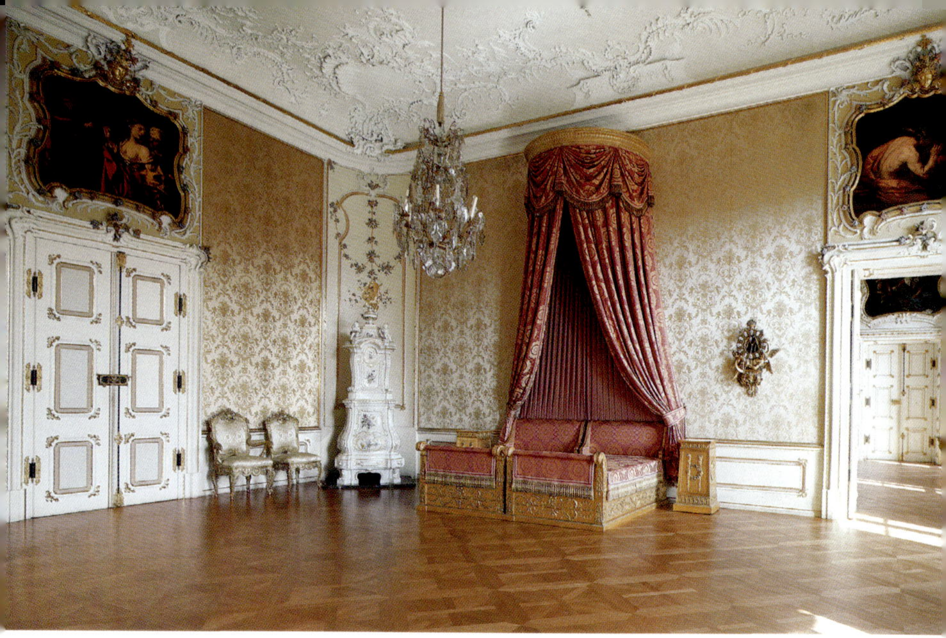

Schlafzimmer der nördlichen Kaiserzimmer, sog. Napoleonzimmer (Raum 18)

»Merkur und Argos« von Lazaro Maria Sanguinetti; »Krieger und Kupplerin« (Rückwand) von Dirk van Baburen.

Gemälde: Das Bildnis des Papstes Benedikt XIV. (1740–1758) von Ignaz Stern d. J. hing schon 1778 in diesem Raum.

Einrichtung: 2 Paradebetten und 2 Nachtkästchen, geschnitzt, vergoldet, von Johann Valentin Raab, 1809 ▪ 2 Konsoltische, geschnitzt, vergoldet, Würzburg 1771/72 von Daniel Köhler ▪ Garnitur Sitzmöbel, bestehend aus 1 Eckkanapee, 2 Armlehnsesseln und 6 Polsterstühlen, geschnitzt, vergoldet (Bezüge erneuert); Würzburg 1771/72, von Daniel Köhler ▪ Wanduhr mit Chronos, ursprünglich mit balancierendem Werk, von Martin Maerkel, Bamberg um 1764 ▪ Elfenbeinkruzifix, süddeutsch, 17. Jahrhundert ▪ 2 Wandleuchter, zweiarmig, Bronze vergoldet, Würzburg Mitte 18. Jahrhundert ▪ Lüster mit Kristallglasprismen, Wien um 1750.

19 ERSTES GASTZIMMER DER NÖRDLICHEN KAISERZIMMER (SOUPERZIMMER)

Dieser und die beiden folgenden Räume treten mit dem Schlafzimmer zu einem geschlossenen Appartement zusammen, das für hohen Besuch bestimmt war. Die wandfeste Ausstattung (ausschließlich in Stuck) ist auf Weiß und Gold sowie rötliche und grünliche Töne gestellt. An der ersten Ausstattung arbeitete noch Antonio Bossi mit, an der zweiten (nach 1764) dessen Verwandte Materno und Lodovico Bossi, die die Wendung zum späten Rokoko und frühen Klassizismus vollzogen. Im Stuck über den Fensternischen die Initialen AF (Fürstbischof Adam Friedrich von Seinsheim). Naturalistische Blüten und Ranken drängen die ohnehin spärlichen Rocaillen zurück. Die Rahmungen verlaufen nicht mehr in hoch bewegten, asymmetrischen Kurven, sie versteifen sich vielmehr oder kehren überhaupt ganz zum rechten Winkel zurück. In den Reliefs über den Spiegeln und in den Ecknischen die Arbeiten des Herkules; auf den Supraporten (von links nach rechts): »Mars und Minerva«, vielleicht Kopie nach G. de Lairesse; »Nachtstück« von G. Bassano; »Cupido und Putten beim Wegschaffen von Rüstungen«, wahrscheinlich von Th. Willeborts; »Kuchenbäckerin«, wahrscheinlich von A. Amorosi. Straßburger

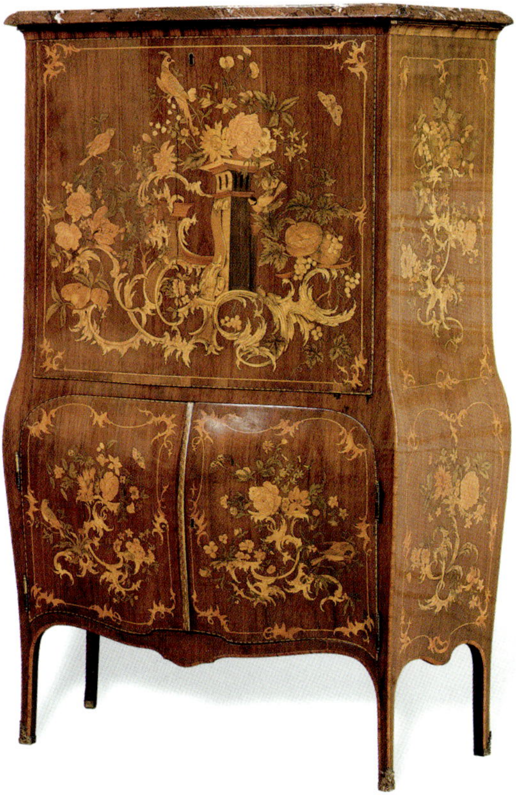

Schreibschrank von A. Roentgen, um 1768 (Raum 19)

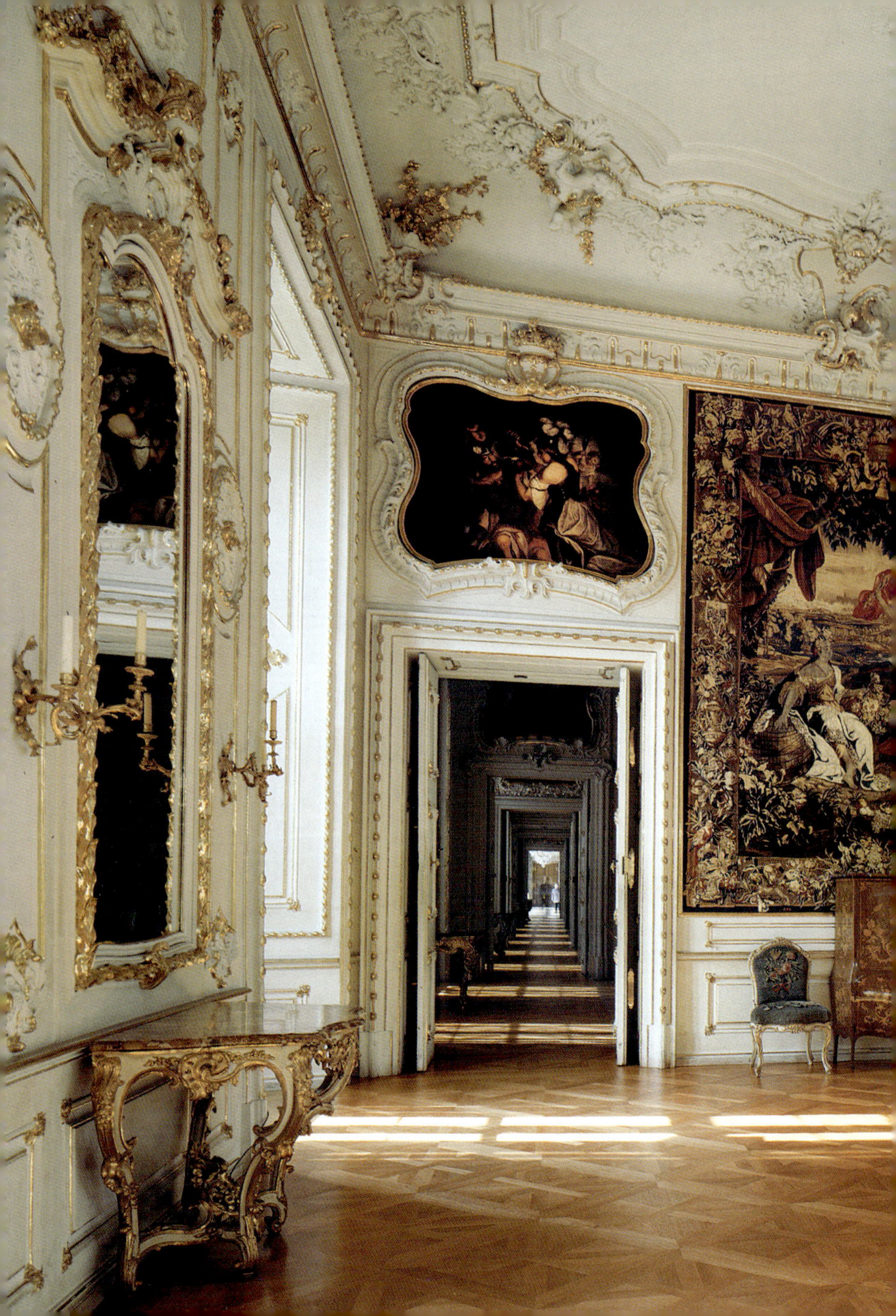

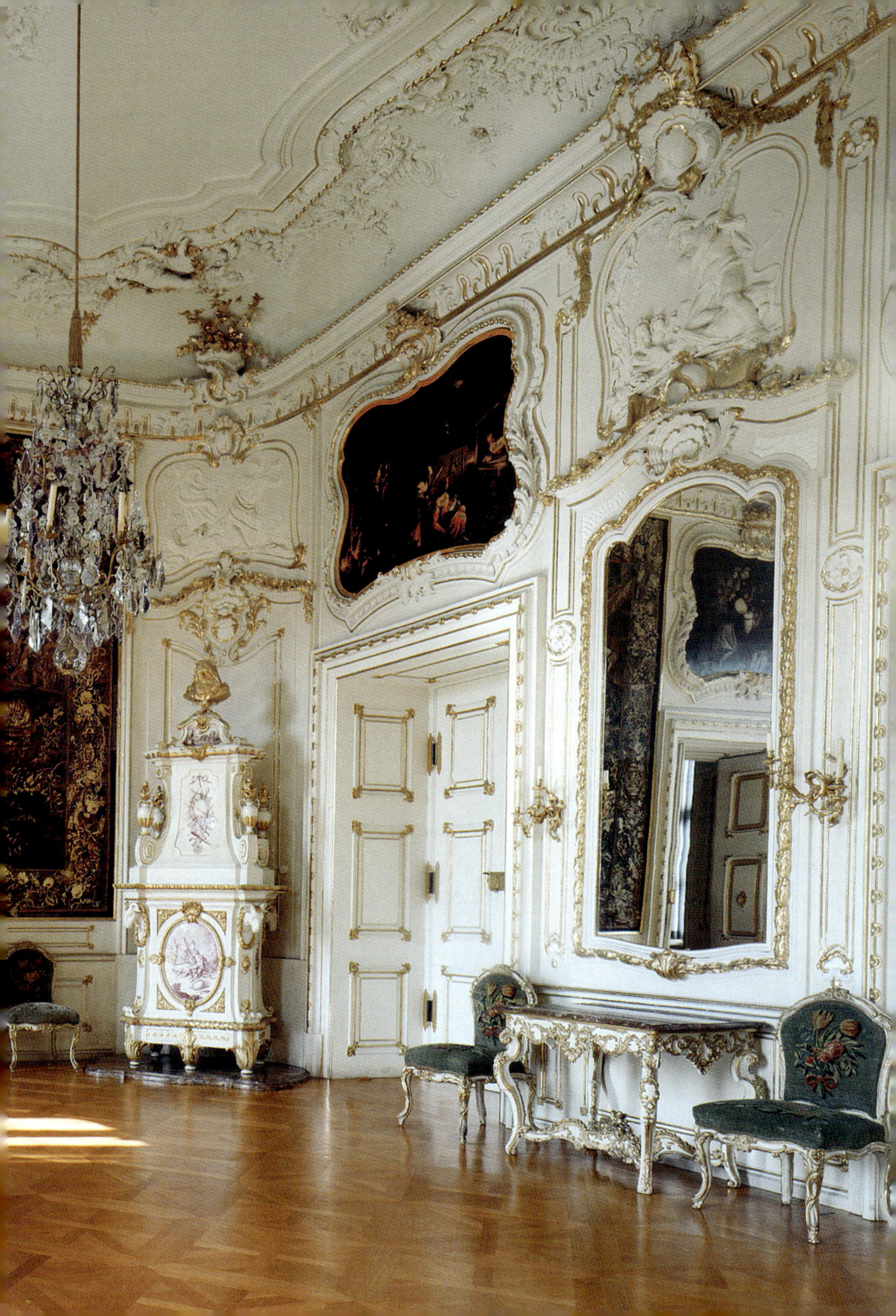

Fayenceofen mit Purpurmalerei (Herkulesszenen) von Fr. P. Acker, 1766 (Ofen und Stuckaturen teilweise ergänzt).

Wirkteppiche: 2 Brüsseler Wirkteppiche der Manufaktur des Jan Frans van den Hecke; Brüssel um 1680, mit Darstellungen der vier Elemente: »Feuer und Erde«, »Luft und Wasser«.

Vorhergehende Doppelseite: Erstes Gastzimmer der nördlichen Kaiserzimmer (Raum 19)

Einrichtung: Schreibschrank mit Rocaillen, Blumen, Früchten und Vögeln in farbiger Marketerie (Mahagoni, Palisander, Ahorn, etc.), Hauptwerk des Abraham Roentgen, Neuwied, etwa 1768 (in Würzburg seit 1778 nachweisbar) ■ Konsoltisch, geschnitzt, vergoldet; fränkisch, um 1750 (Neuerwerbung) ■ Konsoltisch, geschnitzt, weiß mit Gold; Würzburg, von Bildhauer Johann Köhler, 1764 ■ Hervorragende Garnitur Sitzmöbel (1 Kanapee, 6 Polsterstühle) in späten Rokokoformen mit geflochtenen Beinen, vergoldet, geschnitzt; Würzburg, 1764, von

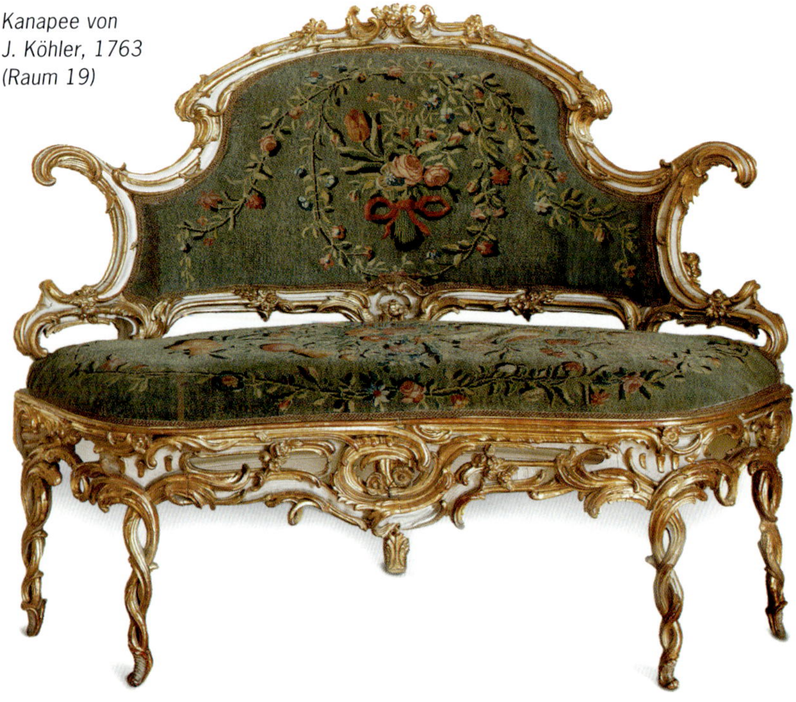

Kanapee von J. Köhler, 1763 (Raum 19)

Johann Köhler. Alte Savonneriebezüge von 1770 aus der Manufaktur des Peter Jesse in Heidelberg ■ Kristallkronleuchter; Wien, um 1740/50 ■ 4 Wandleuchter, zweiarmig, Bronze vergoldet; Würzburg, Mitte 18. Jahrhundert.

20 ZWEITES GASTZIMMER DER NÖRDLICHEN KAISERZIMMER (TEEZIMMER)

Spätschöpfung des Würzburger Rokoko. In den Dekorationen kommt es zu Rückgriffen auf die Kunst der Régence, dafür tritt die Rocaille immer seltener auf. Die Rahmungen verfestigen sich, die Bewegung erstarrt. Die gesamte, ganz auf Weiß und Gold gestimmte Stuckausstattung an der Decke und an den Wänden schufen Materno und Lodovico Bossi 1766/67. Über den Spiegeln Puttenpaare, die Rondos mit Bruststücken von dem Bamberger Hofmaler Nicolaus Treu halten: »Komödiant mit Maske« (Eingangswand), »Greis mit Stundenglas und Buch« (Rückwand), »Geldzähler« (Ausgangswand) und »Hl. Joseph mit Jesuskind« (Kopie, Fensterwand). Über den Türen und Blendtüren rechteckig gerahmte Supraporten (nach Kriegsschäden stark restauriert): »Dame mit Violine (?)«, französisch, 17. Jh., und »Dame mit Flöte spielendem Faun«, italienisch, 17. Jh. (Eingangswand); »Dame mit Laute«, vielleicht von Pietro de Liberi, und »Dame am Spinett« (Kopie, Ausgangswand). Kamin aus achatfarbenem Marmor. Stuckausstattung teilweise erneuert.

Einrichtung: Statt der ursprünglichen, im Kriege zerstörten Konsoltische von J. P. Wagner ein anderer von Ferdinand Tietz (Neuerwerbung), vergoldet, geschnitzt, mit Schalmeien, Vogelnetz und toten Vögeln; rote Marmorplatte. Angefertigt um 1765 für Seehof, doch hat Tietz auch für die Residenz Würzburg gearbeitet ■ Garnitur Sitzmöbel (2 Kanapees, 2 Armlehnsessel, 4 Polsterstühle) in späten Rokokoformen, vergoldet, geschnitzt, Würzburg um 1760, mit erneuerten roten Damastbezügen ■ Ofenschirm, geschnitzt und vergoldet, Würzburg um 1760 ■ 8 Wandleuchter, zweiarmig, Bronze vergoldet, Würzburg, Mitte 18. Jahrhundert ■ Kristallkronleuchter, Wien, 1750.

21 GRÜNLACKIERTES ZIMMER DER NÖRDLICHEN KAISERZIMMER

Ausstattung 1769/72 in den Spätformen des Würzburger Rokoko. Als Eckraum der riesigen Gartenfront schließt das Grünlackierte Zimmer die über 165 m lange Flucht der nördlichen und südlichen Kaiserzimmer ab. Es handelt sich um eine singuläre, ganz aus dem Geist des späten Würzburger Rokoko und frühen Klassizismus erfundene Schöpfung.

Nach dem fantasievollen Spiegelkabinett der südlichen Kaiserzimmer und dem geplanten, aber nie verwirklichten Großen Cabinett im Nordtrakt das originellste, wenn auch nicht bedeutendste unter den spezifisch würzburgischen Raumkunstwerken der Residenz.

Den Eindruck bestimmt ein leuchtendes Grün, das man lasierend auf einen Silbergrund auftrug, wodurch die Farbe Tiefe und einen eigenartig transluziden Glanz erhielt, aus dem die Farbflecken der Malerei »aufblitzen«. (Die farbige Erscheinung dieses Raums litt allerdings durch den Brand der Residenz 1945 erheblich.) Hinzu treten ferner die vergoldeten Stuckaturen in späten Rokokoformen von Materno Bossi sowie farbige Landschaften, Puttenszenen, Blütengehänge, Schmetterlinge etc. von reizvoller Buntheit. Die Malereien in der Hohlkehle und über den Spiegeln schuf Georg Karl Urlaub 1770, die an den Wänden Christian Popp und Ernst Schwab. Der bemerkenswerte eingelegte Fußboden mit perspektivischem Muster war ursprünglich eine Arbeit des Bamberger Hofebenisten Balthasar Hermann, der durch die Verwendung dunkler und heller exotischer

Hölzer die vexierende Illusion eines Raumgrunds erzeugte. (Der gegenwärtige Parkettboden ist erneuert.) Fayenceofen mit vasenförmigem Aufsatz, weiß mit reicher Vergoldung; Straßburg, von Fr. P. Acker, 1766. Die Fassung der Einrichtungsgegenstände ist auf die farbige Erscheinung des Raumes abgestimmt.

Nächste Doppelseite: Grünlackiertes Zimmer der nördlichen Kaiserzimmer (Raum 21)

Einrichtung: 2 Konsoltische, grün mit Gold, geschnitzt mit Puttenfiguren von Johann Peter Wagner, um 1770 ■ 1 Kanapee und 2 Armlehnsessel in Louis-seize-Formen, grün mit Gold, geschnitzt 1774 von dem Bamberger Hofebenisten Balthasar Hermann, der auch den ursprünglichen Parkettboden in diesem Raum anfertigte ■ Spieltisch mit Marketerie (Nussbaum, Perlmutt etc.). Auf der Platte das Wappen des Würzburger Fürstbischofs Adam Friedrich von Seinsheim, Würzburg, von Hofschreiner Benedikt Schlecht, 1755–1757 ■ 8 Wandleuchter, zweiarmig, Bronze vergoldet, in Louis-seize-Formen ■ Kopie eines Kristallkronleuchters mit farbigen Prismen, ursprünglich von dem Hofglasfabrikanten Johann Michael Faller, Würzburg, um 1760.

22 DIENERSCHAFTSZIMMER

Gemälde: Jagdstillleben, Joannes Fyt (1611–1661), Leihgabe der Bundesrepublik Deutschland ■ Jagd- und Früchtestillleben, Frans Snyders (1579–1657), Leihgabe der Bayerischen Staatsgemäldesammlungen, München.

Einrichtung: 2 Kommoden, eingelegt. Deutsch, um 1790 ■ 6 Polsterstühle mit alten französischen Aubussonbezügen, Ende 18. Jahrhundert ■ Lüster, Dresden, um 1809.

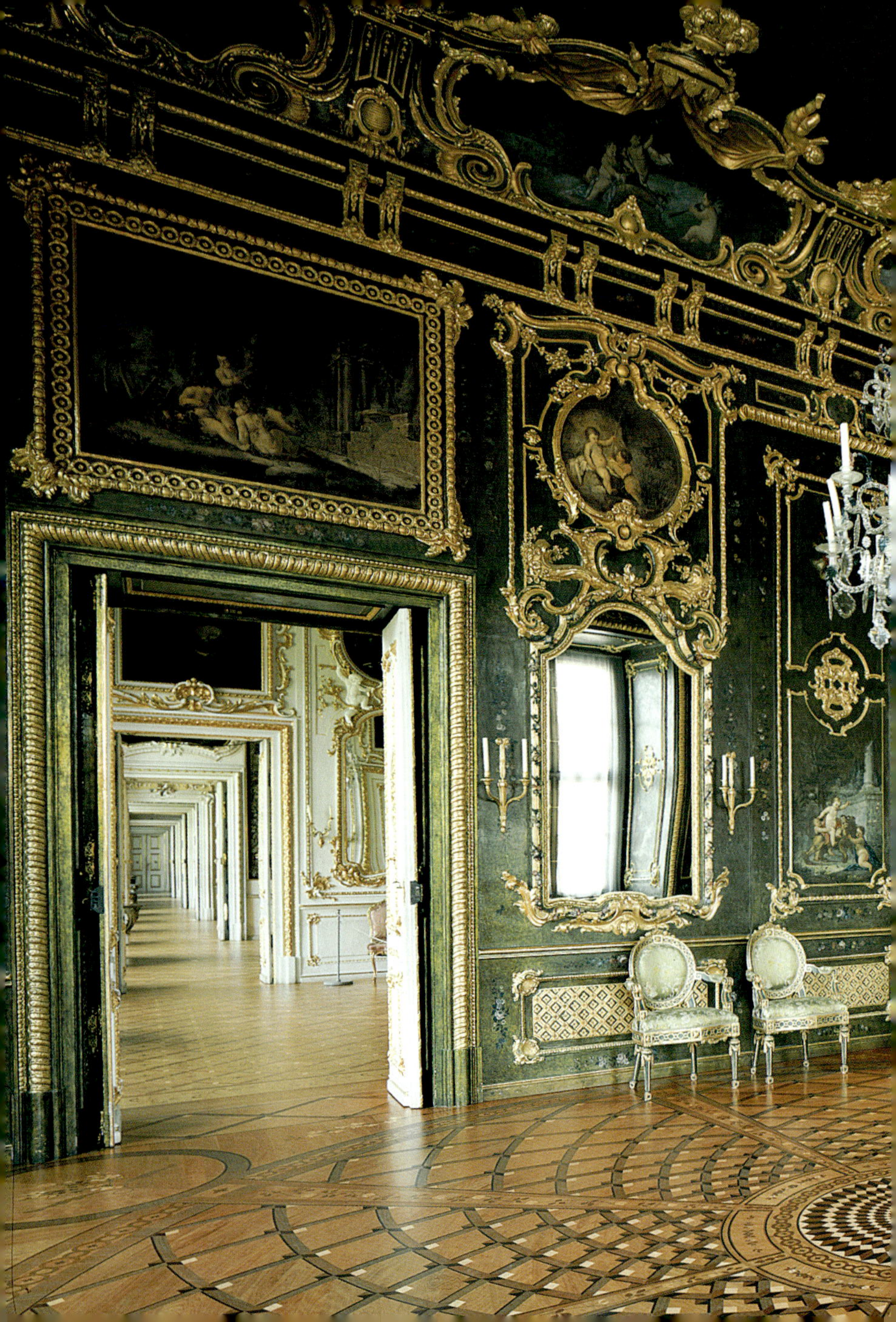

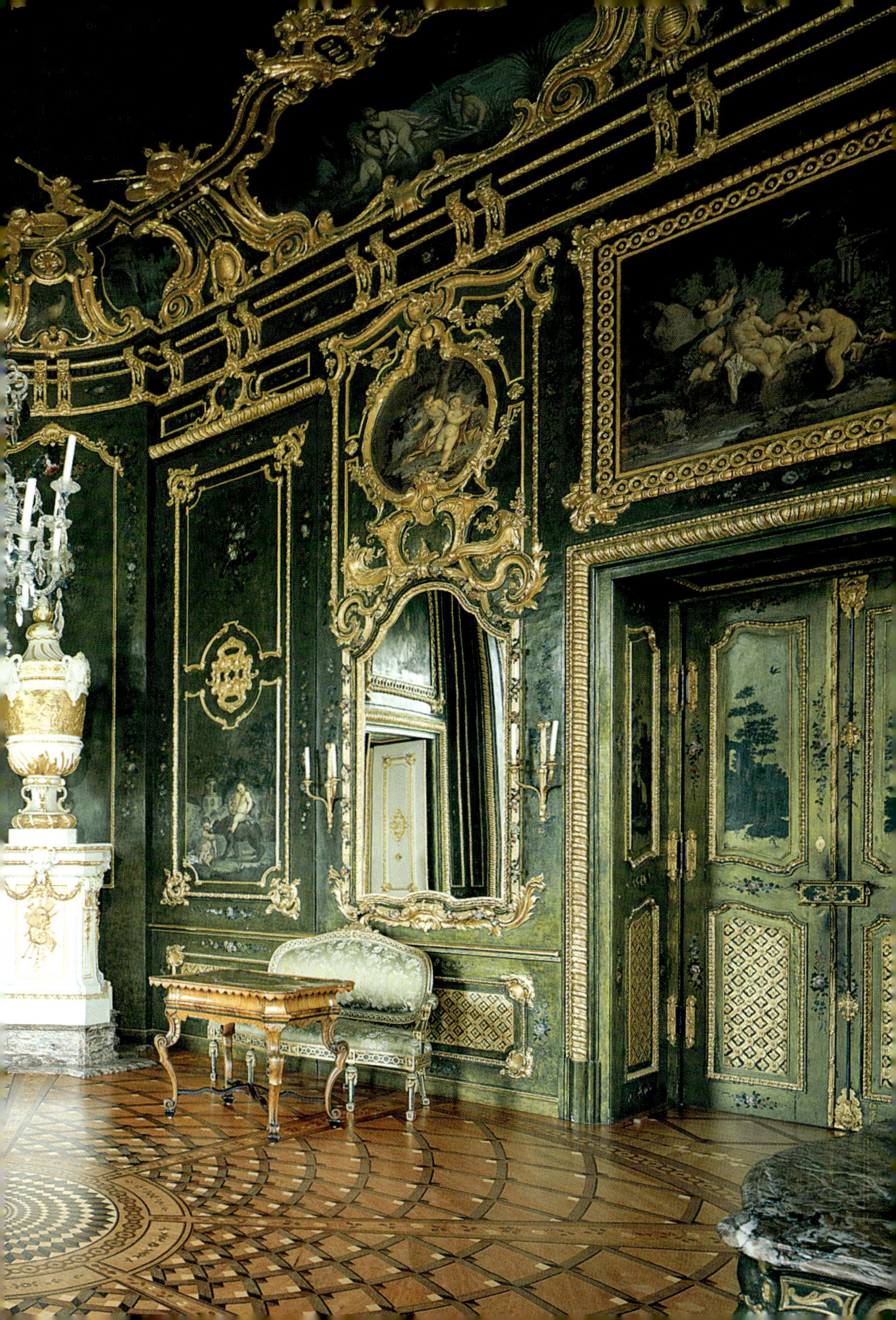

Staatsgalerie

RÄUME 23 BIS 29

In den Rennwegzimmern 23–29 der Würzburger Residenz präsentiert die im Dezember 1974 neu eingerichtete Staatsgalerie eine Folge venezianischer Gemälde des 17. und 18. Jahrhunderts, dazu eine Reihe weiterer Bilder, die zur venezianischen Malerei dieser Epoche in unmittelbarer Beziehung stehen. Insgesamt ist dabei beabsichtigt, die bereits in Würzburg vorhandene, sehr beträchtliche Gruppe von Werken dieser Schule – insbesondere die berühmten Malereien von Giovanni Battista Tiepolo in der Residenz – zu ergänzen und noch einmal nachdrücklich auf dieselbe hinzuweisen.

23 ERSTES GALERIEZIMMER

9330 Art des Francesco Bassano d. J., »Venetia« (Fragment), (Leinw., 59 x 48 cm)

Krone, Szepter und reiches Gewand der jungen Frau legen, im Zusammenhang mit dem venezianischen Ursprung des Gemäldes, die Vermutung nahe, dass »Venetia« dargestellt ist, die allegorische Verkörperung der Serenissima.

2210 Johann Rottenhammer (1564–1625), »Anbetung der Hirten« (Kupfer, 34 x 26 cm; signiert und datiert in Venedig 1603)

Das Bild veranschaulicht sehr schön, auf welche Weise der mit Palma Giovane freundschaftlich verbundene Künstler sich die formalen Eigenschaften der großen venezianischen Meister des 16. Jahrhunderts zu Eigen machte und den monumentalen Stil seiner italienischen Vorbilder in das kleine Format seiner Kabinettbilder zu übertragen vermochte.

910 Palma Giovane (1544–1628),
»Anbetung der Hirten« (Leinw., 113,7 x 96 cm).
Um 1585 entstanden.

4227 Palma Giovane (1544–1628),
»Beweinung Christi« (Leinw., 153,8 x 110,8 cm;
signiert und datiert 1620)

Bei Palma il Giovane sind es die nachwirkenden Einflüsse Tizians und Tintorettos, welche mit Reminiszenzen an römisch-manieristische Malerei zu einem konventionellen Ausgleich gebracht werden und damit eine deutlich in die Breite gehende Kunstproduktion ermöglichen, deren Stilbildung spürbar über das 16. Jahrhundert hinausweist.

3679 Lodewyk Toeput, genannt Pozzoserrato
(um 1550–1603/05),
»Landschaft mit Stadtansicht« (Leinw., 48 x 96 cm)

Der aus Antwerpen stammende Künstler studierte während seines zeitweiligen Aufenthaltes in Venedig vor allem die Werke Veroneses und Tintorettos. Später war er hauptsächlich in Treviso tätig, wo auch unser Bild entstanden sein dürfte. Charakteristisches Beispiel für jene Fantasielandschaften mit Figurenstaffage, die Pozzoserrato neben Ansichten von Venedig und der Terraferma als den Hauptmeister der nordisch-venezianischen Landschaftsmalerei ausweisen.

24 ZWEITES GALERIEZIMMER

H.u.W. 28 Werkstatt des Domenico Fetti (1589–1623),
»Traum Jakobs« (Leinw., 60,5 x 45 cm)

Diese Werkstattwiederholung des um 1615/16 entstandenen Originals von der Hand Fettis im Wiener Kunsthistorischen Museum schildert das im 1. Buch Mose (28, 10–17) überlieferte Ereignis, wie Jakob auf der Flucht vor seinem Bruder Esau die Nacht ereilt und er sich – da er kein Obdach gefunden – auf freiem Felde niederlegt, wobei ihm im Traume jene Leiter erscheint, die mit einem Ende auf der Erde steht und mit dem anderen bis zum Himmel reicht. Auf dieser Leiter steigen Engel auf und nieder und oben erscheint Gottvater selbst, der ihn segnet und seinen Nachkommen das Land verspricht, auf dem sich Jakob zur Ruhe niedergelassen hat.

1590 Johann Anton Eismann (1604–1698),
»Küstenlandschaft« (Leinw., 86 x 128 cm)

Charakteristisches Beispiel für das noch wenig erforschte Œuvre des aus Salzburg stammenden Künstlers, der nach kurzer Tätigkeit in München seine eigentliche Wirkungsstätte in Venedig fand, wo er sich auf Landschaften und Seestürme mit Ruinen sowie Schlachtszenen in der Art des Salvator Rosa spezialisierte.

2734 Pietro Muttoni, genannt della Vecchia (1603–1678),
»Männliches Bildnis« (Leinw., 110 x 100 cm)

Charakteristisches Beispiel für die in der venezianischen Malerei des 17. Jahrhunderts häufig zu beobachtende Rückbesinnung auf die malerische Ausdrucksweise bei Tizian und Giorgione.

3657 Joseph Heintz d. J. (um 1600 – nach 1678),
»Wettstreit beim Ponte dei Pugni«
(Leinw., 135 x 192 cm)

2621 Joseph Heintz d. J. (um 1600 – nach 1678),
»Il Ridotto« (Leinw., 136 x 163 cm)

Der bereits seit 1625 in Venedig nachweisbare Künstler ist vor allem durch seine häufig von höllischen Spukgestalten bevölkerten Fantasieveduten in Italien bekannt geworden. Daneben weist er durch seine Schilderungen von Volksszenen und Festen vor dem Hintergrund venezianischer Stadtansichten auf die Vedutenmalerei des 18. Jahrhunderts voraus. Letzteres gilt vor allem für den »Wettstreit beim Ponte dei Pugni«, einem seit dem 14. Jahrhundert veranstalteten Mannschaftsfaustkampf auf einer Brücke in der Nähe von S. Maria del Carmine. Hier trafen die Vertreter der beiden an den einander entgegengesetzten Enden Venedigs gelegenen Pfarreien von S. Pietro di Castello und S. Nicoló dei Mendicoli einmal im Jahr zu einem Treffen von oft blutigem Ausgang aufeinander. Die dabei stets vorkommenden, zumeist gewalttätigen Ausschreitungen haben dann zu Beginn des 18. Jahrhunderts zum Verbot dieses Kampfspieles geführt. Auf dem anderen Bilde überliefert uns der Künstler dagegen einen Eindruck von jenem vor allem durch die Memoiren Casanovas berühmt gewordenen »Ridotto«, einem im Jahre 1638 von Marco Dandolo in seinem bei S. Moisé gelegenen Familienpalast eröffneten Etablissement, seitdem Treffpunkt der galanten Welt Venedigs und Schauplatz von zur Winterzeit dort veranstalteten Maskenbällen.

25 DRITTES GALERIEZIMMER

914 Antonio Belucci (1654–1726),
»Danae auf dem Floß« (Leinw., 123 x 170 cm)

915 Antonio Belucci (1654–1726),
»Amor und Psyche« (Leinw., 109 x 169 cm)

Der im Atelier des Venezianers Antonio Zanchi (1631–1722) ausgebildete Künstler wurde nach einer vorübergehenden Tätigkeit in Wien zwischen 1705 und 1708 vom Kurfürsten Johann Wilhelm nach Düsseldorf berufen. Hier entstanden während eines bis 1716 dauernden Aufenthalts auch unsere beiden Gemälde als Ausstattungsstücke für Schloss Bensberg, beide beherrscht von dem für Belucci charakteristischen Kontrast zwischen klassizistisch-elegantem Figurenstil und einem kraftvoll eingesetzten Helldunkel.

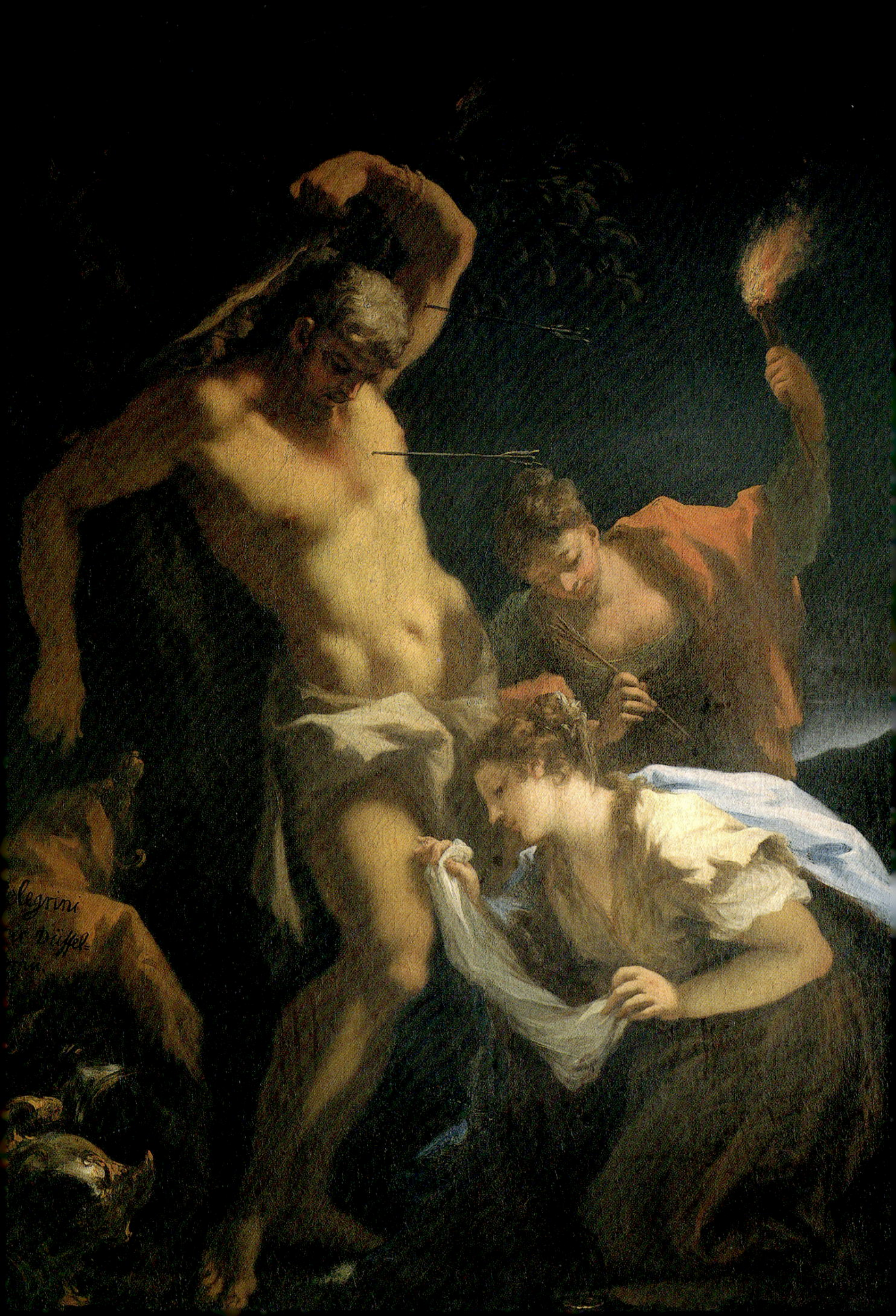

Das eine zeigt »Danae auf dem Floß«, wie die von ihrem Vater Akrisios samt ihrem neugeborenen Sohn Perseus ausgesetzte Königstochter mittels eines im Winde sich bauschenden Segels über die schäumenden Wogen dahingleitet; auf dem anderen »Amor und Psyche«, wie sich die Letztere nach der Erzählung des Apuleius im »Goldenen Esel« über den schlummernden Amor beugt, der sie nur im Dunkel der Nacht besucht und von ihr eigentlich nicht gesehen werden darf.

»Rettung des hl. Sebastian durch Irene«, Gemälde von G. A. Pellegrini, Düsseldorf 1713 (Raum 26)

26 VIERTES GALERIEZIMMER

1122 Giambettino Cignaroli (1706–1770),
»Anbetung der Könige« (Leinw., 47 x 70 cm)

Die in übergreifend dekorativen Zusammenhängen entwickelte Manier Pellegrinis erscheint bei Cignaroli mehr ins Liebenswürdig-Erzählerische gewendet; der Künstler entstammt einer verzweigten Veroneser Malerfamilie und widmete sich während seines dreijährigen Aufenthaltes in Venedig vor allem dem Studium der großen Venezianer.

11336 Anonymer Venezianer des 18. Jahrhunderts,
»Herkules und Omphale« (Leinw., 130 x 108 cm)

Man sieht hier Herkules, wie er zur Sühne für den von ihm erschlagenen Iphitos auf Befehl des delphischen Orakels der lydischen Königin Omphale dienen muss, die ihn in Frauenkleidern spinnen lässt, während sie selbst Löwenfell und Keule führt.

10376 Giovanni Antonio Pellegrini (1675–1741),
»Rettung des hl. Sebastian durch Irene«
(Leinw., 228 x 170 cm; signiert: Pellegrini fecit Düsseldorpii [wohl nachträglich])

Man sieht hier um den an einen Baum gefesselten Heiligen hilfreich zwei Frauen bemüht, die ihm jene Pfeile aus den Wunden ziehen, welche von den mauretanischen Bogenschützen herrühren, denen der zu Narbonne in Gallien geborene Hauptmann der Prätorianergarde wegen seines christlichen Bekennertums auf Geheiß des Kaisers Diokletian zur Hinrichtung ausgeliefert worden war. Der von den Henkern für tot zurückgelassene Märtyrer wird hier von der Christin Irene und deren Begleiterin gerettet und anschließend gesund gepflegt; kurz darauf ist er dann endgültig seinen Verfolgern zum Opfer gefallen. Die locker fließende Malweise dieses Gemäldes verrät deutlich den von Pellegrini vor allem unter dem Eindruck der Kunst Luca Giordanos und Sebastiano Riccis endgültig vollzogenen Übergang zur Malerei des 18. Jahrhunderts, deren venezianischer Ausprägung er auf seinen zahlreichen Reisen durch ganz Europa mit zu ihrer allgemein als vorbildlich empfundenen Bedeutung verhalf. Unser Bild gehört einer umfangreichen Gruppe von Werken an, die Pellegrini im Jahre 1713 während seines Aufenthaltes in Düsseldorf für den Kurfürsten Johann Wilhelm ausführte.

1632 Johann Carl Loth (1632–1698),
»Noahs Schande« (Leinw., 146 x 176 cm)

Zu den seit der zweiten Hälfte des 17. Jahrhunderts in Venedig auftretenden, so genannten »Tenebrosi« (it.: tenebroso; finster, dunkel, verfinsternd), deren Werke einen hauptsächlich durch Ribera inspirierten Naturalismus verraten, gehört auch der in München geborene Johann Carl Loth. Wiedergegeben ist auf seinem Bilde die im Buch Mose (I, 9, 21–23) geschilderte »Trunkenheit Noahs« und die Verspottung durch seinen Sohn Cham, während zwei andere Söhne die Blöße des Vaters zu bedecken suchen.

27 NORDOVAL-GALERIESAAL (EHEMALS OPERNTHEATER)

Nichts erinnert heute mehr in dem schon seit 1931/32 als Galeriesaal genutzten Raum daran, dass die 21,5 m x 15 m große Rotunde unter Fürstbischof Adam Friedrich von Seinsheim 1770 als Operntheater eingerichtet wurde, das »niedliche Theater zu Würzburg«, wie es der Bruder des Fürstbischofs bezeichnet. Die zunächst geplante Ausstattung als Fürstensaal, für das François de Cuvilliés d. Ä. 1766 ein Holzmodell geliefert hatte, war nicht zur Ausführung gekommen. Die Theaterausstattung, nach Art eines Amphitheaters mit drei Sitzreihen, einer Fürstenloge und mit dem nach Westen orientierten, gut ein Drittel des größeren Raumdurchmessers einnehmenden Bühnenraum, wurde bereits unter Fürstbischof Franz Ludwig von Erthal mangels Bedarf 1790 wieder beseitigt. Die Bezeichnung »alte Bibliothek« (1820) wird schließlich im Laufe des 19. Jahrhunderts durch »Karussellsaal« ersetzt: Zur Zeit der Hofhaltung des Kronprinzen und nachmaligen Königs Ludwig I. wurde hier ein Karussell aufgestellt, das unter Großherzog Ferdinand von Toskana (1806 – 1814) für das Sommerschloss Werneck entstanden war und sich heute im Marstallmuseum in Schloss Nymphenburg in München befindet.

478 Domenico Fetti (1589–1624),
»Ecce Homo« (Leinw., 79 x 64 cm)

Die Inschrift des um 1620 entstandenen und aus der Düsseldorfer Sammlung des Kurfürsten Johann Wilhelm stammenden Gemäldes: »Ego pro te haec passus sum/ tu vero quid fecisti pro me« (Dieses erlitt ich für dich, was tatest du für mich) übte nachweislich auf den Stifter der evangelischen Herrnhuter Brüdergemeine, nämlich den Grafen Zinzendorf, anlässlich seines Besuches in Düsseldorf einen besonders starken Eindruck aus.

445, 527, 455, 447
Veronese-Werkstatt, Zyklus von vier Bildern mit Tugendallegorien:

445 Caritas (Leinw., 207 x 133 cm)

527 Stärke (Fortitudo) mit einer Säule, und Mäßigkeit (Temperantia) mit zwei Krügen, in denen Wasser und Wein gemischt werden (Leinw., 207 x 133 cm)

455 Glaube (Fides) mit Kelch und Hoffnung (Spes) mit der Schlangenhaut auf dem Kopfe (Leinw., 207 x 132 cm)

447 Gerechtigkeit (Justitia) mit Waage und Schwert sowie die Klugheit (Prudentia) mit dem Spiegel (Leinw., 207 x 133 cm)

Diese vier Bilder, welche hier einen Anlass bieten zur Rückbesinnung auf die von lichter Farbigkeit erfüllten, großflächig angelegten Kompositionen Veroneses, gehörten ursprünglich zur Ausstattung des Alten Schlosses in Schleißheim.

1451 Pietro Rotari (1702–1762), »Kurprinz Friedrich Christian von Sachsen« (Leinw., 107 x 86 cm)

4485 Pietro Rotari (1702–1762), »Kronprinzessin Maria Antonia von Sachsen« (Leinw., 97 x 72 cm)

Als Porträtist entwickelte dieser in Venedig bei Robert Audenaerd und Antonio Balestra ausgebildete und später u. a. bei Trevisani in Rom tätige Künstler eine höchst originelle Manier, die sich trotz der Kargheit seines vorwiegend auf grauen und aschfarbenen Tönen basierenden Kolorits bei den Zeitgenossen größter Beliebtheit erfreute.

929 Carlo Saraceni (1585–1620), »Die hll. Hieronymus, Magdalena, Antonius und Franziskus« (Leinw., 328 x 234 cm; signiert: »CARLO SARACENI VENECIANO./F.«)

939 Marcantonio Bassetti (1588–1630), »Vitusmartyrium im Beisein der hll. Wolfgang und Georg« (Leinw., 340 x 228 cm; signiert: »BASSETTUS VERON.FACIEBAT«)

Die zwei Altarbilder, gekennzeichnet durch die Frische der eben erst gelungenen Eroberung eines für den italienischen Frühbarock charakteristischen, malerischen Reichtums, entstanden in den Jahren 1619/20 im Auftrage des Kurfürsten Maximilian für die Münchner Augustinerkirche. Dabei wird vor allem angesichts des Gemäldes von Saraceni mit den »hll. Hieronymus, Magdalena, Antonius und Franziskus« deutlich, wie sehr dieser Künstler, trotz seines in Rom zu voller Reife gediehenen caravaggesken Stils, charakterisiert durch rücksichtslose Vereinfachung und kühnen Realismus der Erzählung, auch weiterhin seiner venezianischen Herkunft getreu einem ausgeprägten Kolorismus huldigt. Von dem durch die veronesische Tradition bedingten, herberen Kolorit Bassettis abgesehen, gilt Gleiches auch für das Altarbild desselben mit dem »Vitusmartyrium im Beisein der hll. Wolfgang und Georg«.

980 Domenico Zanetti (gest. nach 1712),
»Hl. Hieronymus« (Leinw., 116 x 98 cm)

Obwohl den klassischen Körperformen des Hochbarock noch spürbar verpflichtet, leitet das gewandt vorgetragene malerische Helldunkel dieses Gemäldes schon unverkennbar zur Malerei des 18. Jahrhunderts in Venedig über. Entstanden ist dasselbe wie auch sämtliche sonst bekannten Werke des in Venedig geborenen Künstlers in Düsseldorf, wo er seit 1694 als besoldeter Hofmaler des Kurfürsten Johann Wilhelm tätig war.

1264 Venezianisch um 1650,
»Königin Jezabel wird den Hunden vorgeworfen«
(Leinw., 213 x 323 cm)

Das Gemälde stellt ein charakteristisches Beispiel dar für den besonders in der 2. Hälfte des 17. Jahrhunderts in Venedig praktizierten, höchst routinierten Vortrag aufwändig inszenierter Figurenkompositionen. Unsere Darstellung schildert das Schicksal der als Verehrerin des Baal von Tyrus der Abgötterei angeklagten Königin Jezabel, nachdem sie auf Geheiß des Königs Jehu aus einem Fenster ihres Palastes gestürzt worden war, ein im Buch der Könige (II, 9, 30–37) des Alten Testamentes überliefertes Ereignis.

8091 Leandro Bassano (1557–1622),
»Bildnis des Kaufmanns Leonhard Herrmann«
(Leinw., 138 x 95 cm)

12505 Leandro Bassano (1557–1622),
»Bildnis des Pisaners Giovanni Magnani«
(Leinw., 87,8 x 68,5 cm)

Auf dem einen dieser Bildnisse (Inv. Nr. 8091) des Leandro Bassano – die noch beide der gemessenen Vorstellungswelt des 16. Jahrhunderts zuzurechnen sind – erscheint der durch die Anschrift des Briefes in seiner Hand zu identifizierende, aus Nürnberg oder Augsburg stammende Kaufmann Leonhard Hermann, der zwischen 1571 und 1582 in Venedig nachweisbar ist und dort im Jahre 1571 das Amt des Konsuls am Fondaco dei Tedeschi bekleidete, dem Stapelplatz der deutschen Kaufleute in Venedig.

28 FÜNFTES GALERIEZIMMER

5888 Canaletto-Schule, »Canal Grande«
(Leinw., 139 x 197 cm)

5914 Canaletto-Schule, »Piazza San Marco«
(Leinw., 139 x 197 cm)

Beide Ansichten bezeugen das Fortwirken jener weithin vorbildlich gewordenen Veduten Antonio Canalettos (1696–1768), deren spezifische Wirkung auf dem sensibel hergestellten Ausgleich beruht zwischen den atmosphärischen Qualitäten von Luft und Wasser und den präzis umschriebenen architektonischen Formen. Durch die konsequente Anwendung des auf diese Weise für die Gesamterscheinung der Vedute gewonnenen einheitlichen Maßstabes wird auch der Nachahmer in den Stand gesetzt, in einer selbst für die Nachwelt gültigen Weise von der Würde seines Gegenstandes – dem Stadtgebilde Venedigs nämlich – Zeugnis abzulegen.

H. u. W. 31 Marco Ricci (1676–1730),
»Architekturcapriccio« (Leinw., 92 x 72,5 cm)
Der in Belluno geborene Künstler, Neffe und Schüler des Sebastiano Ricci ist neben seiner besonders für Venedig und Oberitalien bedeutsamen Tätigkeit als Landschaftsmaler vor allem als der Erfinder fantasievoller Architekturcapricci berühmt geworden und hat als solcher auch auf die frühen Capricci von Francesco Guardi eine nachhaltige Wirkung ausgeübt. Ricci selbst ist zu solchen Darstellungen offenbar zunächst durch seinen Umgang mit dem sizilianischen Architekten Filippo Juvara während eines Romaufenthaltes in den Jahren um 1700 inspiriert worden; darüber hinaus empfing er entscheidende Anregungen auf diesem Felde seiner Tätigkeit durch das Spätwerk des venezianischen Vedutisten Luca Carlevarijs. Grundsätzlich gehören die Ruinengemälde und Fantasieveduten in die letzte Schaffensperiode Marco Riccis, wobei deren Figurenstaffage häufig von Sebastiano Ricci ausgeführt wurde.

Nächste Doppelseite: »Rinaldo im Zauberbann Armidas«, Gemälde von G. B. Tiepolo, Würzburg 1753 (Raum 29)

29 SECHSTES GALERIEZIMMER

2285 Kopie nach Piazzetta,
»Himmelfahrt Mariens« (Leinw., 146 x 70 cm)
Unserer Kopie liegt ein Gemälde des Giovanni Battista Piazzetta (1683–1754) zugrunde, das seit 1736 als Hochaltargemälde in der Deutschherrenkirche zu Frankfurt-Sachsenhausen nachweisbar ist und wohin es im Auftrage des Deutschordensgroßmeisters Clemens August, Kurfürst von Köln, gelangte. Im Jahre 1796 wurde das Bild von der französischen Armee nach Frankreich entführt; seit 1801 befand es sich in Lille und hängt gegenwärtig im Louvre.

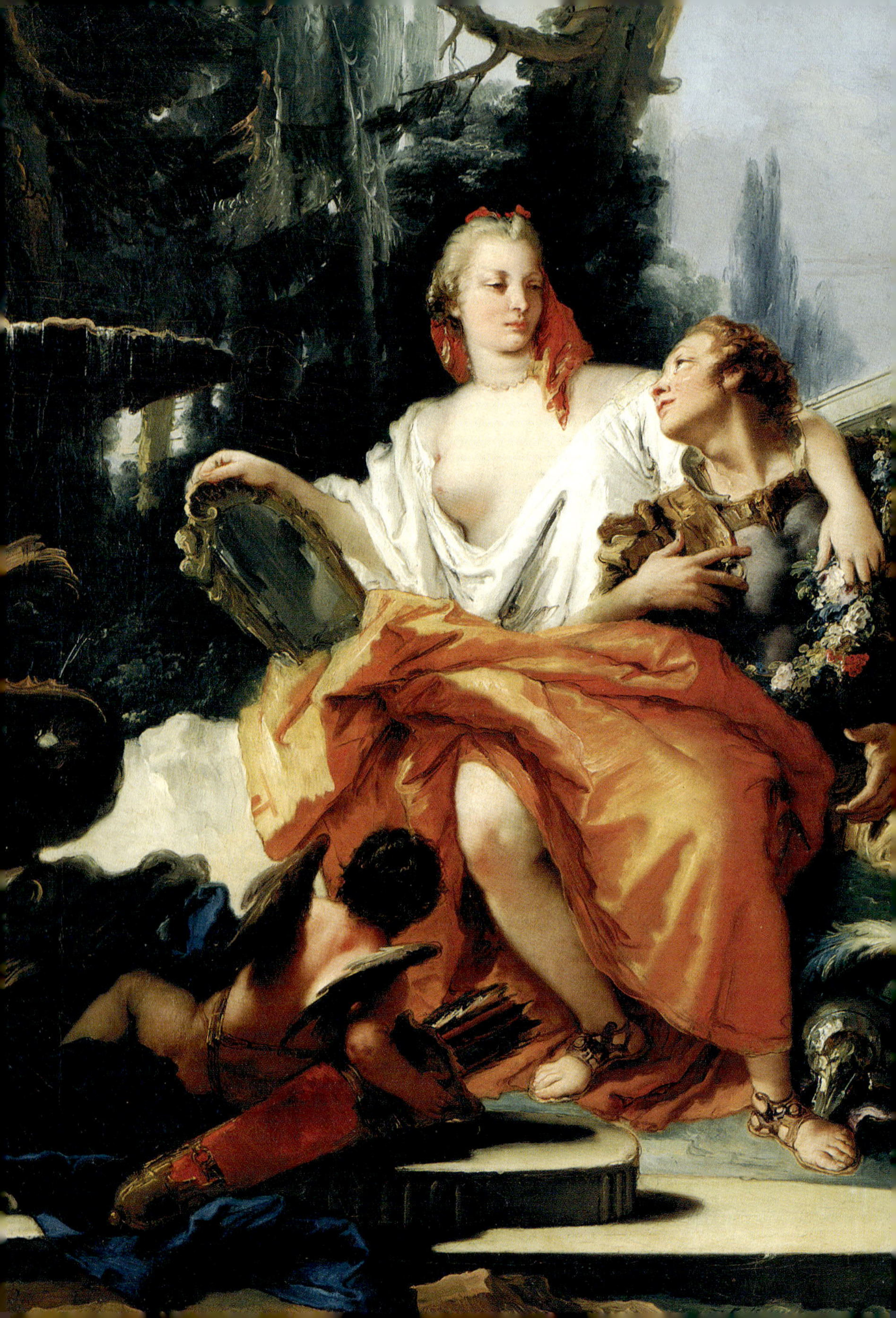

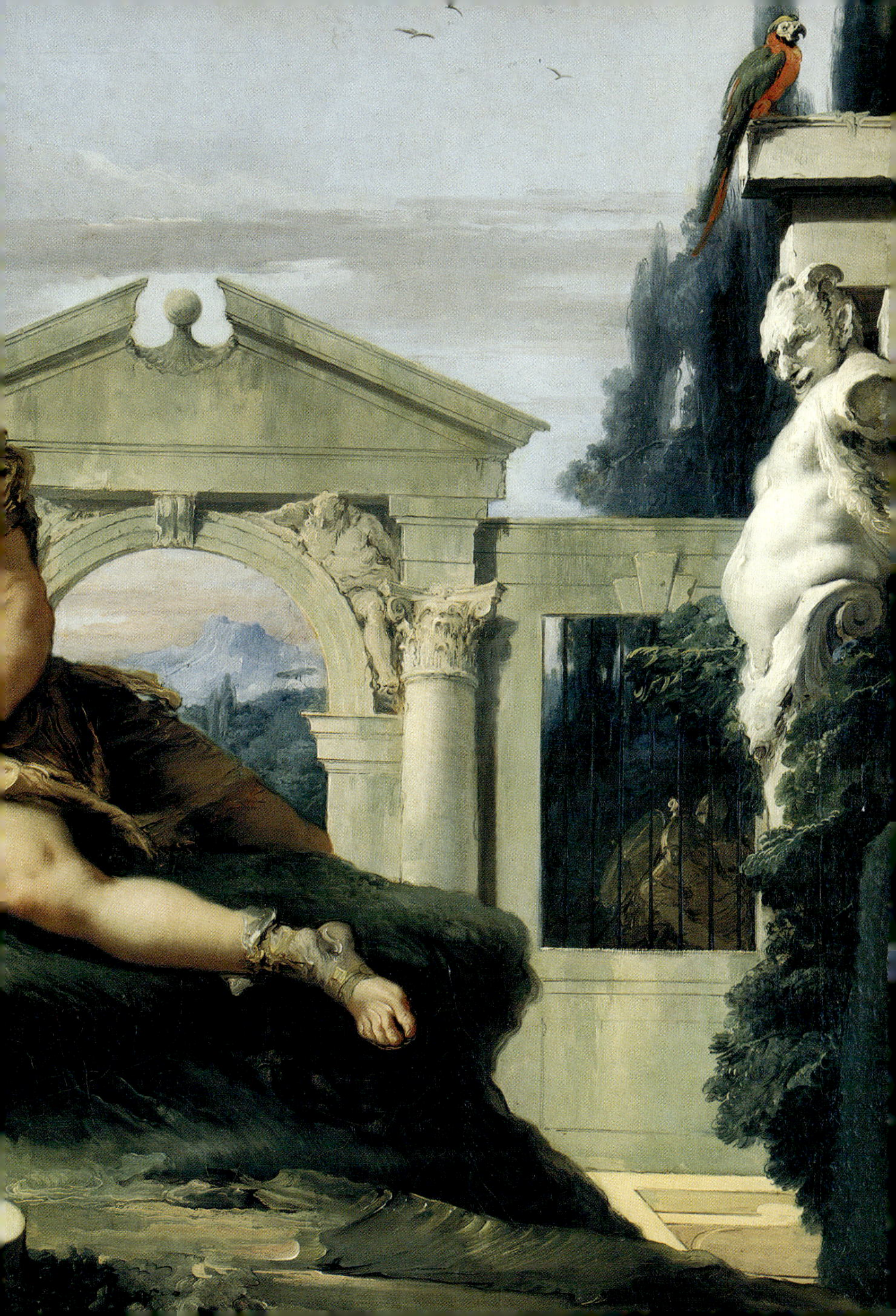

L. 164 Giovanni Battista Tiepolo (1696–1770),
»Rinaldo im Zauberbann Armidas« (Leinw., 105 x 140 cm; signiert unten links »B. TIEPOLO«)

L. 165 Giovanni Battista Tiepolo (1696–1770),
»Rinaldos Trennung von Armida« (Leinw., 105 x 140 cm; signiert unten links »B. TIEPOLO«)

Die beiden 1753 in Würzburg entstandenen und in den privaten Besitz des Fürstbischofs Adam Friedrich von Seinsheim gelangten Gemälde können als Vorläufer gelten für den wenig später, nämlich 1757, entstandenen Freskenzyklus in der Villa Valmerana bei Vicenza, welcher ebenfalls die Geschichte von der Zauberin Armida und dem Ritter Rinaldo nach Torquato Tassos »La Gerusalemme liberata« (Buch XVI) zum Gegenstand hat. Auf dem einen sehen wir den Ritter, ohne den Jerusalem nicht erobert werden konnte, von Armida in den Liebesgarten gelockt, neben ihr auf einer Rasenbank sitzen. Schon ist sein Blick in den Spiegel gefallen, der seine Neigung zu der Zauberin entflammt und ihn vorerst fesseln wird. Hinter dem Gartengitter erscheinen indessen die Waffengefährten Rinaldos, Guelfo und Utaldo; die Szene der Trennung ist dann auf dem anderen Gemälde dargestellt. Gerade durch die Entrückung der Szene in eine Welt märchenhafter Fantasie kommt es hier zu einer freien Entfaltung aller malerischen Mittel, deren Höhepunkt im Zeitalter des venezianischen Spätbarock mit der Kunst Tiepolos überhaupt erreicht ist.

1162 Giandomenico Tiepolo (1727–1804),
»Christus und Magdalena«
(Leinw., 96 x 148 cm; signiert und datiert: »Do. Tiepolo Fece. Anno 1752«)

1163 Giandomenico Tiepolo (1727–1804),
»Das Abendmahl«
(Leinw., 96 x 148 cm; signiert und datiert: »Do. Tiepolo Fece. Anno 1752)

Gegenüber den beiden Gemälden von Giovanni Battista Tiepolo wirken diese Bilder von dessen Sohn und Schüler wie ein virtuoser Ausklang. Die ebenfalls in der Würzburger Zeit während der Zusammenarbeit Giandomenicos mit dem Vater entstandenen, 1752 signierten und datierten Gemälde sind indessen nicht völlig frei von gewaltsam anmutenden Effekten. Auch erscheint der szenische Zusammenhang der beiden Darstellungen durch das vielfach unvermittelte Reagieren der Figuren gefährdet; besonders auffällig aber ist im Vergleich zu den Gemälden des Giovanni Battista das Nachlassen der farbigen Intensität angesichts des künstlerischen Gesamteindrucks.

10645 Carlo Carlone (1686–1775),
»Enthauptung Johannes des Täufers«
(Leinw., 48,5 cm x 73,5 cm)

Carlo Carlone kam bereits als Zwölfjähriger nach Venedig, wo er in der Werkstatt des Giulio Quaglia seine erste Ausbildung erhielt, die er anschließend bei Francesco Trevisani in Rom vervollständigte. Später war Carlone viel in Süddeutschland und der Schweiz sowie vor allem am Hof in Wien beschäftigt. Unsere Ölskizze steht ohne Zweifel im unmittelbaren Zusammenhang mit dem gleichnamigen Fresko von Giovanni Battista Tiepolo in einer Lünette der Colleonikapelle in Bergamo aus dem Jahre 1732. Im Übrigen entspricht der besonderen Vorliebe Carlones für den pathetisch gesteigerten Vortrag dramatischer Situationen die lebhafte Farbigkeit seiner Palette, gekennzeichnet durch die bevorzugte Verwendung durchgehend hell aufgetragener gelber, blauer und roter Töne.

30 DIENERSCHAFTSZIMMER AN DEN INGELHEIM-ZIMMERN

Gemälde: »Sommerlandschaft« von F. H. Paradyen, 1749.

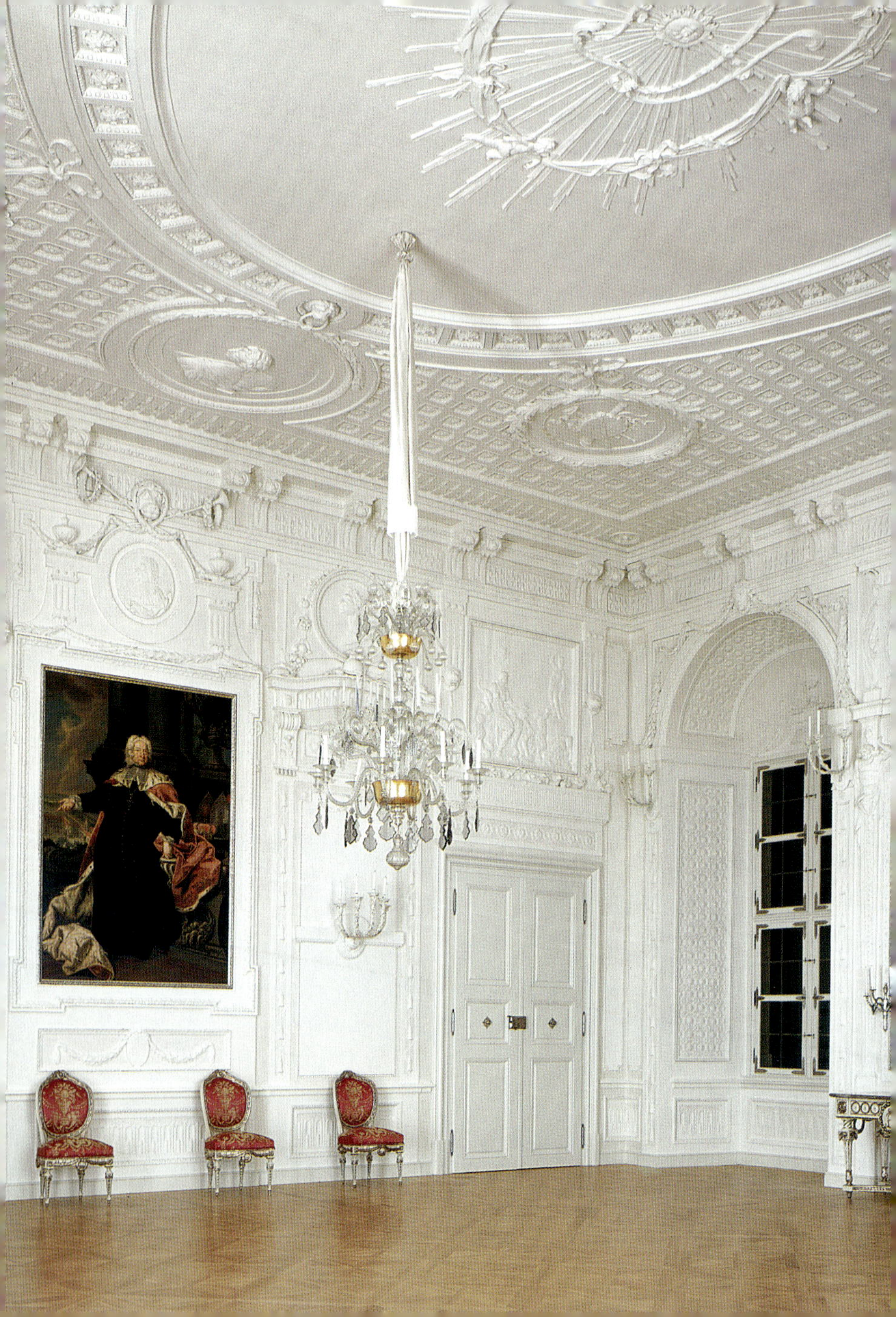

Ingelheimzimmer
(ERSTE BISCHOFSWOHNUNG; SEINSHEIMZIMMER)

RÄUME 31 BIS 38

Die Innendekorationen der Ingelheimzimmer (1776–1781) beschließen als letzte große Maßnahme des 18. Jahrhunderts die nahezu 60 Jahre ununterbrochene Bau- und Ausstattungszeit der Residenz. Als eigenständige Leistung des Hofstuckators Materno Bossi – in Zusammenarbeit mit dem Hofbildhauer Peter Wagner (Möbel) – bilden sie den stilgeschichtlichen Höhepunkt der Seinsheimzeit (1775–1779). »Eines der edelsten Werke des beginnenden Klassizismus in Deutschland« wurden sie bereits 1898 gerühmt (E. Renard). Nach den Kriegszerstörungen 1945 konnten die teilzerstörten Decken und Fußböden rekonstruiert, die beschädigten Wände restauriert und ergänzt sowie das gesamte Appartement 1978 mit dem geretteten, ebenfalls restaurierten Mobiliar wiedereröffnet werden.

Saal der Ingelheimzimmer mit dem Porträt Friedrich Carls von Schönborn (Raum 31)

Von Fürstbischof Anselm Franz v. Ingelheim haben die acht Räume im Stadtflügel des Nordblocks lediglich ihren Namen; während seiner kurzen Regierung (1746–1749) hatte der Nachfolger Friedrich Carls von Schönborn völlig zurückgezogen in der Zimmerflucht mit dem kleinen Saal gelebt. Alle anderen Fürstbischöfe bewohnten die seit 1737 im Ehrenhof- und Stadtflügel des Südblocks eingerichtete, so genannte zweite Bischofswohnung (später Appartement I der Toskanazimmer, jetzt Martin von Wagner Museum).

Für die Ausstattung der Ingelheimzimmer ist die kurze Episode Ingelheim jedenfalls unbedeutend; sie reicht schon zirka 20 Jahre vor diese Zeit zurück – ihre endgültige Form erhielt sie aber erst 30 Jahre danach: Schon unter dem ersten Bauherrn Johann Philipp Franz von Schönborn

(1719–1724) und seinem Nachfolger Christoph Franz von Hutten (1725–1729) entstand hier – als auch die Hofkirche im Nordblock geplant war – die bis zu Huttens Tod nicht ganz fertig gestellte, so genannte erste Bischofswohnung. Davon noch erhalten sind ein Kamin (Raum 37) und die von Johann Peter und Carl Anton Castelli 1724–1725 im Stil der Régence stuckierten Decken bzw. Hohlkehlen in fünf Räumen. Unmittelbar im Anschluss an Balthasar Neumanns ersten Parisaufenthalt ausgeführt, sind es die frühesten erhaltenen Stuckdekorationen in der Würzburger Residenz.

Gleichzeitig bergen die Ingelheimzimmer aber auch die späteste erhaltene Innendekoration des Schlosses: Fürstbischof Adam Friedrich von Seinsheim (1755–1779) beauftragte den Hofstuckator Materno Bossi 1776 mit der Neuausstattung; sie bestimmt ganz den heutigen Eindruck der Zimmerflucht. Die Räume wurden im Anschluss an die Säle des Nordflügels (Operntheater im Nordoval, Fürstensaal) aufgewertet und boten nun neben den Paradezimmern an der Gartenseite »abermahlen einen anderen Platz, Souper und Gesellschaft zu geben«, wie es bei der ersten Benutzung 1778 heißt. Ihre gleichzeitige Funktion als Gastappartements verrät die Bezeichnung der Räume im Inventar 1778: der neue rote Saal sowie nach beiden Seiten: Vorzimmer, Schlafzimmer, Kabinett, Kammerdienerzimmer.

So einheitlich der Gesamteindruck der Ingelheimzimmer ist, so wurden die frühklassizistischen Raumdekorationen doch von sehr verschiedenen Faktoren geprägt: Für das auffälligste Merkmal, nämlich ihr farbiges Erscheinungsbild – versilberter Stuck auf farbig gefassten Wandflächen – waren Seinsheims Beziehungen nach München (Residenz München, Amalienburg und Neues Schloss Schleißheim) ausschlaggebend. Der Stuckator verbrachte dort 1776 einen Informationsaufenthalt. Dass Stuck jetzt als Einheitsmaterial verwendet wird, folgt der allgemeinen, bereits in den nördlichen Paradezimmern bemerkbaren

Tendenz; anstelle gemalter Supraporten treten von Materno Bossi in beachtenswerter Qualität ausgeführte Stuckreliefs. Wie auch in den Gärten der Seinsheimzeit agieren darin überwiegend Putten.

Bei der Gestaltung der Stuckdekorationen im Einzelnen wirkten für Bossi die z. T. einbezogenen Stuckdecken der ersten Ausstattung ebenso verpflichtend wie anregend, wie etwa Raum 33 mit dem wieder aufgenommenen Thema Musik und Raum 36 mit seinen Blumenmotiven deutlich zeigen. Bei den Erdteildarstellungen im Saal (Raum 31) ließ sich der Stuckator sogar von G. B. Tiepolos Treppenhausfresko anleiten. Mehr noch, der gesamte Sinngehalt der Saaldekoration widerspiegelt das Freskoprogramm des Treppenhauses.

Über diese Rückbezüge auf ältere Vorbilder hinaus wurden allerdings auch französische Stichvorlagen des Louisseize nach dem neuesten Geschmack herangezogen; sie bewirken das Charakteristische der Ingelheimzimmer und unterscheiden diese sowohl von den Dekorationen des ausgehenden Rokoko wie auch von der kurzen Übergangsphase des frühen goût grec in den nördlichen Paradezimmern. Der Würzburger Hofstuckator benutzte das 1771 in Paris erschienene Vorlagenwerk *Nouvelle Iconologie Historique* des Jean Charles Delafosse. Die darin enthaltenen Dekorationsvorschläge sollen sinnbildliche Bedeutungen ausdrücken und sind deshalb entsprechend ausgefallen gestaltet (siehe Abb. S. 141). Auch wenn Bossi diese Vorlagen ohne Rücksicht auf ihren Sinngehalt verwendet und gestaltend ausschlachtet, bleibt seinen Stuckdekorationen dadurch die eigenartige Delafosse'sche Prägung. Sie erklärt sich einerseits aus den z. T. grotesken Motiven, wie Masken, blattschwänzigen Fischen, Füllhörnern mit üppigen Früchten usw., welche sich aus dem Formenschatz der französischen Dekorationskunst des 16. und 17. Jahrhunderts rekrutieren, andererseits aus dem oft ungewöhnlichen Zusammenhang, in den diese Motive, in Anklang

an Dekorationen des Manierismus, gesetzt sind: Dabei werden Dekorationsmotive architektonisiert und Architekturelemente dekorativen Zwecken unterworfen. Auch die Ausstattungsstücke der Ingelheimzimmer, wie die aus Wien gelieferten Öfen und zum Teil die gefassten, von Hofbildhauer Peter Wagner gefertigten Möbel, orientieren sich an Delafosses Vorlagen.
Die Ingelheimzimmer sind damit das Hauptbeispiel einer mainfränkischen Ausprägung des style Delafosse, der als kurzlebige Stilrichtung des Zopfstils in der Residenz den goût grec ablöst. Zum letzten Mal werden Raumdekorationen und Ausstattung im Sinne eines Gesamtkunstwerks, aber auch noch in unmittelbarem schöpferischen Zusammenhang mit den vorherigen Epochen der Dekorationskunst seit Beginn des Würzburger Residenzbaus geprägt.

31 SAAL DER INGELHEIMZIMMER

Der Saal nimmt die mittleren drei Fensterachsen und – im Unterschied zu den flankierenden Appartements – die ganze Tiefe vom Stadtflügel des Nordblocks ein. Saalcharakter vermitteln die erhöhte Flachdecke und die Durchfensterung von beiden Seiten mit Rundbogenabschlüssen. Die ganz in Stuck ausgeführte Dekoration an Wänden und Decke schuf der Hofstuckator Materno Bossi 1776–1778 unter Verwendung von Stichvorlagen (Abb. rechts) des französischen Architekten Jean Charles Delafosse. – Nach den Schäden durch Kriegseinwirkung ist die innere Raumschale wie auch die der zugehörigen Appartements seit 1978 wiederhergestellt.
Das Programm der Stuckdekoration feiert Person und Regierung des Auftraggebers, Fürstbischof Adam Friedrich von Seinsheim: In der Mitte der Stirnwand über dem Ofen erscheint sein Wappen, gegenüber sein Bildnis als Reliefmedaillon, jeweils flankiert von zwei Cäsarenbüsten als Zeichen ruhmvoller Apotheose. Die eigentliche Aussage geht

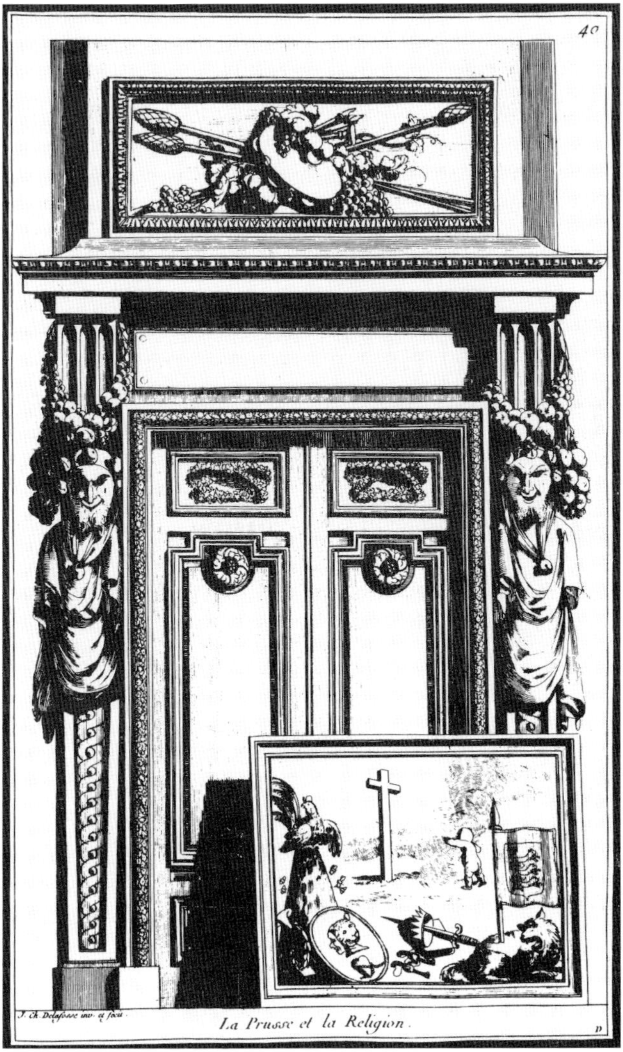

Stichvorlage für die Stuckierung der Fensterpfeiler des Saals der Ingelheimzimmer. Aus der Nouvelle Iconologie Historique des J. Ch. Delafosse, Paris 1771

vom Deckenmittelfeld aus: Benutzt wird ein gebräuchliches Bild, das den Fürsten mit der Sonne gleichsetzt; als »Landessonne« verteilt er – wie die Sonne ihr Licht und ihre Wärme – gleichmäßig seine Gunst über Land und Untertanen. Unter seiner Herrschaft floriert der Handel und gedeihen die Künste. Dies wird durch die Initialen AF in der Sonne an der Decke vergegenwärtigt, durch die vier Erdteile über den Spiegeln, durch die Darstellungen von Wissenschaft und Handel, Baukunst, Bildhauerkunst und Malerei in den Reliefs über den Türen sowie an der Decke durch die Musikinstrumente und die Reliefbüsten, die wohl Sängerinnen und Musiker darstellen.
Damit lehnt sich das Programm deutlich an das Treppenhausfresko G. B. Tiepolos an, auf das sich der Stuckator mit seiner gelungenen Umsetzung der vier Erdteile ins Puttenformat ja sogar auch formal deutlich bezieht.
Mit dem an der südlichen Stirnwand eingelassenen Staatsporträt des Fürstbischofs Friedrich Carl von Schönborn (reg. 1729–1746) ehrt der Auftraggeber Seinsheim sein großes Vorbild und erinnert gleichzeitig daran, dass sein Onkel die Ingelheimzimmer – wenn auch nur als Provisorium – als Erster 40 Jahre früher schon kurz bewohnt hatte.

Gemälde: Staatsporträt des Fürstbischofs Friedrich Carl von Schönborn (reg. 1729–1746), in ganzer Figur, auf Schloss Schönborn bei Göllersdorf weisend (Wiederholung des Porträts im Fürstensaal).

Einrichtung: 2 x 2 Konsoltische, Joh. P. Wagner, 1776/1780, weiß gefasst und versilbert. 2 Tische tragen bereits die Initialen des Fürstbischofs Franz Ludwig von Erthal ■ 6 Polsterstühle, weiß gefasst und versilbert, Joh. P. Wagner, 1776/80, rote Seidendamastbezüge (erneuert) ■ 8 Tabourets, ebenso ■ 4 Bronzestatuetten auf Boullesockeln, Allegorien der 4 Elemente, Paris um 1725 ■ 24 Wandleuchter (8 fünfarmig, 16 dreiarmig) mit Blechblättern, ursprünglich nach Entwurf von Materno Bossi (erneuert) ■ 8 Wandleuchter seitlich der Spiegel, dreiarmig, ursprünglich wohl nach Entwurf von M. Bossi, Messingguss (erneuert) ■ 2 Glaslüster mit Kristallpendeloques.

32 ROTES VORZIMMER DER INGELHEIMZIMMER (JAGDZIMMER)

Die versilbert auf blassroten Grund gesetzten Stuckdekorationen vereinigen zwei zirka 50 Jahre auseinander liegende Ausstattungsphasen: Die Stuckaturen der Hohlkehle einschließlich der Eckkartuschen wurden unter der Anweisung des Pariser Architekten Germain Boffrand vom Stuckator Johann Peter Castelli entworfen und »nach der Zeichnung von der Jagd« 1724–1725 für die erste Bischofswohnung ausgeführt. Wandstuck und Deckenrosette sind dagegen Zopfstildekorationen der Seinsheimzeit und wurden 1776–1778 vom Hofstuckator Materno Bossi unter Verwendung von Stichvorlagen des Jean Charles Delafosse geschaffen; so ist z. B. das Motiv des Spiegelaufsatzes dem »Abissinie ou haute Ethiopie et la Religion« bezeichneten Blatt aus Delafosses *Nouvelle Iconologie Historique* entnommen. Das Thema der Jagd, dem der Raum seine Bezeichnung Jagdzimmer verdankt, fand in den Supraportenreliefs Bossis mit den drei Jagddarstellungen auch Aufnahme in die Neudekoration. Sie zeigen den Fischfang, die Jagd auf Flugwild sowie die Beizjagd auf Hasen. Der Fayenceofen aus Wien entspricht dem Stil der Wanddekoration.

Einrichtung: Konsoltisch, G. A. Guthmann, um 1740, blassrot gefasst und versilbert ■ 6 Polsterstühle, Joh. P. Wagner, 1778/80, blassrot gefasst und versilbert, Seidendamastbezüge im entsprechenden Farbton gleich der Wandbespannung (erneuert) ■ Kommode, zweischübig, fränkisch, um 1785. Furniert mit Nussbaum und Nusswurzel ■ Schreibschrank des Fürstbischofs Franz Ludwig von Erthal, mainfränkisch, um 1780. Furniert und eingelegt mit Nussbaum, Nusswurzel, Mahagoni, Rosenholz und Palisander, vergoldetes Bronzebeschläg. Die Front des Aufsatzes ist als Schreibplatte herunterzuklappen, der Mittelpilaster mit den Initialen FL dient dazu als Stütze. Aufsatz innen mit Jalousieverschluss. Unterteil mit Türen seitlich, dahinter Schubladen. Zu diesem Schreibschrank das Gegenstück aus dem Besitz des Mainzer Kurfürsten Friedrich Carl von Erthal befindet sich im Schloss Aschaffenburg ■ Elfenbeinplastik »Opferung Isaaks« von Simon Troger, München, gegen 1760 ■ Bronzestatuette der Diana von Hofbildhauer Claude Curé, Würzburg, 1724. Sockel bez.: »Claud Curé scul: J: A: Roth fud: 1724« ■ 2 Wandleuchter, dreiarmig, ursprünglich wohl nach Entwurf von M. Bossi, Messingguss (erneuert) ■ Glaslüster mit Kristallpendeloques.

33 GRÜNES SCHREIBZIMMER DER INGELHEIM-ZIMMER (MUSIKZIMMER)

Auch in diesem Raum sind die unter Fürstbischof Johann Philipp Franz von Schönborn begonnenen Stuckdekorationen der ersten Ausstattungsphase der Residenz mit denen der Seinsheimzeit kombiniert: Im Stil der Régence stuckierte Johann Peter Castelli nach seinem unter Anweisung Germain Boffrands entstandenen Entwurf 1724–1725 Decke und Hohlkehle. Die Musik ist mit verschiedenen dargestellten Instrumenten das Thema dieser Dekoration, nach der der Raum auch Musikzimmer genannt wird. Über 50 Jahre später schuf Materno Bossi 1776–1778 die Zopfstildekoration der Wände mit dem bestimmenden Motiv des Bukranions (Stierschädel) mit dem Lorbeerzopf über einem Rosettenfries; aus der *Nouvelle Iconologie Historique* des Jean Charles Delafosse diente ihm dazu das Blatt: »Siam et la Religion« als Vorlage. Nicht in den Supraportenreliefs, die Fruchtschalen zeigen, jedoch in den Fensternischen wurde mit den hängenden Arrangements von Musikinstrumenten das

Thema der Régencedekoration durch Bossi wieder aufgenommen. Der Fayenceofen aus Wien entspricht dem Stil der Wanddekoration.

Wirkteppiche: 3 Wirkteppiche mit Darstellungen aus dem Bauernleben nach Motiven von David Teniers. Eingangswand: Eisvergnügen und Schweineschlachten, Brüssel, Le Clerc, um 1710. Rückwand: Der Fischzug, Brüssel, bez. »ACASTRO« (= van der Borght), um 1710. Ausgangswand: Bogenschießen, Lille (?), um 1680.

Einrichtung: Sitzgarnitur, bestehend aus: 2 Polsterstühlen, 4 Sesseln (Bergères) und einem zweisitzigen Kanapee, Joh. P. Wagner, 1778/1780. Entsprechend der Raumfassung blassgrün gefasst und versilbert, Bezüge in grünlichem Seidendamast (erneuert) ■ Konsoltisch, G. A. Guthmann, um 1740, grün gefasst und versilbert ■ 2 Kommoden, zweischübig, mainfränkisch, um 1780, mit Birkenmaser und Nussbaum furniert, an der Front Ovalmedaillon mit Musikinstrumenten in Einlegearbeit ■ 2 Alabastergruppen kämpfender Gladiatoren von Joh. W. van der Auvera, Würzburg 1738. Die Gruppe mit dem Netzkämpfer ist am Sockel bez.: »I. WOL: V. AUWERA. F: 1738« ■ 2 Wandleuchter, dreiarmig, ursprünglich wohl als Entwurf von M. Bossi, Messingguss (erneuert) ■ Glaslüster mit Kristallpendeloques.

34 GELBES ECKKABINETT DER INGELHEIM-ZIMMER

In dem zum Rennweg und zum Rosenbachpalais orientierten Eckzimmer sind mit den versilberten, auf gelben Grund gesetzten Stuckaturen wieder die beiden Ausstattungsphasen, die der Régence und die des Zopfstils, vertreten: An Decke und Hohlkehle sind die für die erste Bischofswohnung 1724–1725 von Johann Peter Castelli geschaffenen Dekorationen erhalten, während die Stuckierung der Wände erst 1776–1778 durch Materno Bossi erfolgte. Für die Ge-

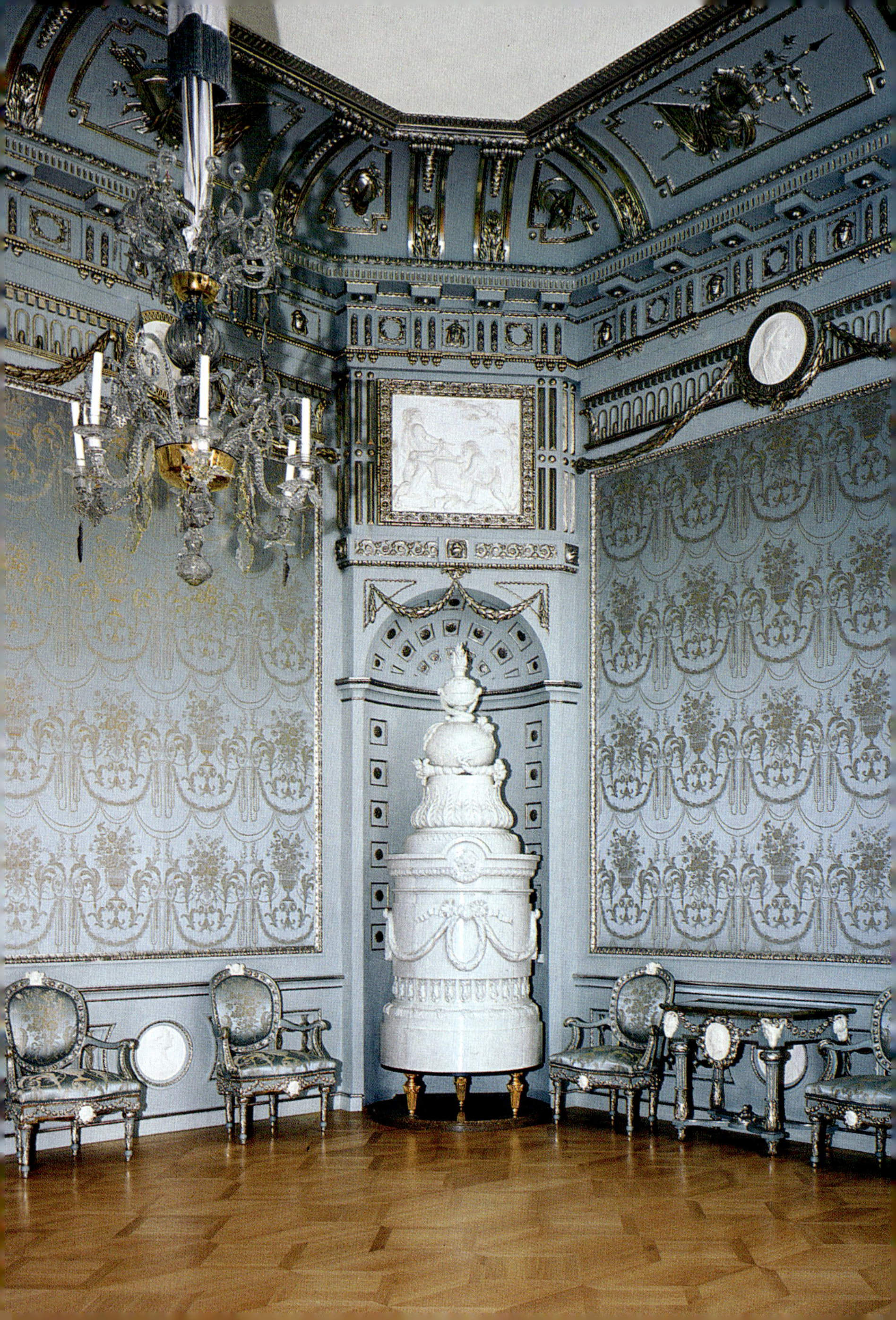

staltung des Kaminfeldes war dabei eine Stichvorlage des französischen Architekten Jean François de Neufforge vorbildlich, ebenso wie auch das Muster des hier aufwändig in verschiedenfarbigen Hölzern eingelegten Fußbodens (erneuert) in dessen *Recueil d'Architecture* zu finden ist. Der Kamin selbst (erneuert) ist eine spätere Zutat der Toskanazeit (1806–1814). Mit den Blumensträußchen im Deckenstuck, dem Korb mit Meerestieren als Supraportenrelief und dem stuckierten Gehänge von Musikinstrumenten über der Türe zum Nebenraum weist die Dekoration keine einheitliche Thematik auf.

*Gemälde**: Porträt des Fürstbischofs Adam Friedrich v. Seinsheim, Joh. Jos. Scheubel d. J., 1766.

Einrichtung: 6 Polsterstühle, Joh. P. Wagner, 1778/1780, entsprechend der Raumfassung gelb gefasst und versilbert, goldgelbe Seidendamastbezüge wie die Wandbespannung erneuert ▪ Kommode, dreischübig, mit abgerundeten Ecken, auf sechs Beinen, süddeutsch um 1785 ▪ Toilettentisch, eingelegt mit Blumenmarketerie, von Benedikt Schlecht oder Johann Georg Fellwöck, Würzburg gegen 1770 ▪ Marmorgruppe »Pluto raubt Proserpina«, vielleicht von Joh. W. van der Auvera, Würzburg um 1740 ▪ Stutzuhr in Vasenform, 18. Jahrhundert, Zifferblatt bez.: »Johan Michael Hengglleer« ▪ Glaslüster mit Kristallpendeloques.

Blaues Vorzimmer der Ingelheimzimer (Raum 35)

35 BLAUES VORZIMMER DER INGELHEIMZIMMER

Außer dem Saal ist das blaue Vorzimmer der einzige Raum der Zimmerflucht, dessen Dekoration bei der Neuausstattung der Seinsheimzeit 1776–1778 vollständig, also einschließlich des Deckenstucks, erneuert wurde. Die Motive der versilbert auf blassblaugrünem Grund gesetzten Stuckdekoration entnahm der Stuckator Materno Bossi für die

*Leihgabe der Bayerischen Staatsgemäldesammlungen, München.

Wandgestaltung einer Vorlage aus der *Nouvelle Iconologie Historique* des Jean Charles Delafosse mit dem Titel »Irlande et sa Religion.« Die Felder der Hohlkehle zeigen Kriegstrophäen, ebenso wie die Gehänge in den Fensterlaibungen, die in ihren Tierattributen in Anlehnung an Tiepolos Treppenhausfresko Hinweise auf die vier Erdteile enthalten. Ganz unkriegerisch gebärden sich dagegen in den fünf Reliefs über den drei Türen und über Ofennische und Spiegel die Putten, die, indem sie die Jagdgöttin Diana verwöhnen, das Thema Jagd und Fischfang zur Darstellung bringen. Der Fayenceofen aus Wien entspricht dem Stil der Wanddekoration.

Einrichtung: Sitzgarnitur, bestehend aus 8 Armlehnsesseln und 1 Kanapee, zugehörig 2 Konsoltische und 1 Tisch, Joh. P. Wagner, 1776/1779. Entsprechend der Raumfassung blassblaugrün gefasst und versilbert, Seidendamastbezüge der Sessel passend zur Wandbespannung erneuert. Für die Tische diente das »la Perse« betitelte Blatt aus der *Nouvelle Iconologie Historique* des J. Ch. Delafosse als Vorlage ■ Bronzestatuette »Jupiter und Adler« nach antikem Vorbild, italienisch, 17. Jahrhundert ■ 2 Wandleuchter, dreiarmig, Messingguss (erneuert) ■ Glaslüster mit Kristallpendeloques.

36 GELBES AUDIENZZIMMER DER INGELHEIM-ZIMMER

Die Stuckdekoration des Raumes vereinigt wieder die beiden Ausstattungsphasen, die der Régence unter dem ersten Bauherrn der Residenz, Fürstbischof Johann Philipp Franz von Schönborn und die der Zopfzeit unter dem letzten Auftraggeber im 18. Jahrhundert, Fürstbischof Adam Friedrich von Seinsheim: Die Stuckaturen der Decke und der Hohlkehle mit den Motiven der Herrschaftsinsignien, Früchten und Blumen wurden nach Anweisung des Architekten Germain Boffrand vom Stuckator Johann Peter

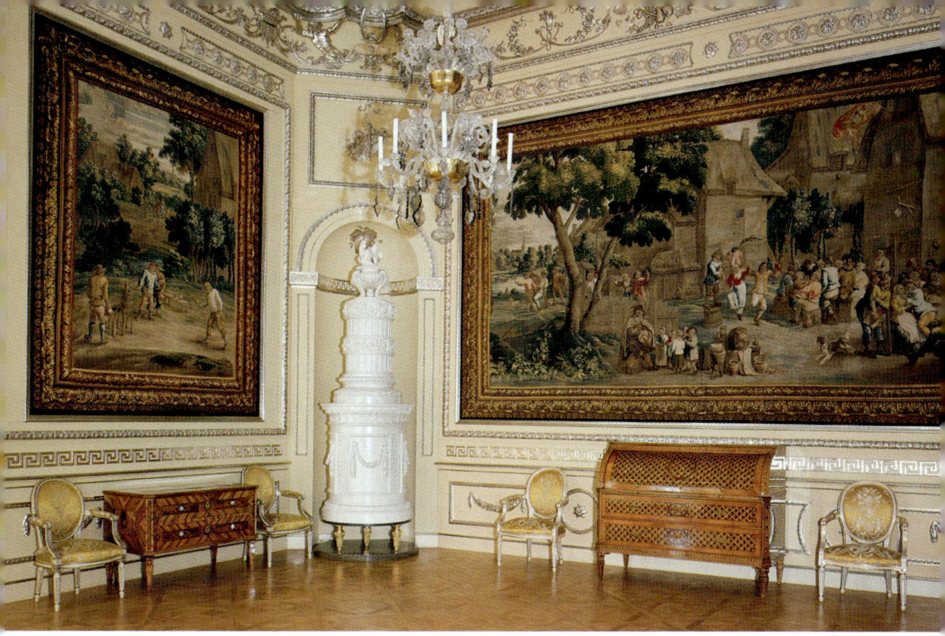

Gelbes Audienzzimmer der Ingelheimzimmer (Raum 36)

Castelli entworfen und 1724/1725 ausgeführt. Erst über 50 Jahre später schuf der Hofstuckator Materno Bossi 1776–1778 die Wanddekoration, bezog sich dabei jedoch in der motivischen Gestaltung auf den belassenen Stuck: so in der reichen Verwendung floraler Motive, wie den von Rosen umkränzten Supraportenreliefs, die Putten mit Girlanden spielend zeigen, mit dem Blumenkorb über dem Ofen, oder in den stuckierten Gehängen in den Fensterlaibungen, Darstellungen der vier Jahreszeiten. Als Vorlage dienten Materno Bossi auch hier wieder aus der *Nouvelle Iconologie Historique* des Jean Charles Delafosse zwei Blätter, betitelt »Moscovie« und »Contrariété«. Der Fayenceofen aus Wien entspricht dem Stil der Wanddekoration.

Wirkteppiche: 3 Wirkteppiche mit Darstellungen aus dem Bauernleben nach Motiven von David Teniers; Eingangswand: Bauern beim Kegelspiel, Brüssel, Le Clerc, um 1710; Rückwand: Kirmes, Brüssel, Le Clerc, um 1710; Ausgangswand: Schäferszene, Brüssel, bez. »ACASTRO« (= van der Borght), um 1710.

Einrichtung: 6 Armlehnsessel, Joh. P. Wagner, 1776/1780, entsprechend der Raumfassung gelb gefasst und versilbert, gelbe Seidendamastbezüge (erneuert) ■ Konsoltisch, Joh. P. Wagner, 1772/1774, gelb gefasst und versilbert ■ 2 Kommoden, fränkisch, um 1785, mit Nussbaum furniert und verschiedenen Einlagen, Beschläge mit Porzellanknöpfen ■ Zylinderbüro, fränkisch, um 1780, furniert mit Nussbaum, Kirsch und Mahagoni, Einlegearbeit in perspektivischem Fachmuster ■ Büste »Die Wahrheit«, grüner und weißer Marmor mit Bronze, Pierre François Le Jeune, Stuttgart um 1776 (bez.: »LE JEUNE«) ■ 2 Wandleuchter, dreiarmig, Messingguss (erneuert) ■ Glaslüster mit Kristallpendeloques.

37 GRÜNES ECKKABINETT DER INGELHEIM-ZIMMER

Zusätzlich zu den Stuckaturen an der Decke, für die 1725 der Stuckator Johann Peter Castelli bezahlt wurde, ist in diesem Raum auch noch der von Bildhauer Peter Heiliger ausgeführte graue Marmorkamin der ersten Bischofswohnung als ältester Kamin in der Residenz erhalten. Er trägt das Wappen des Fürstbischofs Christoph Franz von Hutten (1725–1729). Für die 1776–1778 entstandene Wanddekoration der Seinsheimzeit benutzte der Stuckator Materno Bossi aus dem Vorlagenwerk des Jean Charles Delafosse, der *Nouvelle Iconologie Historique*, das Blatt »Abissinie ou haute Ethiopie et la Religion«. Die zum Ehrenhof zugesetzte Fensteröffnung in der Achse der Zimmerflucht ist danach gestaltet. Antikische Büstenmedaillons, Früchtekörbe sowie spielende und musizierende Putten bestimmen die figürliche Dekoration.

Einrichtung: 3 Armlehnsessel, Joh. P. Wagner, 1776/1780, entsprechend der Raumfassung grün gefasst und versilbert, grüne

Seidendamastbezüge erneuert ■ Konsoltisch, Joh. P. Wagner, 1772/1774, entsprechend der Raumfassung grün gefasst und versilbert ■ Kaminschirm, um 1780, grün gefasst und versilbert, mit grüner Seidendamastbespannung ■ Damenrollbüro, fränkisch, um 1770, Eiche furniert mit exotischen Hölzern, Einlagen in Würfelmuster ■ Carteluhr, Holz geschnitzt und vergoldet, wohl fränkisch, um 1780 ■ Marmorgruppe »Nessos und Deianeira«, 18. Jahrhundert ■ 2 Wandleuchter, dreiarmig, Messingguss (erneuert) ■ Kristalllüster, Wien um 1750.

38 HUTTENKABINETT (NICHT ZUGÄNGLICH)

Deckenstuckaturen von Johann Peter Castelli 1725, mit den allegorischen Eckfiguren der Tugenden: Gerechtigkeit, Wahrheit, Mäßigkeit und Stärke, in den Lambrequins unter den Figuren Wappen und Initialen des Fürstbischofs Christoph Franz von Hutten (1725–1729). Stuckreliefs über der Ofennische und über der Türe (erlegtes Flugwild) von Materno Bossi 1776/1778.

39 DIENERSCHAFTSZIMMER AN DEN INGELHEIMZIMMERN

Gemälde: »Winterlandschaft« von F. H. Paradyen, um 1749.

40 CHARLOTTENGANG

Die Bezeichnung des Ganges an der nördlichen Ehrenhofseite erinnert an die Tochter des Königs Max I. von Bayern, Prinzessin Charlotte Auguste; sie bewohnte 1815/1816 die damals zum Ehrenhof gelegene Zimmerflucht, die hier erst kurz zuvor unter Großherzog Ferdinand III. von Toskana (reg. 1806–1814) für dessen Töchter eingerichtet worden war und die 1945 zerstört wurde.

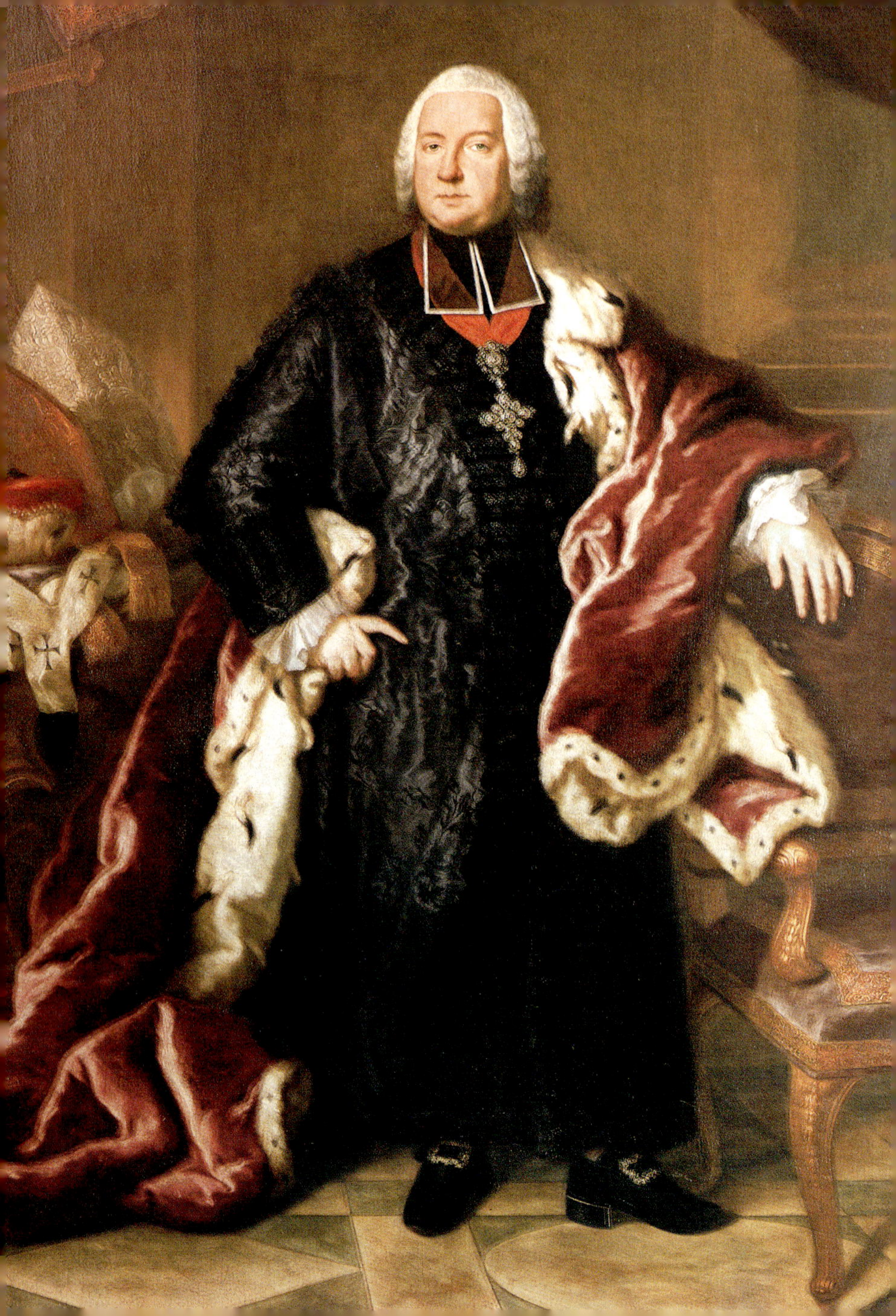

Fürstensaal (Fürstengalerie)

RAUM 42

Obwohl in dem schon 1726–1728 ausgeführten Bautrakt zwischen den beiden Höfen im Zentrum des Nordblocks gelegen, wurde der Fürstensaal – ursprünglich Fürstengalerie genannt – erst 1772 fertig gestellt. Die frühe Planung einer Hofkirche (1723) war dort nicht zur Ausführung gekommen. Nur ein Provisorium war 1766–1770 die Einrichtung als Musiksaal. – Die 1945 schwer beschädigte, oberhalb des Gebälks völlig zerstörte Raumdekoration ist seit 1978 wiederhergestellt.

Staatsporträt des letzten Bauherrn der Residenz im 18. Jahrhundert, Fürstbischof Adam Friedrich von Seinsheim (reg. 1755–1779), von G. Desmarées, 1763/64 (Raum 42)

Raumbeschreibung: Der Raumform einer Galerie entsprechend längsrechteckiger Raum. Fünf Fensterachsen mit beidseitig Fenstern. An den Stirnseiten in den Raum ragende Musikemporen. Wände in weißem stucco lustro mit Pilastergliederung korinthischer Ordnung über einer Sockelzone aus grauem Marmor. In die Fensterpfeiler eingelassen acht Bildnisse. Überhöhte Gebälkzone, bedingt durch die nach außen verblendeten Rundbogen der Fenster. Umlaufende Hohlkehle mit Stuckreliefs von M. Bossi (Nachbildungen), Flachdecke. An jeder Stirnseite Kamin in gelbem Stuckmarmor mit Kaminspiegel. Kaminaufbau seitlich mit schmiedeeisernen Rosettengittern (Werkstatt Joh. G. Oegg) zum Entweichen der Warmluft der eingebauten Öfen geöffnet. Zugang zum Saal durch drei der Türen an den Schmalseiten, die vierte, südwestliche Tür führt zur Empore.

Die Fürstengalerie wurde als der neue Repräsentationsraum der Seinsheimzeit vielseitig genutzt: Sie diente der Hofgesellschaft als Speisesaal am Mittag ebenso wie als Gesellschaftsraum zum Spiel, als Konzertsaal und – vor

Beginn der Opernaufführungen im benachbarten Nordoval – als Treffpunkt.
Die Idee zu dem schon seit 1765 festgelegten Dekorationsprogramm stammt vom Auftraggeber Fürstbischof Adam Friedrich von Seinsheim selbst. Die Hofarchitekten Johann Philipp Geigel und Johann Michael Fischer waren für die bauliche Planung verantwortlich, der Hofstuckator Materno Bossi schuf 1771/72 die Stuckdekoration.
Der Raum ist wie das Treppenhaus dem goût grec, einer Spielart des frühen Klassizismus, verpflichtet und entspricht damit dem damals modernen, von Frankreich bestimmten Zeitgeschmack. Name und Bedeutung des Raumes ergeben sich aus seinem Dekorationsprogramm: In die Fensterpfeiler sind acht ganzfigurige Staatsporträts Würzburger Fürstbischöfe eingelassen, das des Auftraggebers und die seiner sieben unmittelbaren Vorgänger. In der Hohlkehle wird diese Fürstenreihe von 24 Stuckreliefs begleitet, in denen Putten in verschiedenen Beschäftigungen das unbeschwerte Leben unter der segensreichen Herrschaft dieser Fürsten symbolisieren.
Vergegenwärtigt wurde so die ununterbrochene und bewährte Herrschaftstradition und damit auch der Herrschaftsanspruch der Würzburger Fürstbischöfe. Dies geschah in einer Zeit, in der die Berechtigung und der Fortbestand der geistlichen Fürstentümer immer stärker in Frage gestellt waren. Die Fürstengalerie ist also als Denkmal des geistlichen Fürstentums zu verstehen. Nicht zufällig ließ Adam Friedrich von Seinsheim auch in seiner Bamberger Residenz einen entsprechenden Raum verwirklichen.
Bei der Planungsgeschichte der Fürstengalerie spielten die Beziehungen Seinsheims zum Münchner Hof eine entscheidende Rolle: 1764 und 1765 hatte der kurbayerische Hofmaler Georg Desmarées dem Würzburger Fürstbischof zwei Staatsporträts geliefert; ein Fürsten-

saal wurde daraufhin zunächst im Nordoval projektiert. François de Cuvilliés d. Ä. lieferte dazu aus München 1766 ein nicht erhaltenes Holzmodell. Mit der Errichtung des Operntheaters im Nordoval 1770 wurde dieses Projekt jedoch verworfen und stattdessen die Fürstengalerie (so im Unterschied zum Saalprojekt bezeichnet) an ihrem heutigen Standort verwirklicht. Die mit dem Ortswechsel hinfällig gewordenen und nicht mehr dem Geschmack entsprechenden Dekorationsvorschläge Cuvilliés' blieben unausgeführt, das Programmkonzept wurde beibehalten. Dabei fand das eine Bildnis Seinsheims von Georg Desmarées seinen festen Platz hier, während das andere für Bamberg bestimmt wurde.

Bildnisse (wandfest) der acht Fürstbischöfe:
Joh. Gottfried von Guttenberg (reg. 1684–1698)
Joh. Philipp von Greiffenklau (reg. 1699–1719), gemalt 1719
Joh. Philipp Franz von Schönborn (reg. 1719–1724),
von J. P. Feuerlein (zugeschr.)
Christoph Franz von Hutten (reg. 1724–1729)
von Jo. Ad. Remela (bez.)
Friedrich Carl von Schönborn (reg. 1729–1746)
Anselm Franz von Ingelheim (reg. 1746–1749)
Carl Philipp von Greiffenklau (reg. 1749–1754)
Adam Friedrich von Seinsheim (reg. 1755–1779)
von Georg Desmarées, 1763/1764.

Einrichtung: 16 Armlehnsessel, um 1780, rote Seidendamastbezüge erneuert ■ 2 Kronleuchter (neu) nach Modellen aus der Albertina, Wien.

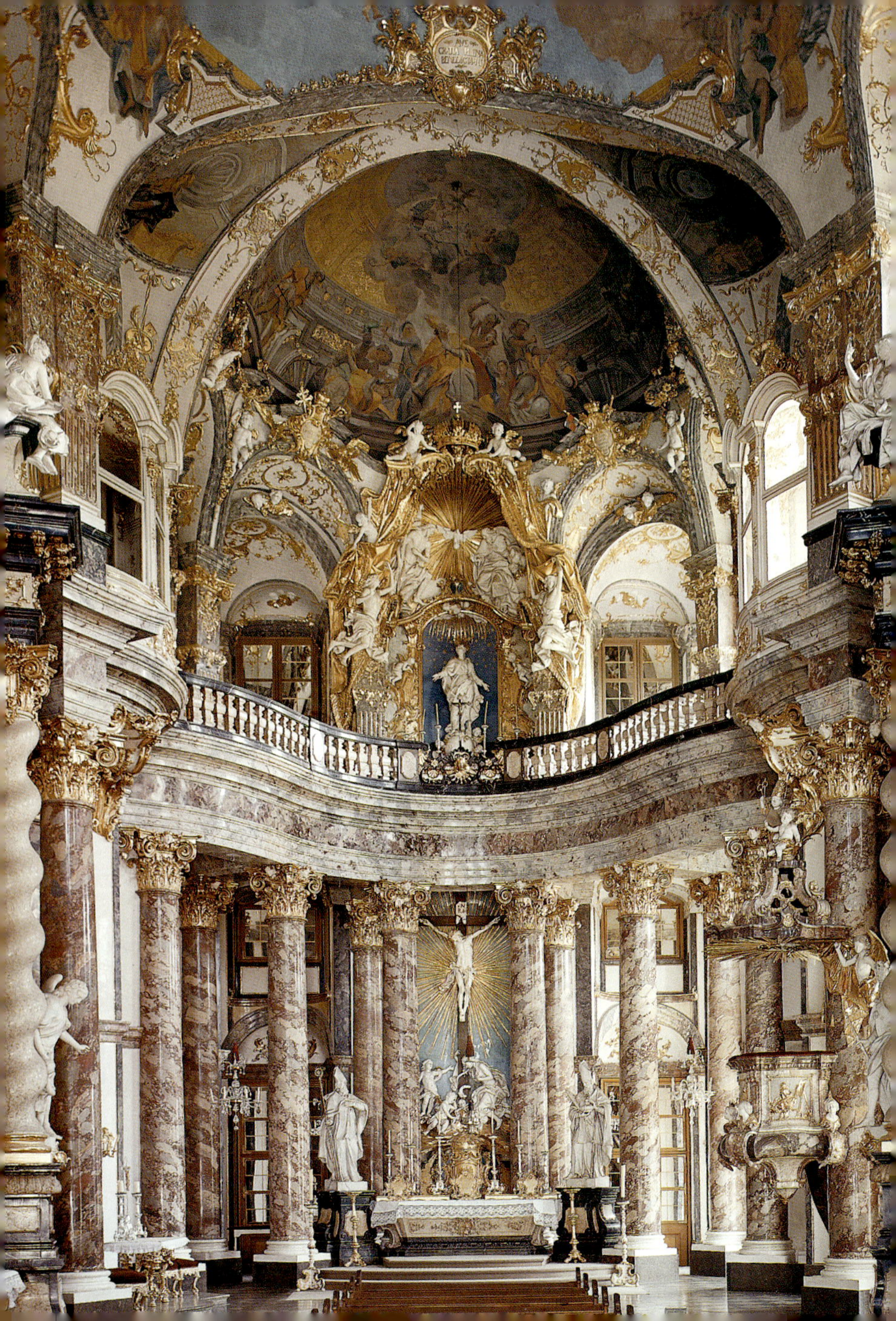

Hofkirche

RAUM 43 (Zugang vom Residenzplatz)

Hofkirche, Blick zum Altar

Die Hofkirche ist zwar verhältnismäßig klein, doch gehört sie durch die geistvoll differenzierte Raumstruktur und den hohen künstlerischen Rang der Dekoration nichtsdestoweniger zu den vollkommensten Sakralbauten des 18. Jahrhunderts in Deutschland. Die Planungsgeschichte ist lang und wechselvoll. Zuerst war die Hofkirche von Balthasar Neumann als simpel rechteckiger Saalraum im Nordosteck der Residenz geplant worden, dann von Maximilian von Welsch als ovaler Zentralraum im nördlichen Ovalrisalit, schließlich verlegt sie Robert de Cotte an die Stelle des nördlichen Treppenhauses und Germain Boffrand in den Quertrakt zwischen dem vorderen und hinteren Nordhof.

Eingerichtet wurde sie dann endlich nach ersten Planungen Balthasar Neumanns aus dem Jahre 1730 im Südwesteck, und zwar gegen den anfänglichen Widerstand des Bauherrn Friedrich Carl von Schönborn, der sie im Südwestpavillon des Ehrenhofs unter seiner Wohnung haben wollte. Auch gegen seinen Rivalen Lucas von Hildebrandt, der sich mit zahlreichen, raumstilistisch jedoch damals bereits überholten Entwürfen an der Planung beteiligte, hat sich Balthasar Neumann in glänzender Weise durchgesetzt. Nur die 1735–1743 ausgeführte Dekoration stammt von Hildebrandt. Die architektonische Konzeption hingegen, vor allem aber die überaus komplizierte Raumstruktur, die weit über alles hinausgeht, was Hildebrandt je geschaffen hat, ist jedenfalls ganz sein schöpferisches Eigentum. Es handelt sich um eine teilweise durch die Dekoration Hildebrandts verhüllte Wandpfeilerarchitektur, die drei Geschosse des Südwestblocks in ganzer Höhe und die acht Achsen bis zum Queroval ausfüllt.

Doch drückt sich die Struktur des Innenraums, wenn man vom Eingangsportal absieht, in keiner Weise in der Mauerschale aus. Die fünf Ovalkuppeln – ein Längsoval in der Mitte, flankiert von je zwei Querovalen beiderseits – sind vielmehr in den vorgegebenen rechteckigen Kastenraum eingestellt. Die Kuppelfüße werden nicht nur von den Stichkappen angeschnitten, die sich über den Fenstern und Wandpfeilern entwickeln, sie fragmentieren sich überdies selbst wechselseitig, und zwar in einer Weise, die doppelt verstanden und gedeutet werden kann. Das Entscheidende ist, dass die Kuppeln, obwohl deren Füße angeschnitten sind, in der Grundrissprojektion als intakte Ovale erscheinen. Daher kann man sich vorstellen, dass die längsovale Kuppel in der Mitte und die beiden Querovale am Anfang und Ende des Raums von imaginären Raumkörpern fragmentiert werden, sodass sich die Kuppelräume nur im Aufriss ineinander öffnen, ohne dass der geschlossene Ovalkontur im Grundriss verletzt wird. Das Ergebnis ist, dass von den beiden Zwischenkuppeln nur stichkappenartige Schnitze übrig bleiben. Verlegt man hingegen den Akzent von den Hohlformen der Kuppelräume auf die Gliederformen und Pfeiler, dann ergeben sich zwei bandartig breite, einander im Scheitel tangierende Gurtbögen in der Dicke der angeschnittenen Kuppelschalen, die über den Raum hinweg gesprengt sind und zusammen mit den Pfeilern ein Gerüst formieren, auf dem die drei verbleibenden Kuppelschalen wie auf Böcken reiten. Nicht die Sakralbauten Hildebrandts waren die unmittelbare Voraussetzung hierfür, sondern die Werke der Brüder Johann und Christoph Dientzenhofer und des jüngeren Kilian Ignaz in Franken und Böhmen.

Die großen Spätwerke Balthasar Neumanns in Vierzehnheiligen und Neresheim, in denen der Sakralbau des 18.

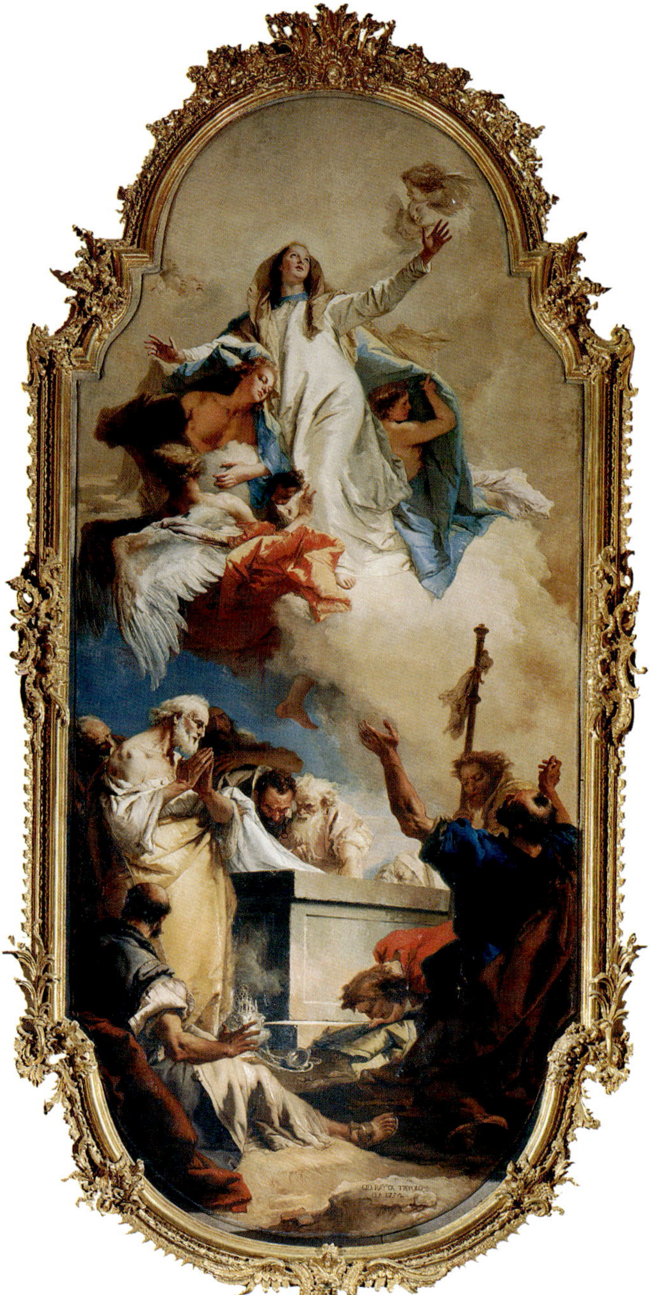

»Himmelfahrt Mariä«, Altargemälde von G. B. Tiepolo, 1752

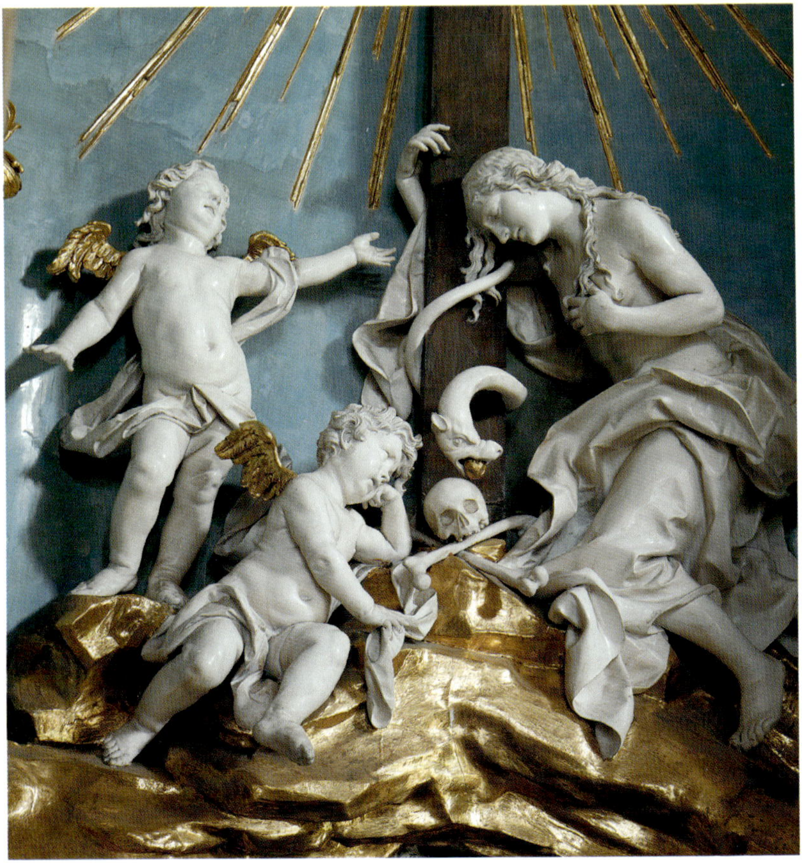

Magdalena und zwei Putti zu Füßen des Kreuzes hinter dem Hauptaltar, Stuckplastiken von A. Bossi, 1740/41

Jahrhunderts überhaupt kulminiert, sind in der Hofkirche vorausentworfen. Die prachtvolle Dekoration nach Entwurf Hildebrandts stört freilich in mancher Hinsicht die Raumstruktur durch das wuchtige, aber raumkünstlerisch nicht eben glückliche Horizontalgebälk, das die lotrecht stehenden Träger der Baldachine halbiert und durchstreicht. Doch entsprach dies möglicherweise dem Wunsche des Bauherrn, der einen exemplarisch höfischen Sakralraum, eine Herrschaftskapelle, forderte. Die Aufstellung von Beichtstühlen ist jedenfalls verboten worden. Dafür richtete man Oratorien ein und einen zweiten Altar über dem Hauptaltar (»Porkirche«) für die tägliche Messe des Fürstbischofs Friedrich Carl von Schönborn, dessen Wappen an der Musikempore angebracht ist. Verwirklicht wurden die Dekorationsentwürfe von Würzburger Hofkünstlern.

Die Deckenfresken (nach Kriegszerstörungen weitgehend rekonstruiert) schufen ursprünglich der Hofmaler Rudolph Byss und seine Schüler Thalhofer und Högler: über dem Hochaltar »Martyrium der Frankenapostel Kilian, Kolonat und Totnan«, in der Mittelkuppel »Himmelfahrt Mariä«, über der Musikempore »Engelsturz«, in den Zwickeln die vier Evangelisten. Die Stuckaturen und Stuckfiguren, darunter Christus am Kreuz mit Magdalena in der Nische hinter dem Hauptaltar und die Marienfigur auf dem Emporenaltar, schuf Antonio Bossi. Die Marmorskulpturen des Hochaltars (der Frankenapostel Kilian links und der erste Würzburger Bischof Burkard rechts) sowie die der Seitenaltäre (links die Erzengel Raphael und Gabriel mit dem Knaben Tobias, rechts das heilige Kaiserpaar Heinrich und Kunigunde) wurden von Johann Wolfgang van der Auvera entworfen und von italienischen Bildhauern in Carrara ausgeführt. Die hervorragenden Schnitzereien sind von der Hand Adam Guthmanns 1738, die Betstühle von Ferdinand Hund 1750. Auf den Seitenaltären Gemälde von Giovanni Battista Tiepolo 1752: »Engelsturz« (links), »Himmelfahrt Mariä« (rechts). Eine spätere Hinzufügung ist die frühklassizistische Kanzel, die Materno Bossi 1774/75 anfertigte. 1945 wurden die Hofkirche und vor allem die Freskomalereien in den Kuppeln durch Feuer und Nässe schwer beschädigt. Die Wiederinstandsetzungsarbeiten, die 1963 abgeschlossen wurden, stellen eine außerordentliche denkmalpflegerische Leistung dar.

Martin von Wagner Museum der Universität Würzburg

ÖFFNUNGSZEITEN:

Galerie
Di.–Sa. 9.30–12.30 Uhr

Antikenabteilung
Di.–Sa.14.00–17.00 Uhr
So. 9.30–12.30 Uhr
Sonntags beide Abteilungen im Wechsel

Graphische Sammlung
Di. u. Do. 16.00–18.00 Uhr

Eintritt frei.
Tel. (09 31) 31 22 88 oder 31 22 83 oder 31 28 66
Eingang neben der Hofkirche im ersten Südhof

Seit 1963 beherbergt die einstige Bischofswohnung im Südflügel die Neuere Abteilung des Martin von Wagner Museums. Zusammen mit der darüberliegenden Antikensammlung bildet sie das größte Universitätsmuseum des Kontinents. Es wurde im Jahre 1832 als »Ästhetisches Attribut« der Universität gegründet. Als dann der Sohn des Hofbildhauers Peter Wagner, der Maler, Bildhauer und Kunstagent Ludwigs I. und Archäologe Martin von Wagner (1777–1858) 1857 seine bedeutende Sammlung von Zeichnungen (ca.10 000), Stichen (ca. 20 000), Gemälden (36) und antiken Kunstwerken (ca. 5 600) der Universität stiftete, dazu eine hohe Geldsumme, erreichte die seit 1837 öffentlich zugängliche Studiensammlung den Umfang eines respektablen Museums, das fortan seinen Namen trug. Einer der ersten Direktoren, der Musikprofessor Franz Joseph Fröhlich, stiftete daraufhin seine eigene Sammlung von ca. 300 Gemälden, die heute den Grundstock der 580 Gemälde umfassenden Galerie bildet. 1878 gelang dem damaligen Direktor Ludwig Urlichs in Rom der Ankauf der großen, bedeutsamen Sammlung Feoli, womit Würzburg auf einen Schlag die drittgrößte Sammlung griechischer Vasen in Deutschland besaß. Zahllose kleinere Stiftungen beleben das Museum bis heute, nachdem der Zweite Weltkrieg empfindliche Lücken geschlagen hatte. Die unweit der Galerie untergebrachte Graphische Sammlung (ca. 25 000

Blatt) steht in gewisser Hinsicht einzig da. M. von Wagner hatte nämlich neben dem in langen römischen Jahren ersammelten Schatz an ca. 4 000 Zeichnungen italienischer Künstler (u.a. F. Barocci, C. Maratti, C. Marchionni) von seinem Vater bereits eine Sammlung geerbt. Und diese setzt sich aus Zeichnungen wichtiger Würzburger Hofkünstler zusammen, die seit dem 17. bis zum 19. Jh. hier tätig waren: Oswald Onghers, Claude Curé, Johann Wolfgang van der Auvera, Clemens Anton Lünenschloß, Georg Anton Urlaub, Peter und Martin Wagner bis hin zu Giovanni Battista Tiepolo. Die Druckgraphik glänzt mit dem fast vollständigen Œuvre Dürers, wozu sich bedeutsame Querschnitte der wichtigsten Künstler Europas vom 15. bis zum 19. Jh. gesellen.

GALERIE

(K-Nummern nach Katalog V. Hoffmann 1986)

I. GANG: FRÜHE KUNST ITALIENS BIS 1550

Das eingangs aufgestellte Porträt M. Wagners formte ein noch unbekannter deutsch-römischer Bildhauer um 1820. – Aus Wagners Besitz stammt das große, spätgotische Triptychon des Florentiner »Maestro del Bambino Vispo« (Gherardo Starnina? um 1410; K 473). Diese vorzüglich erhaltenen Tafeln dokumentieren exemplarisch die mittelalterliche Praxis unvermischt – und damit leuchtstark – aufgetragener Farben. Sie kennzeichnen auch Wagners unvoreingenommenes Interesse für alle Kunstepochen, nicht nur die der klassischen.

II. SAAL: FRÄNKISCHE KUNST DER SPÄTGOTIK

Unter der hier präsentierten fränkischen Spätgotik ragt als Meisterwerk das frühe Beweinungsrelief Tilman Riemen-

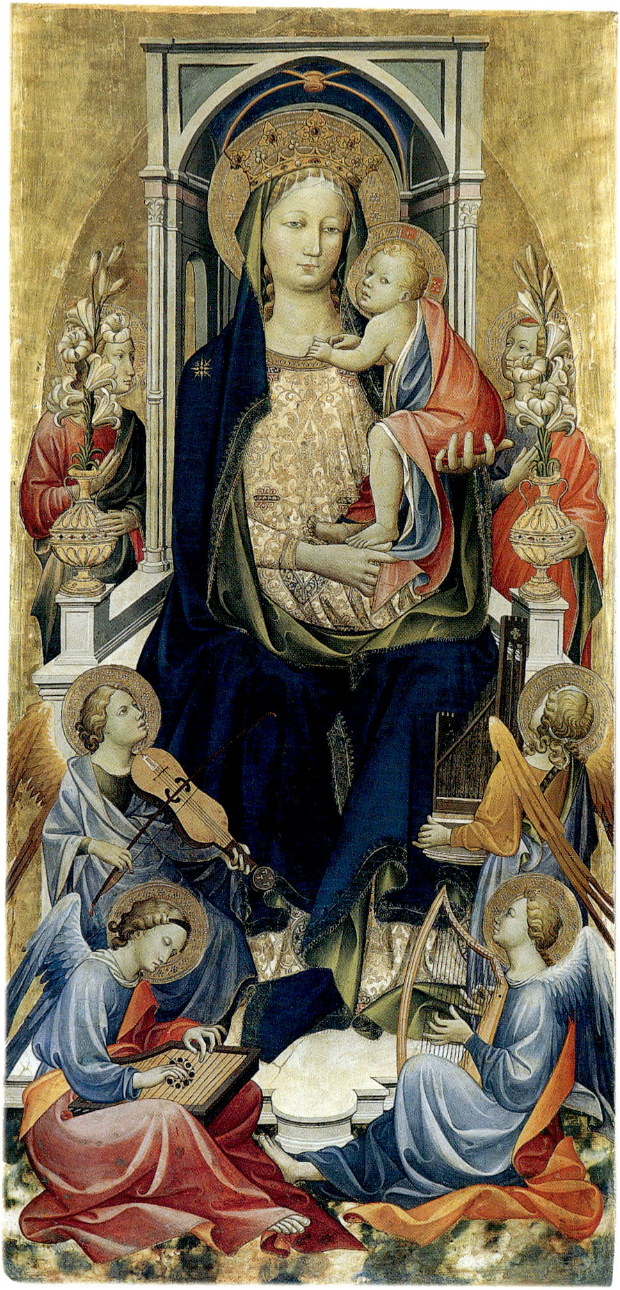

Mittelteil des Triptychons des Maestro del Bambino Vispo, Florenz um 1410 (Martin von Wagner Museum, I. Gang)

schneiders hervor. – Leuchtstarke Farben und reiche Webtechniken zeichnen den in Nürnberg entstandenen großen Wandteppich aus (K 363). Die Wappen der Familien Pirckheimer und Watt als auch die in der Nürnberger Wolgemut-Werkstatt zu suchenden Vorbilder der dargestellten Kreuzigung erlauben eine Datierung um 1460/65. – Gegenüber ist auf den dreiteiligen Flügelaltar mit dem Martyrium der Frankenapostel Kilian, Kolonat und Totnan aufmerksam zu machen, der um 1490 vielleicht für das Stift Neumünster, dem Grab der Märtyrer, entstanden war (K 310). Einzigartig ist die dokumentarisch genaue Wiedergabe der Festung Marienberg. – Der zweite, 1521 datierte Kiliansaltar stammt aus der Pfarrkirche Mühlhausen bei Pommersfelden. Die beiden Flügel, die zu einem verlorenen Figurenschrein gehörten, konnten bisher noch keinem Meister überzeugend zugeschrieben werden (K 185).

III. SAAL: GROSSFORMATIGE GEMÄLDE ALLER SCHULEN

Die rechte Wand zeigt die Entwicklung der Landschaftsmalerei vom dramatischen Frühbarock des 17. Jh. bis zu den harmoniebetonten Lösungen des frühen 18. Jh.: J.-F. Millet (K 320.321), A. Faistenberger (K 148.149), G. Dughet (K 136) und J. F. v. Bloemen (K 30). Drei große Leinwandbilder demonstrieren die Wandlung im italienischen Historienbild von der großartigen Ruhe eines Paolo Veronese (K 525) zu den fast monochromen, aber dramatisch bewegten Kompositionen des Neapolitaners Luca Giordano (1686. K 204.205). – Das einzigartige Doppelporträt (K 380) eines Architekten mit Zirkel, der im Spiegel zusammen mit dem Maler noch einmal erscheint, wird unter anderen Giov. Battista Paggi aus Genua zugeschrieben (um 1580). Es wurde kürzlich gereinigt und in seinem ruinösen Zustand konserviert. Der aus Metz stammende, aber in Neapel und Rom tätige François Didier Nomé kaprizierte sich auf phantastische Architekturstücke, hier mit Christus und der Ehebrecherin belebt, ca. 1610/20 (K 361).

IV. SAAL: DEUTSCHE UND NIEDERLÄNDISCHE KUNST 1500–1630

»Bildnis des Sixtus Oelhafen«, Gemälde von Hans Schäufelein, um 1503 (Martin von Wagner Museum, IV. Saal).

Das Porträt des kaiserlichen Beamten Sixtus Oelhafen (K 437) wird dem Nürnberger Hans Schäufelein zugeschrieben, der es vielleicht noch in der Werkstatt Dürers schuf. In diesem für Schäufelein herausragenden Werk wird Dürers Porträtkunst nämlich spürbar. – Der zu einem Memento mori komprimierte hl. Hieronymus des Nürnbergers Georg Pencz (1545. K 386) gehört zu den vielen Varianten nach Dürers 1521 in Antwerpen gemaltem Urbild (Lissabon). – Die große Predella links daneben mit der Innenansicht des Würzburger Doms von 1627 schuf der Würzburger Hofmaler Hans Ulrich Bühler für den im Bild links gezeigten Bartholomäus-Altar des Domdekans G. v. Wiesenthau (K 55). – Von dem »Meister H. B. mit dem Greifenkopf« stammt das Gemälde der Caritas romana (1546), am Beispiel der aufopferungsvollen Tochter Pero, die ihren zum Hungertod verurteilten Vater Cimon im Kerker säugt (K 313). Die einst zersägte Buchenholztafel wurde kürzlich restauriert und wieder zusammengefügt. – Als herausragendes Werk der deutschen Renaissance gilt die große, 1514 datierte Tafel mit der Darstellung einer Schlacht, namengebend für den bisher anonymen »Meister der Würzburger Schlacht« (K 315).

V. SAAL: ITALIENISCHE KUNST DES 17. UND 18. JH.

Wohl aus dem Besitz Balthasar Neumanns stammen die beiden Historienbilder »Mucius Scaevola vor Porsenna« (K 494) und »Coriolan vor den Frauen« (K 495), die Tie-

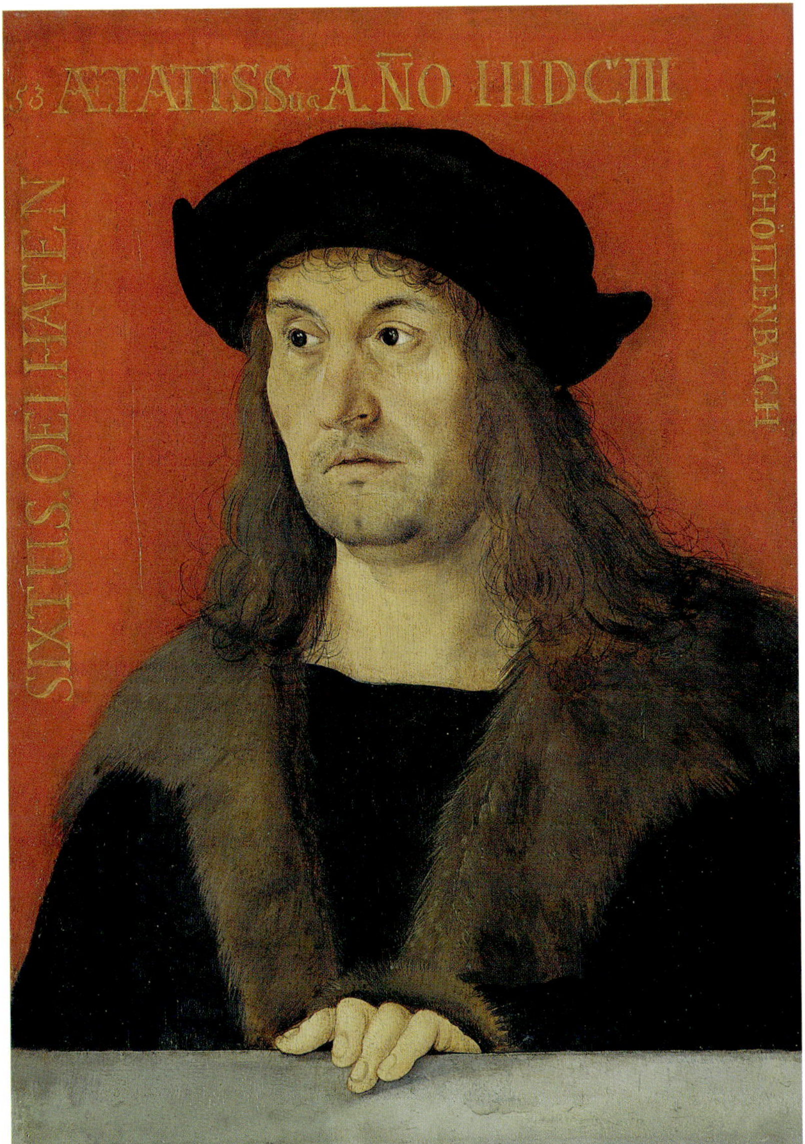
53 ÆTATIS SUE AÑO IIIDCIII
SIXTUS OELHAFEN
IN SCHÖLLENBACH

polo 1750/53 in der Winterpause gemalt haben muss (vgl. Rinaldo und Armida in der Staatsgalerie). Die römischen Tugenden der Tapferkeit und der Großmut (Coriolan) werden hier in der für Tiepolo eigenen stupenden Farbregie inszeniert. – Daneben zwei kleine auf Ziegenleder gemalte Ruinen-Capricci, die bisher als Werke des Marco Ricci (1676–1729) galten, dem Begründer der venezianischen Landschaftsmalerei des 18. Jh. Nicht grundlos werden sie jetzt dem jüngeren Francesco Guardi (1712–1793) zugeschrieben (K 404.405). – Von Gaspar van Wittel (Vanvitelli), dem römischen Maler aus Amersfoort, stammt die großartige Ansicht (1693) des römischen Quirinal (K 563). – Daneben hängt die von Zuccarelli und Visentini 1746 signierte Vedute mit englischen Schlossbauten im palladianischen Stil, die der englische Consul Joseph Smith für seine venezianische Villa in Auftrag gegeben hatte (K 530). Aus Wagners Besitz stammt das lebendige Porträt eines jungen Adeligen von Sebastian Bombelli aus Udine (1635–1719), das noch Tizians und Tintorettos Einfluss verrät. – Die »Büßende Magdalena« (K 400) des Nicolas Regnier (1590–1667) kann die flämische Herkunft ihres Schöpfers nicht verleugnen, wiewohl Regnier neben Rom vor allem in Venedig tätig war.

VI. SAAL: NIEDERLÄNDER DES 17. JH.

Hervorzuheben ist das in höchster, fast monochromer Harmonie leuchtende »Stillleben mit Römer« des Pieter Claesz (1640. K 66). – Konträr zu dieser puritanischen Strenge breitet der Flame Frans Wouters (1612–1659) gegenüber sein mythologisches Thema aus: Zeus verführt in der Gestalt Dianas deren Gefährtin Kallisto, die ihre Schwangerschaft später mit der Verwandlung in eine Bärin bezahlen muss (K 564). – 1633 schuf der Den Haager Maler Jan Anthonisz van Ravesteyn (1570–1657) das schöne Bildnis eines Offiziers im Lederkoller (K 398). – Dem jüngeren Frans de Momper (1603–1660) ist jetzt die große Landschaft eines Kanalufers (K 328) mit Stadtbild eher zuzuschreiben als seinem Onkel Joost de Momper. – Die römische Landschaft mit dem Tempel der Minerva Medica schuf der lange in Rom lebende Bartholomäus Breenbergh (1598–1657) um 1630 (K 51). – Die kleine, monochrome Tafel mit dem »hl. Hieronymus im Wald« (K 25) zählt als erstes signiertes und 1640 datiertes Frühwerk des Haarlemers Nicolaes Berchem (1620–1683).

VII. SAAL (ECKSAAL): DEUTSCHE MALEREI DES 18. JH. UND MARTIN VON WAGNER

Hier sind Werke von Künstlern versammelt, die in Franken tätig waren, wozu auch der Venezianer Antonio Pellegrini (1675–1741) mit der großen Allegorie an der Decke gehört (aus Schloss Bensberg; K 385). Neben den Franken G. A. Urlaub (1713–1759) und Chr. Fesel (1737–1805; Porträts des Malerehepaares Treu, K 153.154) ist auf die Bayern Matthäus Günther (1705–1788; K 216) und C. Huber (1752–1830) hinzuweisen, Letzterer mit seiner Ölskizze für das 1945 zerstörte Deckenfresko in St. Stephan, Würzburg (K 243). – Neben charakteristischen Landschaften des J. J. v. Cossiau (gest. ca. 1734; K 77), J. F. Beich (1665–1748: K 16) und F. Kobell (1740–1799; K 260.261) hängen Ölskizzen des Januarius Zick (1730–97), darunter zwei verschiedene Entwürfe zum 1752 datierten Frühwerk »Saul bei der Hexe von Endor« (K 569), wovon die spätere Version erst kürzlich erworben werden konnte. Zeitgleich zu Tiepolos farbenhellen Fresken in Würzburg wird hier der Einfluss von Rembrandts Hell-Dunkel spürbar. – Die übrigen Wände demonstrieren Martin von Wagners malerisches Schaffen der Zeit von 1797–1810, darunter sein riesiges Hauptwerk »Der Rat der Griechen vor Troia« (1805–1808), das der junge bayerische Kronprinz Ludwig für München erwarb und das eine lebenslängliche Freundschaft der beiden begründete. Dieses zu wenig beachtete Riesenwerk (K 556) ist Wagners ureigenste Antwort auf jenen Klassizismus, wie er ihn 1804 bei Jacques Louis David in Paris kennen gelernt hatte. Fragmente der Gipsmodelle für den 85m langen Marmorfries der Walhalla (1822–1837) zeugen von Wagners plastischem Hauptwerk für Ludwig I. von Bayern.

VIII. SAAL: DEUTSCHE MALER DES 19. JH.

In der Fensternische steht ein Exemplar von Danneckers berühmter Parzenuhr (1794), das der Würzburger Theologe Franz Oberthür bei ihm bestellt hatte. – Hubert Sattler aus Wien wurde durch seine »Kosmoramen« berühmt. Auf seinen drei Bildern dominiert die Architektur, auch wenn es sich etwa bei der Staffage vor der Londoner Westminster-Abtei um den Krönungszug Königin Victorias (1838) handelt (K 433). – Der Ansbacher Porträtmaler Johann Friedrich Kreul (1804–1867) schuf das authentische Bildnis des rätselhaften Findlings Caspar Hauser (1830, K 270), der 1828 sechzehnjährig in Nürnberg auftauchte und 1833 ermordet wurde. – Von dem Nazarener Friedrich Overbeck (1789–1869) stammt die Skizze einer Grablegung, die er für die Marienkirche in seiner Heimatstadt Lübeck in Rom 1841–1845 ausgeführt hatte (K 379). – Singulär ist das aus Federn geklebte Bildnis Max I. Josephs von Bayern, das letzte Exemplar jener seinerzeit berühmten »Musivgemälde«, die der Würzburger Minoritenpater und Naturforscher Bonavita Blank (1740–1827) erfunden hatte. Barbara Thein aus Schweinfurt führte das Porträt aus. – Gegenüber hängt das kürzlich gestiftete, prunkvoll gerahmte Bildnis des Prinzregenten Luitpold, der in diesem Raum 1821 geboren worden war.

IX. SAAL: DEUTSCHE MALER DES 19. JH.

Aufmerksamkeit verdienen drei italienische Landschaften von deutschen Malern, die Italien viel verdanken: Carl Rottmanns wunderbar neuartig gesehene, winzige Campagna-Landschaft auf einem Zigarrenkistendeckel (um 1825. K 417), Friedrich Schirmers sorgfältigst erarbeitete große Campagna-Landschaft (1840. K 443) und Oswald Achenbachs späte Neapel-Impression (1890. K 2). – In den Jahren 1935–1943 entstand Hans Purrmanns wunderbare Florentiner Landschaft, ein Vermächtnis Herbert Siebenhüners. – Von dem berühmten bayerischen Theologen Ignaz Döllinger (1799–1890) schuf der bekannte Münchner Bildnismaler Franz von Lenbach mehrere Porträtversionen in Anlehnung an Rembrandts Hell-Dunkel-Manier (K 286), von denen eine unser Museum erwerben konnte. – Aus einer privaten Stiftung stammen das Porträt Hans Perathoner (1892) von dem Würzburger Hans Sperlich, aus einer anderen die beiden eindringlichen Porträts (1911 und 1923) des bedeutenden Würzburger Bildhauers Fried Heuler (1889–1959).

X. SAAL: DEUTSCHE MALER DES 19. UND 20. JH.

Max Liebermanns kleine, impulsive Ölskizze einer sitzenden Frau gehört zu den Vorstudien seines Frankfurter Bildes »Freistunde im Amsterdamer Waisenhaus« von 1881 (K 287). – Zu den Münchner Landschaftsmalern zählt Johann Sperl mit seiner um 1892 entstandenen Landschaft »Kraiburg am Inn« (K 469). – Dominiert wird der Raum jedoch von Hans Purrmanns großem »Blumenstück«, das zwischen 1835 und 1843 in Florenz für den befreundeten und später an diesem Museum tätigen Professor Herbert Siebenhüner gemalt worden war, der es 1996 dem Museum vermachte, wie auch das schöne Porträt der Waisen »Giuseppina«. – Purrmanns Porträtkopf von der Würz-

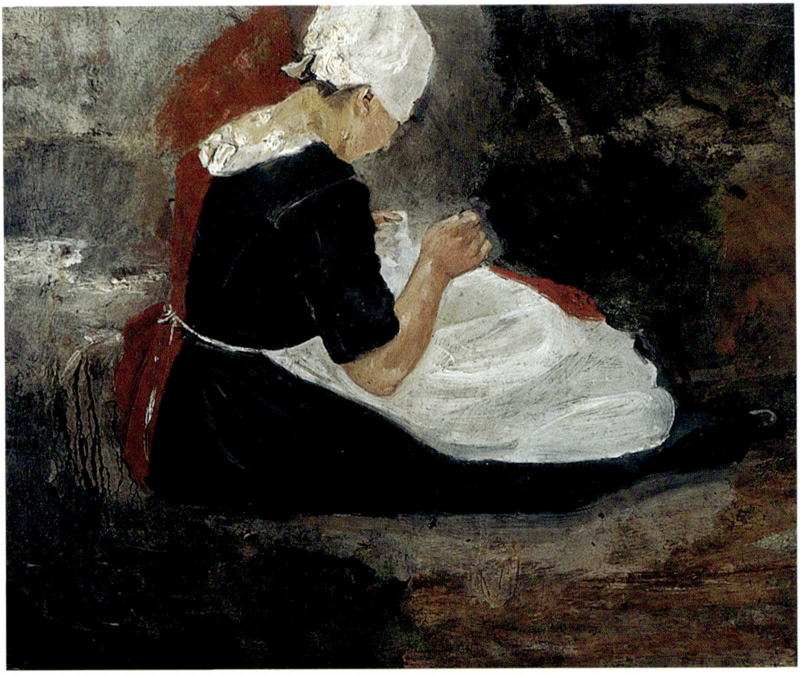

Vorstudie zur »Freistunde im Amsterdamer Waisenhaus« von Max Liebermann, 1881

burger Bildhauerin Emy Roeder zeugt von einer weiteren Freundschaft. Zu Siebenhüners Stiftung gehört auch die kleine, bronzene Korbträgerin Emy Roeders. – Leihgaben und Stiftungen der Würzburger Künstler Josef Scheuplein und Wolfgang Lenz setzen im Raum neue Akzente.

XI. SAAL: KUNST DES 20. JH.

Im letzten Raum werden vor allem kürzliche Stiftungen präsentiert, darunter viele Gemälde der Würzburger Josef Scheuplein (1916–1998) und Curd Lessig (geb. 1924). Kurt Michael Vouttas Ölgemälde »I trust to him« (1963) erreichte das Museum als Schenkung, wie auch das eigenartige, spätexpressionistische Gemälde »Im Kaufhaus« (um 1984) von Franz Cestnik (Einbeck 1921). Aus Paris kam jüngst das abstrakte Querformat (1991) von Julius Baltazar (Paris 1949) hinzu. Nur Hans Otto Baumanns (1887–1956) große Staffelseelandschaft war schon 1933 von dem in Würzburg lebenden Künstler erworben worden: In flächiger Reduktion und mit kühlen Farben setzte er sich damals mit der Neuen Deutschen Sachlichkeit auseinander.

ANTIKENSAMMLUNG

RAUM A: WECHSELAUSSTELLUNGEN
RAUM B: ÄGYPTEN, ALTÄGÄIS, VORDERASIEN

Der Raum enthält eine kleine Sammlung ausgewählter ägyptische Altertümer von der prädynastischen Zeit bis zur Spätzeit, ferner Kykladenidole, kleinasiatische und mykenische Keramik, Fragmente eines Eberzahnhelmes, Bronzefigürchen und -geräte aus dem Vorderen Orient (u.a. aus Luristan) sowie eine Vitrine mit Schriftbeispielen aus Ägypten und dem Alten Orient.

RAUM C: FRÜHES GRIECHENLAND

Ausgestellt sind Tongefäße, Terrakottafiguren und Kleinbronzen aus der Frühzeit Griechenlands, beginnend mit Objekten der protogeometrischen und geometrischen Zeit (ca. 1000 – 700 v. Chr.). Die Keramik dieser Zeit zeichnet sich durch strenge Geometrie in Formaufbau und Dekor aus (Vitr. C 1 – C 6), wobei der Mäander als neues Ornamentmotiv zu einem wichtigen Dekorelement wird. Vitrine C 6 enthält einen geometrischen Grabfund: eine Kanne mit Deckel, verschiedene Trinkgefäße sowie Tonimitationen von geflochtenen Weidenkörbchen und einem Granatapfel, einem Symbol für Fruchtbarkeit. Ähnliche Gestaltungsprinzipien wie die Keramik zeigen auch zwei Bronzepferdchen (Vitr. C 3), Weihegaben für die Götter,

und eine böotische Plattenfibel mit eingravierter Schiffsdarstellung (Vitr. C 4).
Unter orientalischem Einfluss verändern sich zu Beginn der archaischen Epoche (um 700 v. Chr.) dann Formen, Motive und Darstellungsweisen. Florale Motive verdrängen die geometrischen, figürliche Darstellungen treten in den Vordergrund. Stärker als in der geometrischen Zeit werden landschaftliche Unterschiede sichtbar. Auf Chios entstehen elegante, dünnwandige Kelche mit Bemalung auf weißem Grund (Vitr. C 7), auf Rhodos originelle Figurengefäße (Vitr. C 9), in den Töpferwerkstätten Korinths birnen- oder kugelförmige Salbfläschchen, die mit Tierfriesen im sog. schwarzfigurigen Stil verziert sind (Vitr. C 10). Dieser höchst dekorative Stil, eine Erfindung korinthischer Vasenmaler, findet später auch Eingang in die Töpferwerkstätten Lakoniens (Vitr. C 11), Böotiens (Vitr. C 13) und Athens (Raum D).

»Kelternde Silene« auf einer griechischen Weinamphore, um 540/530 v. Chr. (Martin von Wagner Museum, Raum D)

RAUM D UND F: SCHWARZ- UND ROTFIGURIGE KERAMIK DER ARCHAISCHEN UND KLASSISCHEN ZEIT

In den Töpferwerkstätten Athens gelang es im 6. Jh. v. Chr. den schwarzfigurigen Malstil zu perfektionieren. Die Erzeugnisse wurden bald in den gesamten Mittelmeerraum exportiert und waren besonders bei den Etruskern in Mittelitalien begehrt, die sie ihren Toten in die Gräber mitgaben. Aus diesen etruskischen Gräbern kommt ein großer Teil der Gefäße des Museums. Der faszinierende Bilderreichtum dieser Keramik lässt die Welt der Götter und Heroen ebenso lebendig werden wie das Alltagsleben der Griechen: Man sieht Mädchen im Brunnenhaus Wasser holen (Vitr. D 17–18), Sportler unter Aufsicht eines Trainers üben (Vitr. D 12), Herakles mit dem Löwen kämpfen (Vitr. D 10) oder Aeneas, der mit seinem Vater auf dem Rücken aus dem brennenden Troja flieht (Vitr. D 8), und immer wieder den Weingott Dionysos mit seinem Gefolge von Mänaden und Silenen. Auf

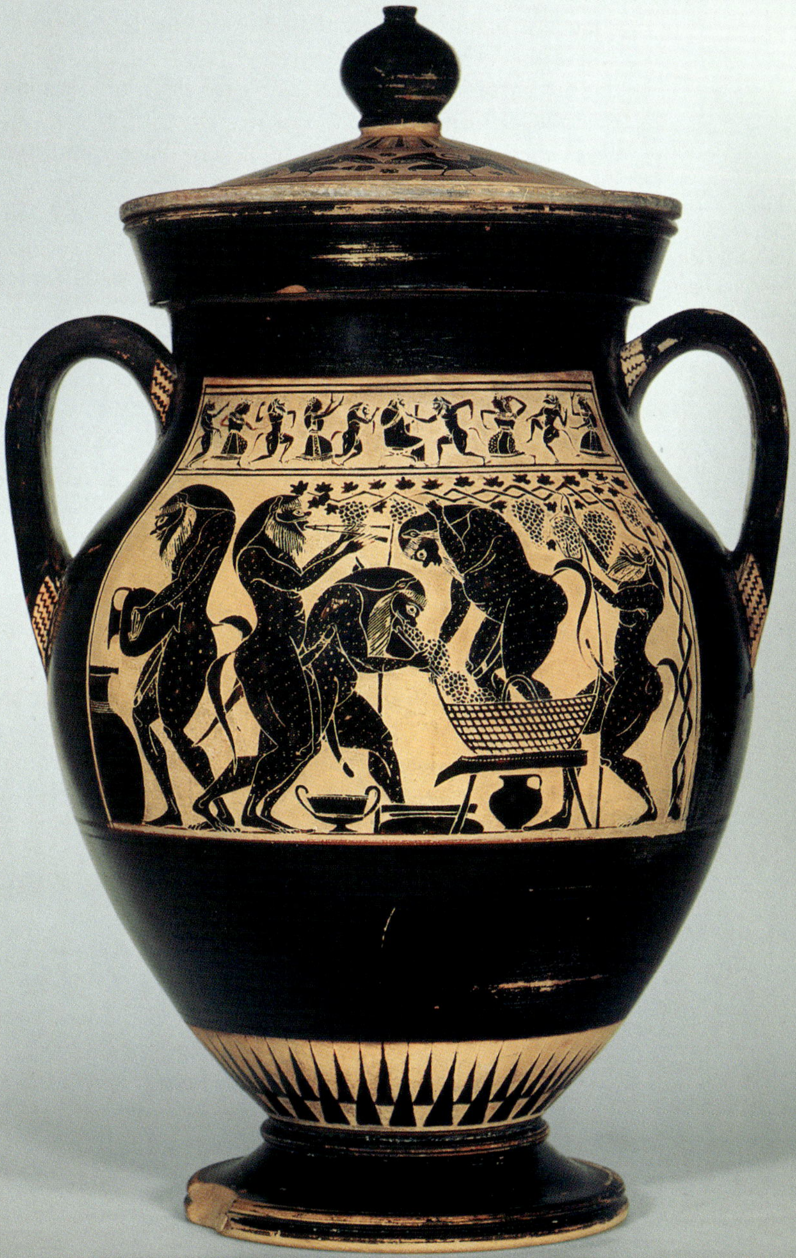

einer der besten schwarzfigurigen Vasen des Museums, der Amphora (Vorratsgefäß) des sog. Amasismalers (Vitr. D 9) pflücken dickleibige Silene Weintrauben und keltern sie (s. Abb. S. 175). Neben der attischen Keramik fällt eine kleine, aber bedeutende Gruppe sehr qualitätvoll und bunt bemalter Gefäße auf, die aufgrund von Inschriften, bei denen das chalkidische Alphabet verwendet ist, einer chalkidischen Werkstatt zugeordnet werden. Das vielleicht schönste und interessanteste Gefäß dieser Gruppe ist ein großes Mischgefäß mit der Darstellung zweier aus der Ilias bekannter Paare in treffender Charakterisierung: Hektor und Andromache, Helena und Paris (Vitr. D 5).
Um 530 v. Chr. wird in den Töpferwerkstätten Athens eine neue, die gesamte Vasenbemalung revolutionierende Maltechnik entwickelt: Die Figuren werden nicht mehr aufgemalt, sondern aus dem schwarz überzogenen Bildgrund ausgespart. Diese rotfigurige Technik, wie man sie in der Fachsprache nennt, bietet ganz neue Möglichkeiten zur räumlichen Darstellung bewegter Körper. Wie diese von den einzelnen Vasenmalern genutzt wurden, belegen die Bilder des Kleophradesmalers in Vitrine D 20 (Amphora mit Leberschau vor Auszug eines Kriegers und tanzenden Zechern) und des Berliner Malers in Vitrine F 4 (Amphora mit Herakles und Apollon im Streit um den delphischen Dreifuß). Das bevorzugte Trinkgefäß bei griechischen Symposien (Trinkgelagen) war die hochstielige Schale. Ein besonders elegantes und kunstvolles Beispiel ist die Brygosschale (Vitr. F 3), die der Töpfer Brygos an der Innenseite eines Henkels signiert hat. Auch nach ihren humorvoll-realistischen Bildern fröhlicher Zecher zählt sie zu den Meisterwerken attischer Keramik. Im Laufe des 5. Jhs. v. Chr. ändern sich Stil und Thematik der Bilder. Stehen am Anfang noch dramatische Handlungsbilder, darunter die ungewöhnliche Darstellung der Ermordung des athenischen Tyrannen Hipparch auf einem Weingefäß in Vitrine F 6, so dominieren später ruhige Zustandsbilder

wie die feierliche Opferszene von Göttern auf einer Amphora in Vitrine F 8 oder das Bild musizierender Frauen auf einem Mischgefäß (Krater) in Vitrine F 10.

RAUM E: ETRURIEN UND MITTELITALIEN

Der Raum zwischen D und F beherbergt im Wesentlichen die etruskische Sammlung des Museums. Neben Zeugnissen der protoetruskischen Villanovakultur (Vitr. E 1) sind sowohl die für Etrurien charakteristischen schwarzen Bucherogefäße zu sehen (Vitr. E 4) als auch die in etruskischen Töpferwerkstätten entstandenen Imitationen griechischer Keramik. Besonders originell und farbenprächtig sind die Bilder der sog. Pontischen Vasen aus der 2. Hälfte des 6. Jh. v. Chr., die ostgriechischen Einfluss verraten und von denen das Museum schöne Beispiele besitzt (Vitr. E 6). Auch etruskisch und faliskisch rotfigurig bemalte Gefäße des 4. Jhs. v. Chr. (Vitr. E 8–9), tönerne Aschenkisten, Bronzestatuetten und -geräte (Vitr. E 10) sowie zwei überlebensgroße Terrakotta-Hirschköpfe, die zum Giebelschmuck eines Tempels in Tarquinia gehörten, sind ausgestellt.

RAUM G: UNTERITALIEN. HELLENISMUS UND RÖMERZEIT

Nachdem in der 2. Hälfte des 5. Jhs. v. Chr. attische Töpfer und Vasenmaler in den griechischen Kolonien Unteritaliens und Siziliens Werkstätten gegründet hatten, entwickelte sich dort eine eigenständige Keramik mit rotfiguriger Bemalung von beachtlicher Qualität, deren Blütezeit im 4. Jh. v. Chr. liegt. Dabei lassen sich Regionalstile erkennen: Apulische (Vitr. G 1–3, G 10, G 13), kampanische (Vitr. G 8, G 11–12), pästanische (Vitr. G 9) und sizilische (Vitr. G 12) Werkstätten lassen sich unterscheiden. Einen einzigartigen Schatz für die Vorstellung vom antiken Theater und für die Geschichte der Malerei bilden zwei apulische Vasenscherben (Vitr. G 17), von denen die eine ein Bühnenbild in exakter Perspektive zeigt und die andere einen Schauspieler mit Maske, wobei in eindrucksvoller Weise der Kontrast zwischen seiner Person und der von ihm verkörperten Rolle dargestellt ist (Abb. rechts). Vasenbilder mit Darstellungen von Phlyakenpossen sowie kleine Masken und Schauspielerfiguren aus Ton (Vitr. G 4) runden das Bild vom antiken Theater ab.

Schauspieler mit Maske. Apulische Vasenscherbe. 350/40 v. Chr. (Raum G)

Der Hellenismus, das Zeitalter zwischen dem Tod Alexanders des Großen und der Eroberung Ägyptens durch die Römer (323 – 30 v. Chr.) bringt das Ende der figürlich bemalten Keramik. Charakteristisch für seine Zeit ist eine schwarz glänzende Relief- und Stempelkeramik, die Metallgefäße imitiert und serienmäßig hergestellt werden konnte (Vitr. G 6). In Raum G sind ferner griechische und römische Gläser (Vitr. G 16), kleinasiatische Tonfiguren (Vitr. G 18), Funde aus Gräbern der ägyptischen Spätzeit (Vitr. G 19) und römische Keramik zu sehen (Vitr. G 7).

RAUM H: GRIECHISCHE UND RÖMISCHE PLASTIK

Der Raum, von dem man einen schönen Blick auf Dom, Festung und Käppele hat, enthält griechische und römische Marmorplastik, darunter griechische Grabreliefs der klassischen Zeit und zwei römische Kaiserporträts (Augustus und Claudius). Das älteste und zugleich kostbarste der griechischen Marmororiginale ist der Kopf eines Kentauren vom Parthenon in Athen. In der gleichen Vitrine (H 4) befindet sich ein reizvoller spätklassischer Mädchenkopf von einer Marmorstatue, die in ein attisches Heiligtum geweiht war. Blickfang im Raum ist ein römischer Rundaltar (50 n. Chr.), dessen Reliefschmuck vier geflügelte »Putten« zeigt, Personifikationen der vier Jahreszeiten (s. Abb. S. 180). Besondere Beachtung verdient ein römischer Reliefsarkophag in Wannenform mit der selte-

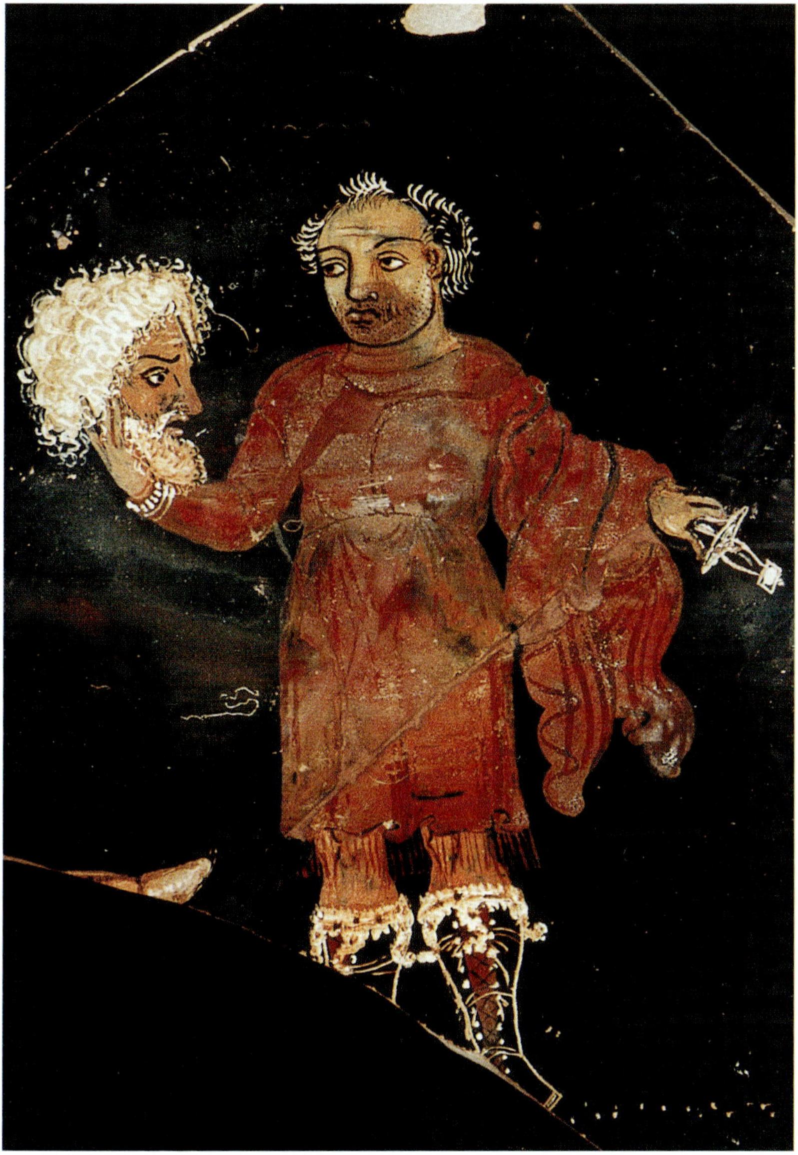

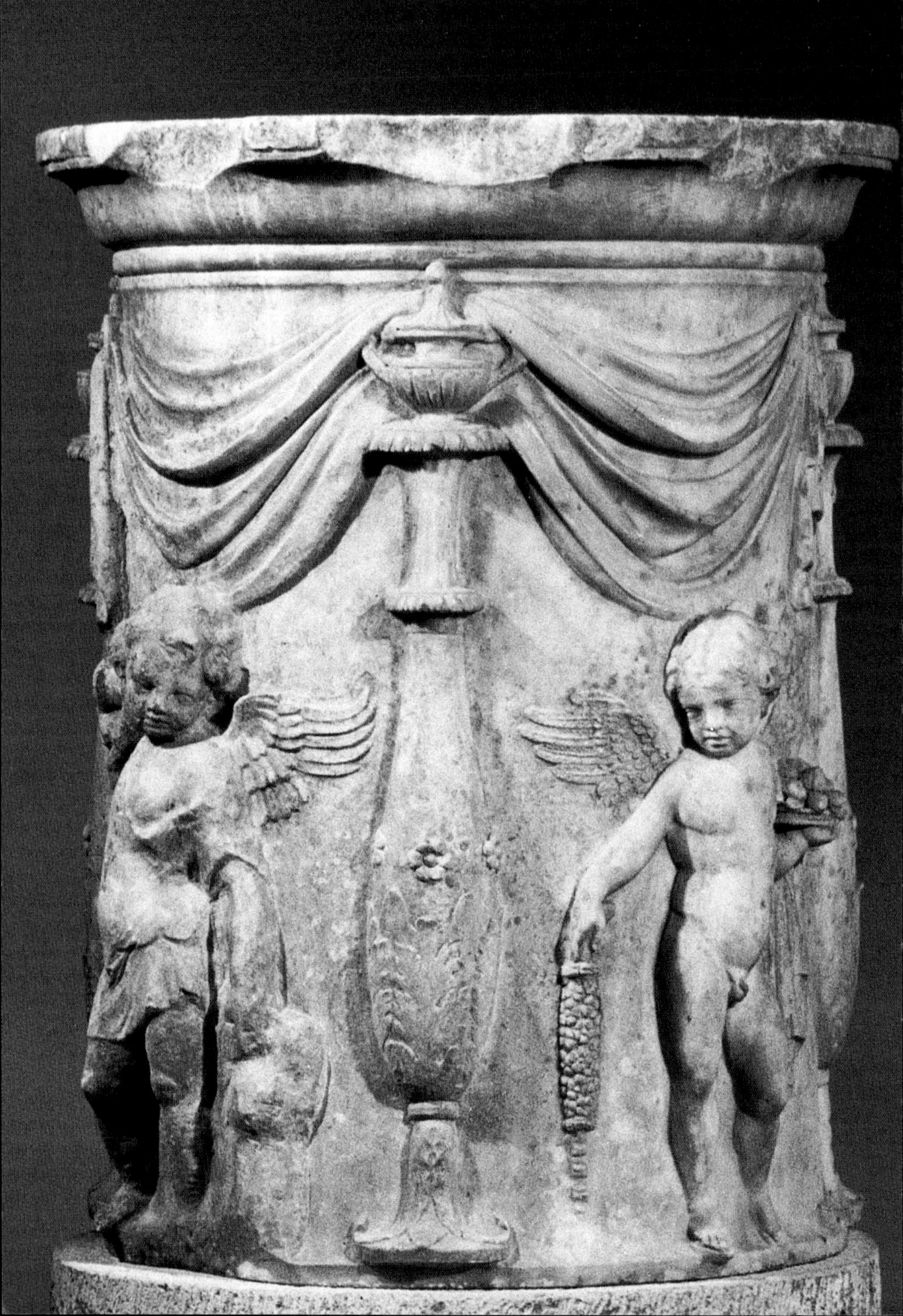

nen Darstellung von Elefanten an den Schmalseiten (Mitte 3. Jh. n. Chr.). Ausgestellt sind ferner zwei Mumienporträts und in einigen Wandvitrinen Fragmente römischer Schmuckreliefs, griechische und römische Bronzestatuetten, -geräte und -gefäße sowie römische Gläser.

RAUM K (RECHTS VON RAUM B): SAMMLUNG KISELEFF

»Vierjahreszeitenaltar«, römisches Marmorwerk, um 50 n. Chr. (Martin von Wagner Museum, Raum H)

Hier wird die Sammlung präsentiert, die Dr. h. c. Alexander Kiseleff 1982 der Universität Würzburg geschenkt hat und die im Wesentlichen aus ägyptischen und griechischen Objekten besteht. Der umfangreiche ägyptische Teil der Sammlung gibt dabei einen breiten Querschnitt durch fast alle Gattungen ägyptischer Altertümer vom 4. Jahrtausend v. Chr. bis in die christliche Zeit: Ton- und Steingefäße, Skulpturen und Reliefarbeiten, Teile von Särgen und Mumienbelägen aus Kartonage und Perlen, Uschebti-Figuren und Grabkegel, Objekte des täglichen Lebens wie Toilettengerät, Werkzeuge und Spielsteine sowie Papyri und Schreibtäfelchen. Den eigentlichen Schwerpunkt hat die Sammlung jedoch im Bereich des Schmucks und der Amulette mit zahlreichen Stücken von überragender Qualität, zum großen Teil aus »Ägyptischer Fayence« oder Glas, aber auch aus Gold und Schmucksteinen.
Der griechische Teil der Sammlung enthält vor allem Keramik und Terrakotten, aber auch Glas, Bronze- und Bleiobjekte, Tonlampen, zwei Marmorköpfchen und etwas Schmuck. Hervorzuheben sind ein großer, schwarzfigurig bemalter Kolonnettenkrater mit dionysischen Szenen (Vitr. K 28), eine mittelkorinthische Halsamphora mit einer originellen Schiffsdarstellung (Vitr. K 36) und ein Golddiadem aus dem 4. Jh. v. Chr. (Vitr. K 31). Daneben befinden sich in der Sammlung auch einige minoische, kleinasiatisch-prähistorische, römische und etruskische Objekte.

Personenverzeichnis

Achenbach, Oswald *171*
Acker, Franz Paul *108*, *114, 117*
Alexander d. Gr. *79, 82, 101, 104 178*
Ambrosius *75*
Amorosi, Antonio *111*
Angermeyer, Johann Albert *106*
Audenaerd, Robert *128*
Auerbach, Johann Gottfried *107*
Augustus, Kaiser *178*
Auvera, Jacob van der *20*
Auvera, Johann Wolfgang van der *6, 22, 46, 49, 54, 78, 80, 82, 89, 90, 92, 106, 107, 145, 147, 161, 163*

Baburen, Dirk van *110*
Balestra, Antonio *128*
Baltazar, Julius *173*
Barbarossa, Kaiser Friedrich I. *24,* 69, *72, 73, 74*
Barocci, Federico *163*
Bassano, Francesco d. J. *120*
Bassano, Giacomo *81, 111*
Bassano, Leandro *130*
Bassetti, Marcantonio *128, 129*
Baumann, Hans Otto *173*
Beatrix von Burgund *24, 69, 72, 73, 74*
Beich, Joachim Franz *169*
Belucci, Antonio *79, 81, 93, 100, 103, 123*
Benedikt XIV., Papst *110*
Berchem, Nicolaes *169*
Berg, Johann Jakob *94*
Blank, Bonavita *170*
Bloemen, Jan Frans van *165*
Boffrand, Germain *5, 10, 16, 18, 20, 52, 143, 144, 148, 157*
Bombelli, Sebastiano *168*
Borght, van der *145, 150*
Bossi, Antonio *6, 22, 51, 54, 62, 65, 69, 75, 78, 79, 81, 89, 100, 103, 105, 106, 108, 111, 160, 161*
Bossi, Lodovico *26, 49, 54, 111, 115*
Bossi, Materno *111, 115, 116, 137–140, 142–145, 147, 149–151, 153, 154, 161*
Breenbergh, Bartholomäus *169*
Bühler, Hans Ulrich *166*
Burkard, Bischof *161*
Byss, Rudolph *21, 76, 78, 82, 90, 97, 108, 161*

Campen, Jacob van *12*
Canaletto, Antonio (Schule) *130*
Caravaggio (Schule) *105*
Carlevarijs, Luca *131*
Carlone, Carlo *135*
Casanova *123*
Castelli, Johann Peter *20, 138, 143, 144, 145, 149, 150, 151*
Castelli, Karl Anton *20, 138*
Cestnik, Franz *173*
Charlotte Auguste von Bayern *151*
Cignani, Carlo *107*
Cignaroli, Giambettino *125*
Claesz, Pieter *168*
Clemens August, Kurfürst *131*
Cossiau, Jean-Jost von *169*
Cossiers, Jan *101*
Cotte, Robert de *5, 10, 15, 16, 52, 157*
Curé, Claude *20, 46, 144, 163*
Cuvilliés, François d. Ä. *35, 127, 155*

Dandolo, Marco *123*
Dannecker, Joh. Heinr. von *170*
Darius *79, 82, 101, 104*
David, Jacques Louis *170*
Dehn, Georg *87, 88*
Delafosse Jean Charles *139, 140, 141, 143, 144, 148–150*
Demeter, Johann *35*

Desmarées, Georg *152–155*
Dientzenhofer, Christoph *158*
Dientzenhofer, Johann *9, 11, 158*
Dientzenhofer, Kilian Ignaz *158*
Dietrich, Andreas Michael *103–105, 107, 108*
Döllinger, Ignaz *171*
Dürer, Albrecht *163, 166*
Dughet, Gaspard *165*

Eder, Dominikus *22, 78, 79, 81, 85, 101, 104*
Eismann, Johann Anton *122*
Elisabeth Christine, Kaiserin *107*
Ermels, Johann Franz *106*
Ermeltraut, Franz Anton *26, 49*
Erthal, Franz Ludwig von *37, 94, 127, 142, 143*
Erthal, Friedrich Carl von *37, 144*

Faistenberger, Anton *165*
Faller, Joh. Michael *81, 85, 103, 117*
Fechenbach, Georg Carl von *94*
Fellwöck, Georg *147*
Ferdinand III. von Toskana *27, 93, 95– 97, 108, 127, 151*
Fesel, Christoph *169*
Fetti, Domenico *121, 127*
Feuerlein, Joh. Peter *155*
Fischer, Johann Michael *35, 154*
Fischer von Erlach *16*
Franz I., Kaiser *99*
Franz II., Kaiser *95*
Fröhlich, Franz Joseph *162*
Furttenbach, Joseph *32*
Fyt, Joannes *117*

Geigel, Joh. Philipp *26, 36, 38, 46, 154*
Giordano, Luca *126, 165*
Giorgione *122*
Glomy, Jean-Baptiste *88*
Greiffenklau, Carl Philipp von *19, 20, 23, 24, 47, 58, 69, 72, 73, 75, 94, 99, 155*
Greiffenklau, Johann Philipp von *82, 101, 104, 155*
Guardi, Francesco *131, 168*
Günther, Matthäus *169*
Guthmann, Georg Adam *6, 21, 66, 78, 80, 82, 85, 94, 99, 104, 107, 143, 145, 161*
Guttenberg, Joh. Gottfried von *155*
Gutwein, J.B. *11*

Hannibal *79*
Hauser, Caspar *170*
Hecke, Jan Frans van den *79, 82, 94, 114*
Heiliger, Peter *150*
Heinrich II., Kaiser *161*
Heintz, Joseph d. J. *122*
Henggller, Johan Michael *147*
Hermann, Balthasar *116, 117*
Herold, Bischof *69, 73*
Heuler, Fried *171*
Hildebrand, Philipp Carl *97*
Hildebrandt, Lucas von *5, 9, 10–13, 16–19, 28, 43, 46, 52, 62, 157 158, 160*
Högler, Anton Joseph *22, 76, 82, 84, 90, 161*
Hoys, Leopold *103, 105*
Huber, Conrad *169*
Hund, Ferdinand *22, 78, 81, 84, 92, 103, 161*
Hutten, Christoph Franz von *17, 20, 94, 138, 150, 151, 155*

Ingelheim, Anselm Franz von *19, 37, 47, 66, 94, 137, 155*

Jacob, Georges *94*
Jesse, Peter *115*
Johann Wilhelm von der Pfalz *79, 123, 126, 127, 129*
Justinian, Kaiser *75*
Juvara, Filippo *131*

Karl VI., Kaiser *107*
Kobell, Ferdinand *169*
Köhler, Daniel *110*
Köhler, Johann *114, 115*
Konstantin, Kaiser *75*
Kreul, Johann Friedrich *170*
Kunigunde, Kaiserin *161*

Lairesse, Gerard de *111*
Langschwert *105*
Le Brun, Charles *79, 81*
Le Clerc *145, 149, 150*
Le Jeune, Pierre François *150*
Lenbach, Franz von *171*
Lenz, Wolfgang *90, 172*
Lessig, Curd *172*
Liberi, Pietro de *115*
Licinius *75*
Liebermann, Max *171, 172*
Lintz, Johann Michael *46*
Lippold, Franz *66, 75*
Loth, Johann Carl *126*
Ludwig I., König von Bayern *27, 127, 162, 170*
Lünenschloß, Anton Clemens *20, 79, 100, 103, 163*
Luitpold, Prinzregent v. Bayern *27, 170*

Maerkel, Martin *108, 110*
Maestro del Bambino Vispo *163, 164*
Manger, Friedrich *108*
Maratti, Carlo *163*
Marchionni, Carlo *163*
Maria Theresia, Kaiserin *95*
Marie-Louise, Kaiserin *108*
Mattenheimer, Andreas *106*
Mattern, Karl Maximilian *76, 79, 80, 99, 104*
Max I. Joseph, König von Bayern *46, 151, 170*
Maximilian, Kurfürst *129*
Mayer, Joh. Prokop *33, 35, 36, 37*
Mazzoni, Sebastiano *105*
Meister H.-B. mit dem Greifenkopf *166*
Meister d. Würzburger Schlacht *166*
Meyer, Georg Friedrich *106*
Meytens, Martin van *107*
Miller, Ferdinand von *2, 43*
Millet, Jean-François *165*
Momper, Frans de *169*
Momper, Joost de *169*
Müller, M.A. *11*
Muttoni, Pietro *122*

Napoleon I., Kaiser *108*
Neufforge, Jean François de *147*
Neumann, Balthasar *5, 6, 9, 11–20, 22–24, 26, 28, 34–36, 50, 52, 55, 62, 69, 72, 76, 88, 89, 93, 138, 157, 158, 166*
Neumann, Ignaz M. *35, 52, 62*
Nomé, François Didier *165*

Oberthür, Franz *170*
Oegg, Johann Anton *18, 66*
Oegg, Johann Georg *18, 22, 27, 37, 43, 46, 47, 49, 54, 78, 81, 82, 85 93, 103, 105, 106, 153*
Oelhafen, Sixtus *166*
Onghers, Oswald *163*
Overbeck, Friedrich *170*

Paggi, Giovanni Battista *165*
Palma Giovane *120, 121*
Paradyen, F. H. *135, 151*
Peemans, Geraert *82, 101, 104*
Pellegrini, Giovanni Antonio *79, 103, 125, 126, 169*
Pencz, Georg *166*
Perathoner, Hans *171*
Petrini, Antonio *46*
Piazzetta, Giovanni Battista *131*
Pirckheimer *165*
Pirot, Andreas *20, 79, 80, 85, 103*
Popp, Christian *116*
Poros, König *82, 101, 104*
Pozzoserrato *121*
Purrmann, Hans *171*

Quaglia, Giulio *135*

Raab, Johann Valentin *96, 110*
Rainald von Burgund *73*
Ravesteyn, Jan Anthonisz van *168*
Regnier, Nicolas *168*
Remela, Joh. Adam *155*
Ribera, Jusepe de *126*
Ricci, Marco *131, 168*
Ricci, Sebastiano *126, 131*
Riemenschneider, Tilman *163*
Roeder, Emy *172*
Roentgen, Abraham *94, 111, 114*
Roland, Sebastian *47*

Rosa, Salvator *122*
Rotari, Pietro *128*
Roth, Franz Ignaz *62*
Rottenhammer, Johann *120*
Rottmann, Carl *171*
Rudolph von Habsburg *81*
Rumpf, Ludwig Daniel Philipp *96*

Salins de Montfort, Nicolas-Alexandre *27, 96*
Sanguinetti, Lazaro Maria *108, 110*
Saraceni, Carlo *128*
Sattler, Hubert *170*
Schäufelein, Hans *166*
Scheubel, Johann Joseph d. Ä. *81, 85*
Scheubel, Joh. Joseph d. J. *147*
Scheuplein, Josef *172*
Schirmer, Friedrich *171*
Schlecht, Franz Benedikt *66, 82, 117, 147*
Schmidt, Urban *80*
Schönborn, Friedrich Carl von *7, 9, 13, 17, 19, 20, 21, 46, 64, 66, 75, 76, 80, 82, 84, 85, 88, 89, 92, 94, 96, 99, 137, 142, 155, 157, 161*
Schönborn, Johann Philipp Franz von *7, 9, 12, 13, 15, 17, 94, 137, 144, 148, 155*
Schönborn, Lothar Franz von *7, 9 17, 43*
Schwab, Ernst *116*
Seinsheim, Adam Friedrich von *24, 31, 35, 37, 47, 66, 94, 100, 111, 117, 127, 134, 138, 140, 142, 147, 148, 153–155*
Seyfried, Pater *23*
Siebenhüner, Herbert *171, 172*
Skilton, John D. *28*
Snyders, Franz *117*
Sperl, Johann *171*
Sperlich, Hans *171*
Starnina, Gherardo *163*
Stern, Ignaz d. J. *110*

Tasso, Torquato *134*
Teniers, David *145, 149*
Thalhofer, Johann *22, 76, 82, 84, 90, 161*
Thein, Barbara *170*
Theodosius, Kaiser *75*
Tiepolo, Domenico *12, 24, 62, 74, 75, 100, 134, 135*
Tiepolo, Giovanni Battista *6, 12, 20, 24, 28, 55–65, 68–71, 73, 74 94, 100, 120, 131, 134, 135, 139 142, 159, 161, 163, 166, 168, 169*
Tiepolo, Lorenzo *24, 59, 100*
Tietz, Ferdinand *54, 115*
Tintoretto, Jacopo *121, 168*
Tizian *121, 122, 168*
Treu, Nicolaus *115*
Trevisani, Francesco *128, 135*
Troger, Simon *144*

Urlaub, Georg Anton *22, 85, 90, 163, 169*
Urlaub, Georg Christian *90*
Urlaub, Georg Karl *116*
Urlaub, Georg Sebastian *90*
Urlichs, Ludwig *162*

Veronese, Paolo *121, 127 (Werkst.), 128, 165*
Visconti, Joseph *24*
Visentini, Antonio *168*
Voutta, Kurt Michael *172*

Wagner, Johann Peter *37, 47, 49, 54, 55, 115, 117, 137, 140, 142, 143, 145, 147, 148, 150, 151, 162, 163*
Wagner, Martin von 162, 163, *168, 169, 170*
Watt *165*
Welsch, Maximilian von *5, 9, 11, 13–16, 18, 19, 34, 157*
Wilhelmine von Bayreuth *5*
Willeborts, Thomas *111*
Wittel, Gaspar van *168*
Wolgemut *165*
Wouters, Frans *168*

Zanchi, Antonio *123*
Zanetti, Domenico *129*
Zick, Januarius *169*
Zick, Johann *23, 50, 51*
Zinzendorf, Graf *127*
Zuccarelli, Francesco *168*

Literatur

AMTLICHE FÜHRER

BESCHREIBUNG UND GESCHICHTE DER KÖNIGLICHEN SCHLÖSSER UND LUSTGÄRTEN von Würzburg, Aschaffenburg, Veitshöchheim, Werneck und Bad Brückenau im Unter-Main-Kreise des Königreich's Bayern, von JAKOB MAY, Königl. Bayr. Obersthofmarschall-Stabs-Assessor vorbenannter kgl. Residenzen. Würzburg 1830, S. 1–49.

OFFIZIELLER FÜHRER durch das Kgl. Schloß Würzburg. Herausgegeben und verlegt vom Kg. Oberstabssekretär G. FRIEDRICH LECHLER, Schloßverwalter in Würzburg. Würzburg 1914 (12. Auflage 1928).

RESIDENZMUSEUM IN WÜRZBURG. Kleiner Führer, herausgegeben von der Direktion der Museen und Kunstsammlungen des ehemaligen Kronguts. (Bearbeiter HEINRICH KREISEL). München 1924.

RESIDENZ WÜRZBURG. Amtlicher Führer. Bearbeitet von HEINRICH KREISEL. Bayerische Verwaltung der staatlichen Schlösser, Gärten und Seen. München 1933 (dritte und letzte Auflage 1939).

RESIDENZ WÜRZBURG UND HOFGARTEN. (Amtlicher Führer). Bearbeitet von ERICH BACHMANN. Erste Nachkriegsauflage München 1970; zweite Nachkriegsauflage 1971; zweite (3.) erweiterte Nachkriegsauflage 1973; zweite (4.) nochmals erweiterte Nachkriegsauflage mit Verzeichnis der Staatsgalerie von ROLF KULTZEN 1975; dritte (5.) Nachkriegsauflage 1976; vierte (6.) Nachkriegsauflage 1978; fünfte (7.) Nachkriegsauflage 1980; sechste (8.) Nachkriegsauflage 1981.

RESIDENZ WÜRZBURG UND HOFGARTEN. (Amtlicher Führer). Bearbeitet von ERICH BACHMANN und BURKARD VON RODA, Verzeichnis der Staatsgalerie von ROLF KULTZEN. Neunte, erweiterte Nachkriegsauflage (revidierte Zählung), München 1982; zehnte, ergänzte Auflage 1988; zwölfte, um das Martin von Wagner Museum erweiterte Auflage 1994.

THE WÜRZBURG RESIDENCE AND COURT GARDENS, 10th english edition, München 1999 (entspricht der zwölften dt. Nachkriegsauflage 1994).

WÜRZBOURG LE PALAIS DES PRINCES ÉVÊQUES ET LES JARDINS, 6iéme Édition française, München 1999 (entspricht der zwölften deutschen Nachkriegsauflage 1994).

ZUM BAU UND SEINER AUSSTATTUNG (CHRONOLOGISCH)

FELIX MADER: Die Kunstdenkmäler des Königreichs Bayern, 3. Band Unterfranken und Aschaffenburg, XII Stadt Würzburg. München 1915, S. 413–498.

GEORG ECKERT: Balthasar Neumann und die Würzburger Residenzpläne. Ein Beitrag zur Entwicklungsgeschichte des Würzburger Residenzbaues. Straßburg 1917.

HEINRICH GÖBEL: Würzburg und Fulda. Ein Beitrag zur Geschichte der deutschen Wirkteppichmanufakturen im 18. Jahrhundert. Der Cicerone, 12, 1920, S. 818–823 und 848–856.

KARL LOHMEYER: Die Briefe Balthasar Neumanns an Friedrich Karl von Schönborn, Saarbrücken 1921.

HEINRICH GÖBEL: Das Brüsseler Wirkergeschlecht der van der Hecke. Der Cicerone, 14, 1922, S. 16–31.

HEINRICH KREISEL: Die künstlerischen Ausstattungen des Hauptstokkes der fürstbischöflichen Residenz zu Würzburg. (Phil. diss. ungedr.), Würzburg 1922.

RICHARD SEDLMAIER und RUDOLF PFISTER: Die fürstbischöfliche Residenz zu Würzburg, München 1923.

HEINRICH KREISEL: Carl Maximilian Mattern, ein Würzburger Kunstschreiner des 18. Jahrhunderts. Der Cicerone 15, 1923, S. 413–419.
– Die Alexanderwirkteppiche in der Würzburger Residenz, Münchner Jahrbuch der bildenden Kunst, N.F. Band II 1925, S. 227–249.

FRIEDRICH H. HOFMANN: Das Ehrenhofgitter der Residenz in Würzburg. Zeitschrift für Denkmalpflege, 2, 1927/28, S. 171–187.

HEINRICH KREISEL: Ein verschollener Hausaltar der Würzburger Residenz. Archiv des Historischen Vereins von Unterfranken und Aschaffenburg, 68, 1929, S. 520–523.
– Die Kunstschätze der Würzburger Residenz, Würzburg 1930.

ADOLF FEULNER: Die Toskanazimmer der Würzburger Residenz, Zeitschrift für Kunstgeschichte, 3, 1934, S. 104–108.

THEODOR HETZER: Die Fresken Tiepolos in der Würzburger Residenz. Frankfurt 1943.

HEINRICH KREISEL: Die Würzburger Gobelinmanufaktur und ihre Erzeugnisse. Mainfränkisches Jahrbuch für Geschichte und Kunst, 4, Band 75, 1952, S. 151–175.

MAX H. VON FREEDEN: Balthasar Neumann, Gedächtnisschau zum 200. Todestage, Ausstellungskatalog Würzburg 1953, Residenz Würzburg.

ERICH BACHMANN: Balthasar Neumann und das Mittelalter, Stifterjahrbuch III, 1953, S. 134.

MAX H. VON FREEDEN und CARL LAMB: Das Meisterwerk des Giovanni Battista Tiepolo (Die Fresken der Würzburger Residenz), München 1956.

LUDWIG DÖRY: Würzburger Wirkereien und ihre Vorbilder, Mainfränkisches Jahrbuch für Geschichte und Kunst, 12, Band 83, 1960, S. 189–216.

FRITZ ZINCK: Kulturdokumente Frankens aus dem Germanischen Nationalmuseum, Bamberg 1961.

CHRISTIAN BAUER: Der Würzburger Hofgarten, Mainfränkisches Jahrbuch für Geschichte und Kunst, 13, Band 84, 1961, S. 1–31.

WALTER SCHERZER: Das Staatsarchiv 200 Jahre in der Residenz. Mainfränkisches Jahrbuch für Geschichte und Kunst, 18, Band 89, 1966, S. 189–198.

CHARLES EDWARD MAYER: The Staircase of the Episcopal Palace at Würzburg. Diss. University of Michigan 1967.

ERICH BACHMANN: Die Würzburger Residenz. Weltkunst, 40, 1970, S. 375 f.

HEINRICH KREISEL: Die Kunst des deutschen Möbels, Bd. II, München 1970.

PETER KOLB: Die Wappen der Würzburger Fürstbischöfe. Würzburg 1974.

GABRIELE DISCHINGER: Die Würzburger Residenz im ausgehenden 18. Jahrhundert. Wiesbaden 1978.
– Der Residenzplatz zu Würzburg – Entwürfe für die Kolonnaden. Mainfränkisches Jahrbuch für Geschichte und Kunst, 30, Band 101, 1978, S. 93–97.

BURKARD VON RODA: »Laque Martin« in Franken. Jahrbuch der bayerischen Denkmalpflege, 32, 1978, S. 185–188.

HANS REUTHER: Die Zeichnungen aus dem Nachlaß Balthasar Neumanns. Der Bestand in der Kunstbibliothek Berlin. Veröffentlichung der Kunstbibliothek Berlin, Band 82, Berlin 1979.

FRANK BÜTTNER: Die Sonne Frankens. Ikonographie des Freskos der Würzburger Residenz. Münchner Jahrbuch der bildenden Kunst, 3. Folge, Band 30, 1979, S. 159–186.
– Giovanni Battista Tiepolo. Die Fresken in der Residenz zu Würzburg. Würzburg 1980.

KARL SCHÄFER: Johann Prokop Mayer 1735–1804. Ein Würzburger Hofgärtner. Mainfränkisches Jahrbuch für Geschichte und Kunst, 32, Band 103, 1980, S. 165–176.

BURKARD VON RODA: Adam Friedrich von Seinsheim, Auftraggeber zwischen Rokoko und Klassizismus. Zur Würzburger und Bamberger Hofkunst anhand der Privatkorrespondenz des Fürstbischofs (1755–1779). Quellen und Darstellungen zur fränkischen Kunstgeschichte, Band 6, Neustadt/Aisch 1980.

MAX H. VON FREEDEN: Balthasar Neumann, Leben und Werk, 3. Auflage, München 1981.

JOACHIM HOTZ: Das »Skizzenbuch Balthasar Neumanns«. Studien zur Arbeitsweise des Würzburger Meisters und zur Dekorationskunst im 18. Jahrhundert. 2 Bände. Wiesbaden 1981.

HANS-PETER TRENSCHEL: Meisterwerke fränkischer Möbelkunst. Carl Maximilian Mattern. Würzburg 1982.

HANS REUTHER: Balthasar Neumann. Der mainfränkische Barockbaumeister. München 1983.

ROBERT MÜNSTER: Die Melodien einer Bamberger Pendule aus dem Jahre 1750. Musik in Bayern, Heft 26, 1983, S. 29–34.

BURKARD VON RODA: Der Frankoniabrunnen auf dem Würzburger Residenzplatz. Jahrbuch für fränkische Landesforschung, 43, 1983, S. 195–214.
– Höfische Interieurs. Innenräume des Rokoko und Empire aus der Residenz Würzburg, Kunst und Antiquitäten, 1984, Heft 6, S. 44–51.

ERICH HUBALA und OTTO MAYER: Die Residenz zu Würzburg. Würzburg 1984.

ERICH HUBALA: Genie, Kollektiv und Meisterschaft – zur Autorenfrage der Würzburger Residenzarchitektur. In: Martin Gosebruch zu Ehren. Hrsg.: Frank Neidhart Steigerwald, München 1984, S. 157–170.

IRENE HELMREICH-SCHOELLER: Empiremöbel in Würzburg. Sitzgarnituren aus den ehemaligen Toskanazimmern der Residenz. Kunst und Antiquitäten, 1985, Heft 3, S. 60–66.

HANS REUTHER: Die Konstruktion der Treppenarme im Stiegenhaus der Würzburger Residenz. In: Intuition und Darstellung. Erich Hubala zum 24. März 1985. Hrsg. von Frank Büttner und Christian Lenz, München 1985. S. 241–250.

BURKARD VON RODA: Aus Würzburger Hofbesitz, Säkularisationsgut in Münchner Sammlungen, Kunst u. Antiquitäten, 1985, Heft 3, S. 52–59.
– »Das Spiegelzimmer im königlichen Schloß zu Würzburg.« An interior painted by Georg Dehn and a report by Georg Dollmann commissioned by Ludwig II of Bavaria. In: Furniture History, 21, 1985, S. 107–120.

WILFRIED HANSMANN: Balthasar Neumann – Leben und Werk. Köln 1986.

BERNHARD SCHÜTZ: Balthasar Neumann, Freiburg 1986.

IRENE HELMREICH-SCHOELLER: Die Toskanazimmer der Würzburger Residenz. München 1987.

HANS-PETER TRENSCHEL: Das Spiegelkabinett der Würzburger Residenz. In: Altfränkische Bilder und Wappenkalender 86, Würzburg 1987, S. 15–19.

AUS BALTHASAR NEUMANNS BAUBÜRO: Pläne der Sammlung Eckert zu Bauten des großen Barockarchitekten. Sonderausstellung aus Anlaß der 300. Wiederkehr des Geburtstages Balthasar Neumanns. Mainfränkisches Museum Würzburg. Ausstellungskatalog Würzburg 1987.

SAMMLUNG ECKERT. Plansammlung aus dem Nachlaß Balthasar Neumanns im Mainfränkischen Museum Würzburg. Unter Mitverwendung der Vorarbeiten von Joachim Hotz bearbeitet von Hanswernfried Muth, Elisabeth Sperzel und Hans-Peter Trenschel. Mainfränkisches Museum Würzburg (Hg.) Würzburg 1987.

STEFAN KUMMER: Balthasar Neumann und die frühe Planungsphase der Würzburger Residenz. In: Thomas Korth und Joachim Poeschke (Hg.), Balthasar Neumann, Beiträge zum Jubiläumsjahr 1987, München 1987, S. 79–91.

BERNHARD SCHÜTZ: Fassaden als Weltarchitektur. Die Würzburger Residenz. In: Thomas Korth und Joachim Poeschke (Hg.), Balthasar Neumann, Beiträge zum Jubiläumsjahr 1987. München 1987, S. 92–112.

ANNEGRET VON LÜDE: Studien zum Bauwesen in Würzburg 1720 bis 1750. Würzburg 1987.

ALBRECHT MILLER: Die Residenz in Würzburg. Königstein im Taunus, 3. Aufl. 1990.

BARBARA STRIEDER: Johann Zick (1702–1762) – Die Fresken und Deckengemälde. Worms 1990.

KATHARINA FEGG: Die fürstbischöfliche Wandteppichmanufaktur zu Würzburg 1721–1779. In: Mainfränkisches Jahrbuch für Geschichte und Kunst 43, 1991, S. 8–79.

VERENA FRIEDRICH: Johann Georg Oegg: Die schmiedeeisernen Gitter der Fürstbischöflichen Residenz zu Würzburg. Würzburg 1993.

BERND M. MAYER: Johann Rudolf Bys (1662–1738) – Studien zu Leben und Werk. München 1994.

SVETLANA ALPERS UND MICHAEL BAXANDALL: Tiepolo and the Pictorial Intelligence. New Haven/London 1994 (deutsch 1996).

PETER O. KRÜCKMANN (Hg.): Der Himmel auf Erden – Tiepolo in Würzburg. 2 Bde., München/New York 1996.

BETTINA SCHWABE und SONJA SEIDEL: Drei Supraporten von Domenico Tiepolo. In: Restauro 102, 1996, S. 320–327.

THORSTEN MARR: Restaurierung und Wertschätzung – Giovanni Battista Tiepolo und die Fresken der Würzburger Residenz. In: Mainfränkisches Jahrbuch für Geschichte und Kunst 49, 1997, S. 157–166.

MATTHIAS STASCHULL: Das Deckenfresko im Treppenhaus der Würzburger Residenz von Giambattista Tiepolo – Ein Beitrag zur Restaurierungsgeschichte. In: Bayerische Schlösser - Bewahren und Erforschen (= Bayerische Verwaltung der staatlichen Schlösser, Gärten und Seen, Forschungen zur Kunst- und Kulturgeschichte, hrsg. von Gerhard Hojer, Bd. V), München 1996, S. 289–298.

ARNO STÖRKEL: Der Mann mit dem Pferd und Neumann auf dem Kanonenrohr. Eine Studie zur Identifikation zweier Personen in Tiepolos Würzburger Treppenhaus. In: Mainfränkisches Jahrbuch für Geschichte und Kunst 49, 1997, S. 141–156.

JARL KREMEIER: Die Hofkirche der Würzburger Residenz. Worms 1999.

IRIS VISOSKY-ANTRACK: Materno und Augustin Bossi. München/Berlin 2000.

DENKMALPFLEGE UND WIEDERAUFBAU

RUDOLF ESTERER und HEINRICH KREISEL: Instandsetzung und Ausgestaltung der staatlichen bayerischen Schlösser in Franken. Deutsche Kunst und Denkmalpflege, 1934, S. 2–20 (hier S. 2–7).

OTTO HERTWIG: Die Wiederherstellung der Tiepolo-Fresken in der Residenz Würzburg. Österreichische Zeitschrift für Kunst und Denkmalpflege, 6, 1952, S. 57–63.

JOHN D. SKILTON jr: Würzburg 1945, Erinnerungen eines amerikanischen Kunstschutz-Offiziers. Würzburg 1954.

KARL KÖRNER: Zur Instandsetzung der Würzburger Hofkirche. Deutsche Kunst und Denkmalpflege, 1962, S. 47–52.

LARS LANDSCHREIBER: Sicherung des Vestibüls, des Treppenhauses und des Weißen Saales in der Residenz Würzburg. Deutsche Kunst und Denkmalpflege, 1968, S. 87–91.
– die neue Farbgebung im Treppenhaus der Würzburger Residenz. Ebenda, S. 92 f.

OTTO MAYER: Kritik und Rechtfertigung nach 25 Jahren Wiederaufbau. Würzburg heute, Zeitschrift für Kultur und Wirtschaft, 1970, S. 122–126.

HEINRICH KREISEL: Die Wiederherstellung und Einrichtung der südlichen Paradezimmer in der Würzburger Residenz. Kunstchronik, 23, 1970, S. 173–176.
– Wiedereröffnung der »Weißen Zimmer« in der Würzburger Residenz. Kunstchronik, 25, 1972, S. 353–357.

HEINZ LÜTZELBERGER: Der Wiederaufbau der Würzburger Residenz am Beispiel der Ingelheimer Zimmer und des Fürstensaals. Schönere Heimat, 68, München 1979, Heft 1, S. 15–21.

ERICH HUBALA und OTTO MEYER: Die Residenz zu Würzburg. Würzburg 1984.

SEHENSWÜRDIGKEITEN DER BAYERISCHEN SCHLÖSSERVERWALTUNG

Ansbach

Residenz der Markgrafen von Ansbach
Prunkappartements des frühen Rokoko,
Sammlung Ansbacher Fayencen
und Porzellan,
Hofgarten mit Orangerie

☎ (09 81) 95 38 39-0
FAX (09 81) 95 38 39-40

Aschaffenburg

Schloss Johannisburg
Gemäldegalerie und Kurfürstliche
Wohnräume,
Sammlung von Korkmodellen,
Schlossgarten;
Städtisches Schlossmuseum

☎ (0 60 21) 3 86 57-0
FAX (0 60 21) 3 86 57-16

Pompejanum
Nachbildung eines römischen Hauses und
Antikenmuseum

Schloss und Park Schönbusch
Klassizistisches Schlösschen in
englischem Landschaftsgarten

Bamberg

Neue Residenz Bamberg
Kaisersaal und barocke Prunkräume,
Gemäldegalerie, Rosengarten

☎ (09 51) 5 19 39-0
und (09 51) 5 19 39-1 13
FAX (09 51) 5 19 39-1 29

Bayreuth

Neues Schloss
Markgrafenresidenz aus der Zeit des
»Bayreuther Rokoko« mit Museum
Bayreuther Fayencen,
Hofgarten mit Orangerie

☎ (09 21) 7 59 69-0
FAX (09 21) 7 59 69-15

Markgräfliches Opernhaus

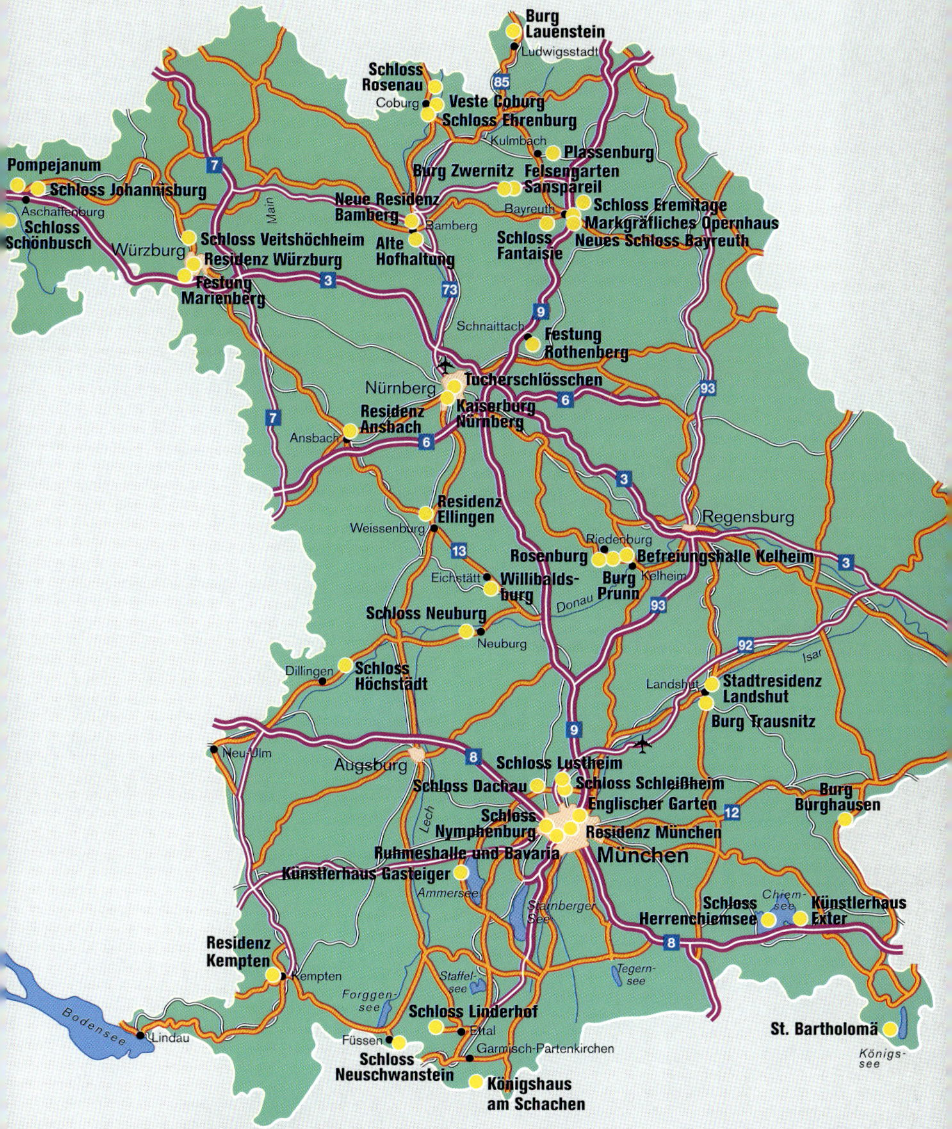

Burg Lauenstein
Ludwigsstadt
Schloss Rosenau
Coburg
Veste Coburg
Schloss Ehrenburg
Kulmbach
Plassenburg
Pompejanum
Schloss Johannisburg
Aschaffenburg
Schloss Schönbusch
Burg Zwernitz
Felsengarten Sanspareil
Neue Residenz Bamberg
Bamberg
Alte Hofhaltung
Bayreuth
Schloss Eremitage
Markgräfliches Opernhaus
Neues Schloss Bayreuth
Schloss Fantaisie
Main
Würzburg
Schloss Veitshöchheim
Residenz Würzburg
Festung Marienberg
Schnaittach
Festung Rothenberg
Nürnberg
Tucherschlösschen
Kaiserburg Nürnberg
Residenz Ansbach
Ansbach
Residenz Ellingen
Weissenburg
Regensburg
Riedenburg
Rosenburg
Befreiungshalle Kelheim
Kelheim
Burg Prunn
Eichstätt
Willibaldsburg
Donau
Schloss Neuburg
Neuburg
Dillingen
Schloss Höchstädt
Isar
Landshut
Stadtresidenz Landshut
Burg Trausnitz
Neu-Ulm
Augsburg
Schloss Lustheim
Schloss Dachau
Schloss Schleißheim
Englischer Garten
Burg Burghausen
Lech
Schloss Nymphenburg
Residenz München
Ruhmeshalle und Bavaria
München
Künstlerhaus Gasteiger
Ammersee
Starnberger See
Chiemsee
Schloss Herrenchiemsee
Künstlerhaus Exter
Residenz Kempten
Kempten
Tegernsee
Staffelsee
Forggensee
Bodensee
Lindau
Schloss Linderhof
Ettal
Füssen
Schloss Neuschwanstein
Garmisch-Partenkirchen
Königshaus am Schachen
St. Bartholomä
Königssee
85
7
3
73
9
6
93
13
92
8
12

Bayreuth/ Donndorf	**Gartenkunst-Museum Schloss und Park Fantaisie**	☎ (09 21) 73 14 00-11 FAX (09 21) 73 14 00-15
Bayreuth/ Eremitage	**Altes Schloss Eremitage** Wohnräume der Markgräfin Wilhelmine, Grotte, historische Gartenanlage mit Wasserspielen	☎ (09 21) 7 59 69-37 FAX (09 21) 7 59 69-41
Bayreuth/Wonsees Sanspareil	**Felsengarten u. Morgenländischer Bau** Stilräume, Gartenparterre und Felsengarten	☎ (0 92 74) 33-0 oder 12 21
	Burg Zwernitz Burganlage	
Burghausen	**Burg zu Burghausen** Burganlage, Stilräume, Gemäldegalerie	☎ (0 86 77) 46 59 FAX (0 86 77) 6 56 74
Coburg	**Schloss Ehrenburg** Historische Wohn- und Prunkräume des Barock und 19. Jahrhunderts	☎ (0 95 61) 80 88-0 FAX (0 95 61) 80 88-40
Coburg/ Rödental	**Schloss Rosenau** in englischem Landschaftsgarten, Wohnräume der Biedermeierzeit und neugotischer Marmorsaal	☎ (0 95 63) 30 84-0 FAX (0 95 61) 30 84-29
Dachau	**Schloss Dachau** Festsaal, Hofgarten	☎ (0 81 31) 8 79 23 FAX (0 81 31) 7 85 73
Eichstätt	**Willibaldsburg** Festungsanlage, Juramuseum, Ur- und Frühgeschichtsmuseum, Bastionsgarten	☎ (0 84 21) 47 30 FAX (0 84 21) 81 94

Ellingen	**Residenz Ellingen** Prunkappartements des Fürsten Wrede, Deutschordensräume, Schlosskirche, historischer Park	☎ (0 91 41) 9 74 79-0 FAX (0 91 41) 9 74 79-7
Herrenchiemsee	**Neues Schloss Herrenchiemsee** Wohn- und Repräsentationsräume, historische Gartenanlage mit Wasserspielen und **König Ludwig II.-Museum**	☎ (0 80 51) 68 87-0 FAX (0 80 51) 68 87-99
	Museum im Augustiner-Chorherrenstift Herrenchiemsee (Altes Schloss) Dauerausstellung zur ehemaligen Klosteranlage u. zum Verfassungskonvent; Stilräume König Ludwigs II; Gemäldegalerie J. Exter	
Höchstädt	**Schloss Höchstädt** Kapelle mit Sammlung südwestdeutscher Fayencen	☎ (0 84 31) 88 97 FAX (0 84 31) 4 26 89
Kelheim	**Befreiungshalle**	☎ (0 94 41) 6 82 07-0 FAX (0 94 41) 6 82 07-7
Kempten	**Residenz Kempten** Prunkräume und Thronsaal der Fürstäbte	☎ (08 31) 2 56-2 51 FAX (08 31) 2 56-2 60
Königssee	**St. Bartholomä** Jagdschloss, Kapelle St. Johann und Paul, Naturpark Berchtesgaden	☎ (0 80 51) 9 66 58-0 FAX (0 80 51) 9 66 58-38
Kulmbach	**Plassenburg** Schöner Hof, historische Markgrafenzimmer, Gemäldegalerie, Jagdwaffensammlung	☎ (0 92 21) 82 20-0 FAX (0 92 21) 82 20-26

Landshut	**Stadtresidenz** Stilräume und Gemäldegalerie	☎ (08 71) 9 24 11-0/-44 FAX (08 71) 9 24 11-40
	Burg Trausnitz Burganlage mit Burgkapelle St. Georg, Stilräume	
Lauenstein bei Ludwigsstadt	**Burg Lauenstein** Burganlage, Wohnräume, volkskundliche Sammlungen	☎ (0 92 63) 4 00 FAX (0 92 63) 97 44 22
Linderhof	**Schloss Linderhof** Wohn- und Repräsentationsräume, Venusgrotte, Marokkanisches Haus, Maurischer Kiosk, Hundinghütte und Einsiedelei des Gurnemanz, historische Gartenanlage mit Wasserspielen	☎ (0 88 22) 92 03-0 FAX (0 88 22) 92 03-11
München	**Residenz München und Hofgarten** Historische Wohn- und Prunkräume aus der Zeit der Renaissance bis zum 19. Jahrhundert, Hofkirchen und -kapellen, Spezialsammlungen (Silber, Porzellan, Paramente, Reliquien)	☎ (0 89) 2 90 67-1 FAX (0 89) 2 90 67-2 25
	Schatzkammer der Residenz	
	Altes Residenztheater (Cuvilliés-Theater)	
	Feldherrnhalle	
	Ruhmeshalle und Bavaria auf der Theresienhöhe	

	Schloss Nymphenburg Prunk- und Stilräume, Festsaal, Schönheitengalerie, Schlosskapelle	☎ (0 89) 1 79 08-0 **FAX** (0 89) 1 79 08-6 27
	Amalienburg, Badenburg, Pagodenburg, Magdalenenklause im historischen Schlosspark	
	Marstallmuseum Höfische Kutschen und Schlitten, Reit- und Sattelzeug	
	Museum Nymphenburger Porzellan Sammlung Bäuml	
	Englischer Garten Landschaftsgarten im englischen Stil	☎ (0 89) 3 86 66 39-0 **FAX** (0 89) 3 86 66 39-23
München/ Oberschleißheim	**Neues Schloss Schleißheim** Festsäle, Staatsappartements, Gemäldegalerie, barocker Hofgarten	☎ (0 89) 31 58 72-0 **FAX** (0 89) 31 58 72-50
	Schloss Lustheim Museum Meißener Porzellan	
Neuburg a.d. Donau	**Schloss Neuburg a.d. Donau** Sgraffitofassade, Kapelle, Grotten; Vorgeschichte Pfalz-Neuburg, Kirchlicher Barock	☎ (0 84 31) 88 97 **FAX** (0 84 31) 4 26 89
Neuschwanstein/ Schwangau	**Schloss Neuschwanstein** Wohn- und Repräsentationsräume	☎ (0 83 62) 8 10 35 und (0 83 62) 8 18 01 **FAX** (0 83 62) 89 90
Nürnberg	**Kaiserburg Nürnberg** Palas, Stilräume, Doppelkapelle, Tiefer Brunnen und Sinwellturm, Burggarten	☎ (09 11) 22 57 26 **FAX** (09 11) 2 05 91 17

Prunn im Altmühltal	**Burg Prunn** Stilräume	☎ (0 94 42) 33 23 FAX (0 94 42) 33 35
Riedenburg	**Burg Rosenburg** Burganlage mit Kapelle; privat betriebener Falkenhof	☎ (0 94 42) 27 52 FAX (0 94 42) 32 87
Schachen	**Königshaus am Schachen** Wohnräume und Türkischer Saal, Alpengarten	☎ (01 72) 8 76 88 68 und (0 88 22) 92 03-0 FAX (0 88 22) 92 03-11
Schnaittach	**Festung Rothenberg** Ruine einer Festungsanlage aus dem 18. Jahrhundert	☎ (0 91 53) 77 93
Übersee/Feldwies	**Künstlerhaus Exter** mit Atelier des Malers Julius Exter	☎ (0 86 42) 89 50-83 FAX (0 86 42) 89 50-85
Utting am Ammersee	**Künstlerhaus Gasteiger** Sommervilla mit Wohnräumen und Werken von Anna und Mathias Gasteiger, Landschaftsgarten	☎ (0 88 06) 26 82
Veitshöchheim	**Schloss und Park Veitshöchheim** Historische Wohnräume, Rokokogarten mit Wasserspielen	☎ (09 31) 9 15 82
Würzburg	**Residenz Würzburg** Barocke Prunkräume, Fresken von G.B. Tiepolo, Gemäldegalerie, Hofgarten	☎ (09 31) 3 55 17-0 FAX (09 31) 5 19 25
	Festung Marienberg Festungsanlage, Fürstenbaumuseum mit Schatzkammer, Paramentensaal und stadtgeschichtliche Sammlungen, Maschikuliturm, Fürstengarten; Mainfränkisches Museum	

VERÖFFENTLICHUNGEN DER BAYERISCHEN SCHLÖSSERVERWALTUNG

Deutsch, teilweise auch in englisch, französisch, italienisch und japanisch erhältlich

Amtliche Führer

Ansbach	Residenz Ansbach
Aschaffenburg	Schloss Aschaffenburg; Pompejanum in Aschaffenburg
	Schloss und Park Schönbusch
Bamberg	Neue Residenz Bamberg
Bayreuth	Eremitage zu Bayreuth
	Markgräfliches Opernhaus Bayreuth
	Neues Schloss Bayreuth
Bayreuth/Wonsees	Felsengarten Sanspareil – Burg Zwernitz
Burghausen	Burg zu Burghausen
Coburg	Coburg – Schloss Ehrenburg
Coburg/Rödental	Schloss Rosenau
Dachau	Schloss Dachau
Eichstätt	Willibaldsburg Eichstätt
Ellingen	Residenz Ellingen
Herrenchiemsee	Neues Schloss Herrenchiemsee
Kelheim	Befreiungshalle Kelheim
Königssee	St. Bartholomä am Königssee
Kulmbach	Plassenburg ob Kulmbach
Landshut	Landshut Burg Trausnitz; Stadtresidenz Landshut
Lauenstein bei Ludwigsstadt	Burg Lauenstein
Linderhof	Schloss Linderhof
München	Residenz München; Schatzkammer der Residenz München
	Altes Residenztheater in München (Cuvilliés-Theater)
	Englischer Garten München; Ruhmeshalle und Bavaria
	Nymphenburg, Schloss, Park und Burgen
	Marstallmuseum in Schloss Nymphenburg
Neuburg a. d. Donau	Schlossmuseum Neuburg an der Donau
Neuschwanstein/Schwangau	Schloss Neuschwanstein
Nürnberg	Kaiserburg Nürnberg
Oberschleißheim	Schloss Schleißheim, Neues Schloss und Garten
Prunn	Burg Prunn
Riedenburg	Burg Rosenburg in Riedenburg an der Altmühl
Schachen	Königshaus am Schachen
Veitshöchheim	Schloss Veitshöchheim und Hofgarten
Würzburg	Festung Marienberg zu Würzburg
	Residenz Würzburg und Hofgarten

Das komplette Programm der Veröffentlichungen der Bayerischen Schlösserverwaltung (kostenlos) und die hauseigenen Publikationen (gegen Rechnung) können angefordert werden bei:

Bayerische Schlösserverwaltung
Postfach 38 01 20 • 80614 München
Tel. (0 89) 1 79 08-1 65 • Fax (0 89) 1 79 08-1 90
info@bsv.bayern.de • www.schloesser.bayern.de

Die vorliegende dreizehnte Nachkriegsauflage (revidierte Zählung) übernimmt aus den vorangegangenen Auflagen den Hauptteil von *Erich Bachmann*, den von *Burkard von Roda* verfassten Text zum Nordoval-Galeriesaal und zu den Ingelheimzimmern, die Beschreibung des 1987 wiedereröffneten Spiegelkabinetts und der Räume 11–13 a von *Werner Helmberger*, das Verzeichnis der Staatsgalerie von *Rolf Kultzen* sowie die Kurzbeschreibung des Martin von Wagner Museums der Universität Würzburg mit Texten von *Tilman Kossatz*, *Theodor Zauzich* und *Irma Wehgartner*.

Bildnachweis:
Artothek/Jochen Remmer (Bayerische Staatsgemäldesammlungen): S. 124 – Brandl, Anton J.: U1, S. 2, 4, 7, 8, 18, 35, 40, 42, 44–45, 65, U4 (Putto) – Martin von Wagner Museum: S. 164, 167, 172, 175, 179, 180 – Mülbe, Wolf-Christian von der: 12, 13, 25, 56–57, 60–61, 63, 68, 70–71, 73, 74 – Alle übrigen: Bayerische Schlösserverwaltung/Mayr, Herrmann, Scherf u. a. – Gartenplan: Norbert Nordmann

13., neu gestaltete Auflage

Grafische Gestaltung: Verena Fleischmann, München
Gestaltung und Satz Serviceteil: Frese, München
Lithografie: Reproline, München
Druck: Passavia, Passau
ISBN 3-932982-41-X
Printed in Germany